Franz Hamburger
Abschied von der Interkulturellen Pädagogik

Edition Soziale Arbeit

Herausgegeben von Hans-Uwe Otto und Hans Thiersch

Franz Hamburger

Abschied von der Interkulturellen Pädagogik

Plädoyer für einen Wandel sozialpädagogischer Konzepte

Juventa Verlag Weinheim und München 2009

Der Autor

Franz Hamburger, M.A., Dr. phil., Jg. 1946, ist Professor für Sozialpädagogik an der Johannes-Gutenberg-Universität Mainz.

Seine Arbeitsschwerpunkte sind Migration und Minderheiten, Internationaler Vergleich und Europäische Integration, Bildungs- und Jugendhilfeforschung.

Bibliografische Information der Deutschen Nationalbibliothek

Die Deutsche Nationalbibliothek verzeichnet diese Publikation in der Deutschen Nationalbibliografie; detaillierte bibliografische Daten sind im Internet über http://dnb.d-nb.de abrufbar.

Umschlaggestaltung: Atelier Warminski, 63654 Büdingen
Umschlagabbildung: Henri Matisse, Vegetabile Elemente, 1947

Printed in Germany

ISBN 978-3-7799-1229-3

Inhalt

Einleitung: Ein weites Feld

Deutschland scheint in Bewegung geraten zu sein. Nicht die Mobilität der Bevölkerung ist gemeint und auch nicht die permanent gewordenen Touristenströme in alle Welt – täglich ist von neuen Anstrengungen in Sachen Integration die Rede. Die Position einer Beauftragten für Migration und Integration im Bundeskanzleramt wurde geschaffen, Nordrhein-Westfalen hat den ersten Integrationsminister, der rheinland-pfälzische Landtag die erste Enquêtekommission, die Ausschreibungen für Preise *Best Practice of Integration* sind unüberschaubar. Im Zehnjahresrhythmus ertönt die Forderung der Wirtschaft nach Fachkräften aus dem Ausland, 2008 ebenso wie 10 Jahre zuvor, als Bundeskanzler Schröder die *Greencard* in Deutschland einführte.

Besonders intensiv sind die Bewegungen im Bereich der Bildungspolitik, seitdem die PISA-Studien die schulische Marginalisierung der Migrantenkinder gezeigt haben. Dieser Zustand bedeutet neben der starken sozialen Selektivität des Schulsystems eine Belastung der demokratischen Basislegitimationen „Chancengleichheit" und „soziale Gerechtigkeit". Aber auch weil dem Handwerk die Mitarbeiter und der Wirtschaft die Fachkräfte ausgehen, kommen neue Förderprogramme für Benachteiligte in Gang. Integrations- und Bildungsgipfel mit der Bundeskanzlerin krönen diese Aktivitäten, eine neue Epoche scheint angebrochen.

Doch gleichzeitig weht der Wind auch aus der entgegengesetzten Richtung. In einem „Zuwanderungsgesetz" werden neue Blockierungen für Verheiratete errichtet; ebenso findet sich die historisch einmalige Festlegung, dass Eltern, die ihre Kinder „zum Hass erziehen", ausgewiesen werden sollen. Die Einbürgerung wird erschwert und eindeutiger noch: Wenn es eng wird im Wahlkampf, dann werden alle alten Parolen wie „Kriminelle Ausländer raus aus Deutschland" wieder aus der Schublade geholt.

Die sozialwissenschaftlich erfassten Indikatoren verweisen bei Einheimischen und Zugewanderten gleichermaßen auf deutliche wechselseitige Distanzierungsprozesse. Was sind die Ursachen für die Abkühlung trotz heißgelaufener Integrationsparolen? Klaus J. Bade (2007) hat bei seiner Verabschiedung aus der Universität der Politik die Leviten gelesen – und ein umfassendes politisches Programm formuliert für eine nachholende, der Gegenwart gerecht werdende und zukünftigen Entwicklungen Rechnung tragende Politik. Und manches wird tatsächlich angegangen.

Doch scheint sich im Geist der neuen Integrationspolitik nichts geändert zu haben. Sie ist und bleibt Loyalitätspolitik gegenüber dem Wahlvolk, dem immer wieder sein Vorrang gegenüber den später Dazugekommenen versichert wird. Die unentwegte Verwendung des Integrationsbegriffs bringt es zum Ausdruck. Denn das deutsche Volk ist schon immer „hier" und braucht nicht integriert zu werden. Die entscheidende Differenz braucht nicht ausgesprochen zu werden: Wer einheimisch ist, ist automatisch integriert, und wer einen Migrationshintergrund hat, soll sich anstrengen, es zu werden.

Bildung und Erziehung, Soziale Arbeit und Beratung sind in den widersprüchlichen Prozess der Bearbeitung von Migrationsfolgen eingebunden, sie sind ein zentrales Element von Migrations- und Gleichstellungspolitik. Die Schule steht im Zentrum der Migrationsfolgen, denn sie ist die Institution der kulturellen Vereinheitlichung der gesamten nachwachsenden Generation und sie ist über ihre Berechtigungszertifikate die hauptsächliche Agentur zur Verteilung von Teilhabechancen. Sie integriert alle und segregiert die Erfolgreichen und die Verlierer. Dieser Widerspruch spitzt sich bei Einwanderung besonders zu, denn die Einheimischen wollen ihre Privilegierung sichern und die Zugewanderten können nur durch Bildung Teilhabe erreichen.

Die Soziale Arbeit dagegen war schon immer hauptsächlich für die Nicht-Privilegierten zuständig. Sie kann deren Not lindern und die Entfaltung ihrer Potentiale auch trotz widriger Umstände befördern. Indem sie durch Hilfe zur Veränderung von Lebensumständen wie auch zu ihrer Akzeptanz beiträgt, stellt sie die für moderne Gesellschaften übliche Form der Sozialkontrolle dar. Für Migranten als Fremde sind Beratung und Soziale Arbeit oft die – neben der Selbsthilfe der Kolonie – wichtigsten Unterstützung und Orientierung vermittelnden Instanzen. Oft wird die organisierte Hilfe zum Kristallisationskern von Lebenswelten. Der Abbau der Migrantenberatung, wie sie von 1955 bis 1995 stilbildend war, hat ironischerweise die Verknüpfung dieser Kristallisationskerne mit den Organisationen des Aufnahmelandes aufgelöst und die Migrantenorganisationen, unter ihnen eben besonders die religiös orientierten, zum Aufbau äquivalenter Strukturen veranlasst. Dies wird ihnen dann als segregative Strategie vorgehalten.

Hilfe und Beratung sind immer – ebenso wie Bildungsprozesse – lebensweltlich fundiert. Deshalb gibt es neben den Sozialen Diensten, die prinzipiell gegenüber allen Personen offenstehen, auch wenn es faktisch eine Reihe von Schwellen gegenüber verschiedenen Gruppen von Nutzern gibt, die Organisationen mit speziellen Adressaten und die Selbstorganisationen. Dieses allgemeine Muster der Sozialen Infrastruktur konkretisiert sich auch gegenüber Migranten. Während in den Einrichtungen mit spezifischen Angeboten für Migranten und in den Initiativen, die von Ehrenamtlichen getragen werden, Personen tätig sind, die sich bewusst für die Arbeit mit dieser Zielgruppe entscheiden, ergibt sich mit der generellen Umstellung von „Spezialdiensten" auf die „Integration in die Regelversorgung" eine neue

Situation. Diese „Regelversorgung“ muss sich „interkulturell öffnen“ (Hinz-Rommel 1994 und Barwig/Hinz-Rommel 1995) und „Migrationssensibilität“ entwickeln, um der „neuen“ Klientel gerecht werden zu können.

Die Qualifizierung im Sinne der „interkulturellen Öffnung“ wurde in der Regel als ein Prozess des Wissenszuwachses organisiert und ging vielfach an den sozial-emotionalen Dimensionen vorbei. Teilweise – und es gibt keine Studien, auf deren Grundlage dies zu präzisieren wäre – ging diese Innovation schnell in ein Diversitymanagement über, in dem die *Haltungen* gegenüber den Migranten de-thematisiert worden sind. Auch die mit der programmatischen interkulturellen Öffnung verbundenen Konstruktionen der neuen Klienten als „Migrationsandere“ (Paul Mecheril) blieben unbeachtet. Weil die gute Absicht der „Öffnung“ eine hinreichende Legitimation für das Handeln darstellte, blieben die damit verbundenen Stereotypisierungen unreflektiert. In der theoretischen Diskussion sind sie Gegenstand einer fortwährenden Auseinandersetzung um das interkulturelle Konzept seit der „Öffnung“ Mitte der 1990er Jahre.

In der Schule und der schulbezogenen Diskussion waren diese Prozesse 20 Jahre früher abgelaufen. Nach einer Phase der speziellen „Maßnahmen“ („Ausländerklassen“) stellte das Schulsystem um und integrierte auf seine Weise: Die Arbeiterkinder mit Migrationshintergrund wurden inkludiert und ihnen wurden die für sie vorgesehenen Positionen im System zugewiesen. Spannungsvoll ist dieser Prozess eingelagert in die Gegensätze

- der Anforderungen des Beschäftigungssystems und der Legitimationsfunktion der Schule,
- der hohen Bildungsaspirationen der Eltern mit Migrationshintergrund und der ihnen zugeschriebenen Inkompetenz zur Förderung ihrer Kinder,
- der pädagogischen Förderanstrengungen von Lehrkräften und ihren durchschnittlichen migrationspolitischen Orientierungsmustern.

Nach wie vor scheinen die großen Herausforderungen darin zu liegen, dass die Schule sich auf eine mehrsprachige Gesellschaft umzustellen hat (Gogolin 1994), dass sie als demokratische Schule die soziale Selektivität abschwächt (Preisendörfer 2008) und einen Bildungsabschluss als Inklusionsvoraussetzung für alle Gesellschaftsmitglieder sichert (Solga 2005).

Zu diesem Band

Der Wiederabdruck älterer Aufsätze ist begründungsbedürftig. Zwar beziehen sich verschiedene Beiträge in diesem Band auf aktuelle Daten (z.B. „Differenzierung der Migration“) und andere Texte zielen auf systematische Fragen ab (z.B. „Reflexive Interkulturalität“), doch wurden auch Aufsätze aufgenommen, in denen ältere Daten aufbereitet und frühere Konstellationen behandelt werden (z.B. „Migration und Armut“).

Dies kann nur begründet werden mit der Typik der Konstellation und dem Beitrag zu einem genetischen Erkenntnisgewinn. Denn es ist eines der charakteristischen Merkmale der Migrations- und Integrations-„Debatte“, dass sich die politisch-ökonomischen Konstellationen wiederholen, ohne dass zu ihrer konzeptionellen Bearbeitung Erfahrungen aus früheren Phasen des Sozialen Problems herangezogen werden – übrigens zeigt sich bei Aktualisierung der Datengrundlagen die Persistenz der Problemlagen.

Beispielsweise werden im ersten Jahrzehnt des 21. Jahrhunderts kontinuierlich Saisonarbeitskräfte angefordert, zunächst schwerpunktmäßig aus Polen, dann generell aus Mittel- und Osteuropa, von denen man annimmt, dass sie nach Auslaufen der befristeten Arbeitserlaubnis wieder in ihr Heimatland zurückkehren. Dies tun auch zahlreiche Arbeitskräfte, doch bleiben auch viele in Deutschland, werden illegalisiert oder finden einen Weg zum legalen Daueraufenthalt. Die Konsequenz ist, dass Polen in Deutschland bereits die drittgrößte Ausländergruppe darstellen (wobei weitere Zuwanderungsgründe zu berücksichtigen sind). Bei gleichzeitig hoher Arbeitslosigkeit insistiert die Landwirtschaft auf der Anwerbemöglichkeit von Saisonarbeitern – und dies deckt sich genau mit der Konstellation von 1955, als entgegen anderslautender Behauptungen gerade die Landwirtschaft den Anwerbevertrag mit Italien in Gang brachte (Meier-Braun 2002). Gegen Ende unseres Jahrzehnts wird der Ruf der Wirtschaft nach Öffnung der Grenzen für Fachkräfte und Ingenieure immer lauter, gleichzeitig bleiben große Gruppen der Migrantenjugendlichen ohne berufliche Qualifizierung. Da der aktuelle Einwanderungsprozess ohne gesellschafts- und bildungspolitische Gestaltung abläuft, werden sich die Mechanismen der Des-Integration wiederholen. Der gleichzeitig rigide Umgang mit der Einbürgerungsoption für die in Deutschland Geborenen der 2. Generation blockiert Mechanismen der Integration über Bildung, insofern auch bildungserfolgreiche Migrantenjugendliche auf dem Weg in die deutsche Akademikergesellschaft und ihre freien Arbeitsplätze abgebremst werden. Die Vorstellung nämlich der Bundesregierung und ihrer Beauftragten, sie allein könne entscheiden, wer „integriert wird“, geht an dem Umstand vorbei, dass die Botschaft der aversiven Migrationspolitik alle Menschen mit Migrationshintergrund erreicht und ihre Entscheidung über den weiteren Lebensweg beeinflusst.

Soziale Probleme, die heute öffentlich diskutiert werden, haben ihre Wurzeln in der Vergangenheit. In der Regel unbemerkt entstehen Konstellationen, in denen die Diskrepanz zwischen einer gesellschaftlich geteilten Norm und einem tatsächlichen Zustand so stark wird, dass sie als Soziales Problem öffentlich behandelt wird. In der „Naturgeschichte“ Sozialer Probleme wird die erste Phase der „alarmierenden Entdeckung“ in der Regel abgelöst durch eine Phase konstruktiver Programme und die Formulierung von Lösungswegen. Diese werden dann erprobt, beschnitten, kleinformatiger definiert und geraten teilweise in Vergessenheit. Den Rest des Problems kann man – in diesem Fall – der angeblich fehlenden Integrationsbereitschaft der Minderheit selbst zuschreiben. Die politische Erfindung des Begriffs „Parallelgesellschaft“ hat genau diese letzte Phase gekennzeichnet.

Die dominanten Muster der Problemdefinition verändern sich semantisch, aber nicht funktional. Die Anderen haben sich zu integrieren, „sie“ bilden „Parallelgesellschaften“ – mit der Rede über „sie“, die Anderen, bleiben „sie“ fremd, weil man kein Vertrauen zu ihnen hat, doch das „wir“, das spricht, wird mit dieser Rede definiert und ist scheinbar eindeutig. Das „wir“ wird ständig neu hervorgebracht; gerade in modernen Gesellschaften, die alles verflüssigen, entstehen Bedarfe nach kollektiven Identitäten. In der Auseinandersetzung mit Migration entsteht vielfach das „Deutsche Volk“. Die Aufschrift am Deutschen Bundestag ist nicht Dokument der Vergangenheit. Die Beschwörung einer diffusen „Integrationsgesellschaft“ dient dazu, die einfache Anerkennung des Einwanderungssachverhalts zu vermeiden. Denn ein Einwanderungsland Deutschland gehört nicht dem deutschen Volk, sondern allen seinen Bürgern. Auch den *Mitbürgern*. Diesen Wandel politisch und pädagogisch zu vollziehen, ist die zentrale Aufgabe heute. Dabei mag es hilfreich sein, sich mancher Etappen im Migrationsprozess zu erinnern.

1. Einwanderung zwischen Konflikt und Konsens

Dass Deutschland sich als ein Einwanderungsland verstehen solle, ist schon länger Konsens. Seit dem Bericht des ersten Ausländerbeauftragten der Bundesregierung Heinz Kühn aus dem Jahr 1979 steht dieses Postulat auf der Tagesordnung. Bis zum Jahr 1998 aber wird die Politik von Rückkehrförderung, Abwehr, Begrenzung, Asylvermeidung bestimmt. Sozialwissenschaftliche Einsicht und praktische Politik stehen sich unvereinbar gegenüber. In dieser Situation ist es von besonderer Bedeutung, die Formen und Folgen, Voraussetzungen und Implikationen von „Migration" zu klären. Die Bedingungen für den Einzelnen und die gesellschaftlichen Strukturen gleichermaßen sollen betrachtet werden, damit differenzierte Einsichten auch differenzierte Praxen im Umgang mit Migrationsfolgen ermöglichen. Dies ist gerade angesichts der gegenwärtigen Differenzierung der Migration erforderlich, weil einfache – populistische – Interventionen das Spektrum der Handlungsmöglichkeiten einschränken.

Zwei im Zusammenhang mit Migration wichtige Umstände werden nur gelegentlich thematisiert: Einmal die aus der Position der meisten Migranten im Beschäftigungssystem resultierende Armut, die häufig nur in Armutsberichten erwähnt oder von Protestgruppen skandalisiert wird. Bei der Beklagung des Bildungsnotstands wird dieser Umstand kaum erwähnt, denn sonst müsste auch die virtuelle Armut der abhängig Beschäftigten generell angesprochen werden. Wer die Bildungsarmut von Arbeiterkindern anspricht, impliziert eine andere Problematik, als wenn er die Benachteiligung von Migrantenkindern bedauert; denn bei ihnen kann die Assoziation „kulturelle Rückständigkeit der Familie" immer eine Ablenkung von der schulischen Selektion ermöglichen und den Veränderungsdruck auf Schule abschwächen.

Die Gewalt gegen Migranten – die Amadeu-Antonio-Stiftung zählt Ende Juli 2008 das 138. Todesopfer rechtsextremer Gewalt seit der Wiedervereinigung, fast alle Ausländer – wird bei besonders heftigen Ausbrüchen skandalisiert und gebrandmarkt. Die Mehrheit der Gesellschaft lehnt sie ab und „die Politik" fördert in vielen Programmen die Prävention. Auch ist auf ein relevantes Feld des bürgerschaftlichen Engagements hinzuweisen. Dass es aber immer wieder auch Nachlässigkeit und Desinteresse bis in das Justizsystem hinein gibt, bleibt ein öffentliches Ärgernis.

Seit Anfang des Jahrhunderts wird die innergesellschaftliche Konfliktlage mehr denn je durch die Konstruktion eines national und weltweit bedrohlich erscheinenden Islams überformt. Die Islamophobie wird zu einer Formationslinie des Ethnozentrismus. Ein konsistentes Feindbild entsteht aus verschiedenen Quellen, es thematisiert ausdrücklich den „Islamismus", der als gewalttätiger Fundamentalismus leicht abzulehnen ist, gleichzeitig aber die unausgesprochene Mit-Thematisierung des Islams generell erlaubt. Ein Paradebeispiel ist die vom Bundesinnenministerium in Auftrag gegebene Untersuchung über den Islam in Deutschland, die allen Verdächtigungen und Zuschreibungen den empirischen Boden entzieht; im Vorwort des Innenministers ist gleichzeitig und ausführlich vom Terror des Islamismus die Rede (Brettfeld/Wetzels 2007).

Erst wenn die Kritik der Islamophobie die dominierende Fokussierung auf den Islam aufgelöst hat, kann die Untersuchung des Verhältnisses von Migration und Religion beginnen. Die auf religiöse Organisationen bezogene Praxis in Deutschland begann jedenfalls mit dem Aufbau der katholischen kroatischen, italienischen, spanischen und portugiesischen Gemeinden („Missionen"), die kirchenrechtlich den Heimatkirchen unterstehen. Diese Art der Segregation, der „ultramontanen" Steuerung, hat kaum die öffentliche Aufmerksamkeit berührt oder gar zu einem neuen Kulturkampf geführt, wie er sich im Hinblick auf den Islam abzeichnet.

1.1 Migration, Migranten und die Integration

Migration ist ein universelles Phänomen, kein nationales. Es kann – dies gilt besonders für Deutschland – nur begreifbar gemacht werden, wenn Einwanderung und Auswanderung gleichermaßen berücksichtigt werden. Bedingt durch die geographische Lage und gesellschaftliche Entwicklung haben Aus-, Durch- und Einwanderungsprozesse hierzulande eine lange Tradition. In den wenigen Jahrzehnten der Nachkriegsgeschichte etwa haben ganz unterschiedliche Konstellationen – Flucht und Vertreibung, Anwerbung von Gastarbeitern, Aussiedlung und Umsiedlung sowie Flucht vor Bürgerkrieg und Unterdrückung – jeweils verschiedene Formen der Wanderung hervorgebracht. In neuerer Zeit hat die Aufhebung des Ost-West-Konflikts und damit der Blockierung von Migration durch Mauer und „Eisernen Vorhang" in der Mitte Europas wiederum zu einer neuen Migrationslage geführt.

Auswanderung und insbesondere Rückwanderung haben dabei immer auch eine Rolle gespielt, was insgesamt eine beachtliche Fluktuation der Wohnbevölkerung in Deutschland zur Folge hatte. Im Vordergrund der Kontroversen um die Beurteilung und Gestaltung der Migration steht allerdings die Frage, welche Konsequenzen aus dem sozialen Sachverhalt der Migration zu ziehen seien. Soll sich die Bundesrepublik Deutschland als Einwanderungsland begreifen, sollen die Ausländer Bürger dieses Landes werden? Hat die Bundesrepublik Deutschland eine multikulturelle Gesellschaft oder soll sie sich weiterhin als ethnisch homogenen Nationalstaat begreifen? Die Auseinandersetzung über diese Fragen ist zu einem gesellschaftspolitischen

Grundkonflikt geworden, der von rassistischem Hass auf alles Fremde ebenso bestimmt wird wie von emphatischer Ausländerfreundlichkeit oder einem naiven Multikulturalismus, der sich an der neuen Vielfalt der Speisegaststätten erfreut. Zwischen diesen „einfachen" Positionen müssen Politik und soziale Praxis ihren Weg finden.

Migration und Migranten

„Migration" ist eine allgemeine Sammelbezeichnung für den Umstand, dass Personen für einen längeren oder unbegrenzten Zeitraum einen früheren Wohnort verlassen haben und in der Gegenwart an einem anderen als ihrem Herkunftsort leben. Dabei wird die Überschreitung von Staatsgrenzen besonders hervorgehoben, weil mit ihr der Wechsel des rechtlichen Status und der kulturellen Umwelt verbunden ist.

Die allgemeinste Kategorie, anhand derer Veränderung in der „Verortung" von Menschen beschrieben werden kann, ist die der Mobilität. Sie wird vor allem in der Demographie und Geographie verwendet und schließt die räumliche wie die soziale Bewegung/Veränderung von Individuen und Kollektiven ein. Man differenziert dabei im Hinblick auf die Dauer der Veränderung (von alltäglicher Zirkulation bis zur endgültigen Auswanderung) und die Distanz, die durch Mobilität überwunden wird (regional bis interkontinental) (vgl. Hamburger u. a. 1997).

Im Begriff der Migration sind also die Dimensionen Raum, Zeit und Sozialität in spezifischer Weise enthalten, und durch Unterscheidungen nach diesen Dimensionen können Migrationen spezifiziert werden. Ein „kleines Format" von Mobilität stellt beispielsweise der zeitlich befristete Umzug in eine Stadt in einiger Entfernung, um ein Studium zu absolvieren, dar. „Großformatig" ist dagegen die Auswanderung aus Europa nach Australien, um sich dort dauerhaft niederzulassen.

Für das Verständnis des individuellen Sinnzusammenhangs wie auch der sozialen Bedeutung von Migration ist zunächst der Wanderungsgrund von Bedeutung. Während man begrifflich relativ klar zwischen erzwungener und freiwilliger Wanderung unterscheiden kann, ist die Wirklichkeit der Migrationsursachen auf einem Kontinuum zwischen den Polen „gewaltsam erzwungene Wanderung" und „freiwillige Mobilität" verteilt.

Der weitere Verlauf des Migrationsprozesses hängt auch davon ab, ob das Handeln des Migranten auf die Erreichung bestimmter Migrationsziele ausgerichtet ist oder ob er sich nur an den Gelegenheiten, die sich ihm bieten, orientiert. Hat er schon im Herkunftsland feststehende Ziele im Herkunftsland im Auge, beispielsweise in der Sozialstruktur des Auswanderungslandes einen höheren sozialen Rang zu erreichen, wenn er nach der geplanten Rückkehr in sein Heimatland zurückkommt, wird er sich auch im Einwanderungsland ganz auf dieses Ziel konzentrieren und vor allem mit Personen

Kontakt halten, die ähnliche Intentionen haben. Strebt er jedoch Ziele eher im Einwanderungsland an und will er beispielsweise, dass seine Kinder dort wohnen bleiben und schulischen und beruflichen Erfolg haben, wird sein Handeln stärker auf Veränderung, beispielsweise der Art des familialen Zusammenlebens und der Erziehungsvorstellungen, ausgerichtet sein.

Die individuellen Handlungsmotive von Migranten sind mit den Migrationsursachen verknüpft. Eine erste Gruppe stellen Naturkatastrophen wie Überschwemmungen und Erdbeben dar. Hierzu gehören auch Hungersnöte und die Zerstörung der natürlichen Lebensgrundlagen; in diesen Fällen bringen Veränderungen der Natur bestimmte menschliche Aktivitäten hervor. Migration zielt hier auf das nackte Überleben, auf die Sicherung der minimalen Lebensbedingungen ab.

Eine zweite Gruppe von Migrationsursachen bilden wirtschaftliche Not, Arbeitslosigkeit und materielle Verelendung. Zwar sind diese Lebenslagen in der Welt weit verbreitet, führen jedoch erst dann zu Migration, wenn sie mit Hoffnungslosigkeit verbunden sind, also dem Gefühl, die eigene Lage im Heimatland/am bisherigen Wohnort nicht ändern zu können. Auch muss die Hoffnung oder Vermutung bestehen, irgendwo anders oder an einem bestimmten Ort die entbehrten Existenzgrundlagen finden zu können. Das Spektrum in dieser Gruppe reicht von „Armutsflüchtlingen“ bis hin zu „Arbeitsmigranten“, die der „relativen Armut“ ihrer Herkunftsregion entfliehen oder sich als Arbeitskräfte anwerben lassen, um so die Lebenslage ihrer Familien verbessern zu können.

Flüchtlinge aus Gründen politischer und religiöser Verfolgung bilden die dritte Gruppe. Für diese Notlage wurde schon bei den Hethitern im 2. Jahrtausend vor Christus die Institution des Asyls entwickelt, um Schutz vor solchen Arten der Verfolgung zu gewähren. Das Asylrecht hat also eine lange Tradition und ist die menschliche Reaktion auf die Möglichkeit und Realität des Machtmissbrauchs. Mit der Erklärung der Allgemeinen Menschenrechte durch die Vereinten Nationen 1948 und durch die Verabschiedung der Genfer Flüchtlingskonvention von 1951 ist dieses Asylrecht universal anerkannt und abgesichert worden.

Der vierte Typus von Migration beruht auf sozialen Gründen. Hierzu gehört sowohl die Familienzusammenführung bei ursprünglich individueller Wanderung als auch Migration zur Verbesserung der sozialen, wirtschaftlichen oder beruflichen Situation, wenn die Ausgangssituation keine Bedrohung darstellt. Hierunter fällt auch jener Teil der Arbeitsmigration, der nicht von blanker Not verursacht ist, sondern dem sozialen Aufstieg dient.

Einer fünften Gruppe können die Migranten zugerechnet werden, die aus ganz individuellen Motiven, persönlichen Gründen ihren Wohnort wechseln. Motive wie Neugier und Abenteuerlust finden sich hier ebenso wie das Bestreben, langweiliger Alltäglichkeit, beruflicher Routine oder einem engen sozialen Lebenskontext zu entkommen. (Vgl. Wessel/Naumann/Lehmann 1993)

Migranten und Ausländer

Der Begriff „Migration" ist ein sozialwissenschaftlicher Begriff und erfasst nicht nur die grenzüberschreitende Mobilität. Im Alltagsbewusstsein wird dagegen stärker unterschieden zwischen Migranten, die als Ausländer in das Land gekommen sind, und Migranten, die als Angehörige der eigenen Nation ins Land gekommen sind (Vertriebene, Aussiedler). Der Begriff „Ausländer" ist ein politischer Rechtsbegriff, der die Staatsangehörigkeit zu Grunde legt. Wenn Migranten eine Staatsgrenze überschreiten, werden sie automatisch zum Ausländer, falls sie die Staatsangehörigkeit des Zuwanderungslandes noch nicht besessen haben. Sie werden dann dort eingebürgert, wenn sie einen Anspruch darauf haben (z.B. Spätaussiedler) oder wenn ihnen nach einer Ermessensentscheidung der Ausländerbehörden nach bestimmten Kriterien, die in den Staaten der Welt sehr verschieden sind, die Einbürgerung gewährt wird. Oder aber sie bleiben – freiwillig oder erzwungen – Ausländer, die befristet oder dauerhaft im fremden Land leben.

Einwanderung nach Deutschland und die Migrationspolitik

Die innerstaatliche Mobilität wird in der öffentlichen Diskussion selten thematisiert, auch wenn sie, wie in den modernen Staaten, häufig vorkommt, für die betroffenen Personen mit erheblichen Veränderungen ihres Lebens verbunden ist und die Städte und Gemeinden stark beeinflusst. Weil der moderne Staat die Freizügigkeit der Staatsangehörigen als individuelles Recht eingerichtet hat, ergeben sich kaum rechtliche und politische Probleme. Die Bildung des Staates und die Formierung des Staatsvolkes, dem der uneingeschränkte Schutz der Verfassungsrechte zukommt und das in dieser Weise gegenüber den Nicht-Staatsbürger privilegiert ist, haben die Staatsgrenzen und die Staatsangehörigkeit zu einer fundamentalen Struktur werden lassen. Deshalb ist die grenzüberschreitende Mobilität besonders hervorgehoben, die Migranten werden als Ausländer wahrgenommen. Migrationspolitik – die politische Regulierung der räumlichen Mobilität – ist deshalb überwiegend Ausländerpolitik. Dies ist eine wichtige Verschiebung der Wahrnehmung und der Bewertung, beispielsweise gerade dort, wo aus den Bedürfnissen der Wirtschaft heraus Arbeitskräfte angeworben werden. Die jeweils „Einheimischen" betrachten die Hinzugekommenen in der Regel als Konkurrenten (um Arbeitsplätze, Wohnungen ...); wenn es sich bei diesen um Ausländer handelt, verstärkt sich die distanzierte Wahrnehmung, weil den Ausländern die Solidarität und die Rechte, die den Inländern zukommen, nicht zuteil werden. Die sozialwissenschaftlich zu beschreibenden Migrationsprozesse sind also mit politischen Definitionsprozessen und Interessenspositionen verbunden.

Migration in Deutschland und Europa im 20. Jahrhundert

Die erste Einwanderungswelle nach Deutschland ist der Zuzug von zwölf Millionen Flüchtlingen aus dem Osten in der unmittelbaren Nachkriegszeit und später gewesen. Die zweite Einwanderungsphase kam in Westdeutschland durch die Anwerbung von Gastarbeitern ab 1955 (1. Abkommen mit Italien) bis 1973 (Anwerbestopp) zustande. Die Zuwanderung von Gastarbeitern war dabei nicht auf die Bundesrepublik beschränkt, sondern hat ganz Mitteleuropa zur Einwanderungsregion werden lassen; die zugewanderte Wohnbevölkerung hat sich in dieser Region zwischen 1960 und 1974 von fünf auf zwölf Millionen vergrößert. Danach verlangsamte sich der Zuwachs (bis 1988: auf 14 Millionen). Die Anwerbung von Arbeitskräften hat also aus den mitteleuropäischen Ländern Einwanderungsstaaten werden lassen. Für die westeuropäischen Länder kommt noch die Migration im Rahmen der Entkolonialisierung hinzu.

Seit Beginn der Achtzigerjahre steht nun die Zuwanderung von Flüchtlingen nach Mitteleuropa im Vordergrund, insbesondere als Folge von Krisen und Kriegen im Nahen und Mittleren Osten (Putsch in der Türkei, Bürgerkriege in Afghanistan und Libanon, Sri Lanka und Jugoslawien). Und mit der Auflösung des kommunistischen Herrschaftssystems in Osteuropa setzten ab Ende der Achtzigerjahre Migrationen unterschiedlichen Typs (Flucht, Armutswanderung, Arbeitswanderung und staatlich regulierte Rekrutierung von Zeitarbeitskräften) ein. Die Vertiefung und Ausweitung der Europäischen Union ermöglichen darüber hinaus eine kontinuierliche Migration innerhalb West- und Mitteleuropas, wobei an die Stelle der staatlichen Lenkung die Steuerung durch den Arbeitsmarkt tritt.

Die Neunzigerjahre sind durch den Aufbau der „Festung Europa“ gekennzeichnet. Gegenüber Osteuropa und Nordafrika wurden neue Abwehrsysteme aufgebaut, um Flüchtlinge und illegale Zuwanderung abzuwehren. Die Änderung des Asylrechts in Deutschland und die Entwicklung einer gemeinsamen europäischen Migrationspolitik sollen die Selektivität der Zuwanderungsregulierung verfeinern. Denn Migration lässt sich zwar kanalisieren, aber nicht stillstellen. Da die Waren- und Kapitalströme, die Mobilität von erwünschten Arbeitskräften und Handeltreibenden sowie der Tourismus offengehalten werden müssen, ist Abschottung nicht möglich, und Abwehrmaßnahmen verhindern Einwanderung nicht, sondern erhöhen lediglich die illegale Migration und deren Kosten.

Legalisierung und Kriminalisierung von Migration

Die Freizügigkeitsregelungen in der Europäischen Union erlauben eine legale Migration größeren Umfangs innerhalb des entsprechenden Gebietes, beginnen sich aber erst langsam in der sozialen und kulturellen Praxis bemerkbar zu machen. Die Einbeziehung der Einwanderer von außerhalb der EU in die Freizügigkeitsregelung wird den Prozess beschleunigen. Dabei wird in Zukunft noch stärker als in der Gegenwart zu beobachten sein, dass nicht nur die hochqualifizierten Arbeitskräfte in die Ballungsgebiete der großen Städte wandern, weil dort die passende Arbeit angeboten wird, sondern auch die wenig qualifizierten Arbeitskräfte. Denn sie finden dort eher Gelegenheitsarbeiten als in den ländlichen Gebieten, in denen das einheimische Arbeitskräftereservoir auf dem Segment der wenig qualifizierten Arbeit ohnehin schon hoch ist; gleichzeitig ist der Bedarf an Saisonarbeitskräften in den landwirtschaftlich intensiv genutzten Gebieten beträchtlich.

Dieses Migrationsmuster wird zu dem nur scheinbar paradoxen und heute schon eingetretenen Zustand führen, dass in den reichen Regionen Europas die Zahl der Armen steigt. Unter ihnen ist der Anteil der Migranten jeder Art höher als in der gesamten Bevölkerung; aber auch unter den Wohlhabenden gibt es Migranten, die sogenannten Migrationsgewinner.

Im Hinblick auf Flüchtlinge wird dagegen eine Abschottungspolitik gepflegt, die teilweise auch erfolgreich ist; sie konnte allerdings nicht verhindern, dass jährlich bis zu 100.000 (1996) Flüchtlinge nach Deutschland kamen. Hinsichtlich der Aussiedler hat es eine ähnliche Entwicklung gegeben; die Erhöhung der Zuwanderungserschwernisse hat ihre Zahl aber kräftig reduziert. Am Ende des ersten Jahrzehnts des 21. Jahrhunderts sind Flucht und Aussiedlung nach Deutschland praktisch zum Erliegen gekommen. Auch haben Nachrichten von den Schattenseiten des „Gelobten Landes“ Deutschland in den Herkunftsregionen die Abwanderungswünsche gedämpft. Dieser Mechanismus war in der Geschichte der Wanderungen oft wirksamer als Zäune und Sperren. Das Erschweren der legalen Migration führt aber zwangsläufig zu einer relativen Vergrößerung der illegalen Zuwanderung. Von Anfang bis Mitte der Neunzigerjahre haben sich illegale Einreisen und auch die Abschiebungen verfünffacht, die Zahl der Tatverdächtigen ohne Aufenthaltsstatus hat sich laut Polizeistatistik verdoppelt, die Verfahren wegen illegaler Ausländerbeschäftigung wurden fast verdreifacht (Vogel 1996).

Politisch besonders problematisch sind die Unterstellungen, man könne Migration gänzlich unterbinden. Dabei wird den Bürgern „Ruhe und Ordnung“ im Sinne einer Beseitigung von „Unruhe“, die durch Wanderung entstehe, in Aussicht gestellt. Es wird eine „Festung Europa“ versprochen, die tatsächlich aber nicht möglich ist. Viele Erfahrungen, zum Beispiel gegenwärtig an der Grenze zwischen Mexiko und den Vereinigten Staaten, die durch einen Metallzaun gesperrt ist, oder an der EU-Ostgrenze, die zunehmend elektronisch gesichert wird, verdeutlichen diese Unmöglichkeit. Bei jeder neuen Schwelle, die bisher an den Grenzen zur Verhinderung von Migration aufgebaut wurde, sind auch die Strategien und Techniken verfeinert worden, wie diese Schwelle überwunden werden kann. Die Festung Europa wird aber auch deshalb nicht entstehen, weil Europa Bedarf an billigen Arbeitskräften, für die es nicht die „Produktionskosten“ übernehmen will, hat. Zwar wird Europa Mauern gegen den unerwünschten Zugang errichten, aber ebenso wird es viele Tore für den erwünschten Zugang öffnen bzw. offen halten.

Dabei liegen die Gründe für die anhaltende Wanderung in erster Linie in Deutschland selbst. Das Interesse an billigen Arbeitskräften, auch und gerade für eine bestimmte Saison, lässt sich immer noch am besten mit Ausländern befriedigen. Die Ausweitung nichtqualifizierter Dienstleistungen, die steuerliche Förderung der Dienstbotengesellschaft, die Verbilligung der Arbeit insgesamt schafft Arbeitsplätze für Migranten. Prostitution, privatisierte Pflege und rationalisierte Putzdienste benötigen leistungsfähiges (weibliches) Personal, das überwiegend im Ausland requiriert wird. Der Status der Illegalität wird dabei billigend in Kauf genommen oder geschickt genutzt, ist er doch mit einer nützlichen Abhängigkeit verbunden. Ökonomisch zahlt sich Illegalität und rechtloser Aufenthaltsstatus für alle aus, die von einem billigen Arbeitsangebot profitieren – das sind nicht wenige Unternehmen, sondern viele wirtschaftliche Akteure und private Haushalte. Die Deregulierung des Arbeitsmarkts insgesamt hat also die Wanderungsanreize im Inland vergrößert, wobei ganz generell – also egal, ob es sich um hoch oder niedrig qualifizierte Arbeitskräfte handelt – mit einer Zuwanderung in die Metropolen Europas zu rechnen ist. Die Zukunft wird also durchaus auch nach den Mustern der Vergangenheit strukturiert sein: Schon im Mittelalter war Migration vor allem Land-Stadt-Wanderung.

Migranten als „politisches Gut"

Ausländer sind nicht nur Arbeitskräfte und als solche ein ökonomisches Gut, sondern auch ein politisches. Ausländerpolitik wird für Inländer gemacht, denen man als Politiker seine Liberalität demonstrieren kann (Minderheitsposition) und deren Loyalität man sichern kann durch Ungleichbehandlung der Ausländer (Mehrheitsposition). Die nicht wahlberechtigte ausländische Wohnbevölkerung ist dieser Instrumentalisierung ausgesetzt. Gerade in Zeiten, in denen die Kräfte des Nationalstaats und damit der Politik zur Steuerung des Kerns der Gesellschaft, nämlich der Ökonomie, schwinden, gewinnen die Politikfelder an Bedeutung, die durch symbolische Handlungen Loyalitätszuwachs sichern können. Dazu zählen vor allem Themenbereiche wie „Pflichtsprachkurse" für Ausländer. Wer diese fordert, weist die Schuld für Integrationsprobleme den Ausländern zu und zeigt gleichzeitig der deutschen Wahlbevölkerung, dass ihr Überlegenheitsgefühl berechtigt sei.

Dass Ausländer als knappes politisches Gut dazu missbraucht werden, die Loyalität der Wählerschaft zu erringen, schmälert die verbliebenen Chancen einer gestaltenden Integrationspolitik. Eine kontinuierliche und konsistente Verwandlung von Ausländern in Inländer, wie sie beispielsweise Schweden (mit einer jährlichen Einbürgerungsrate von fünf Prozent) betreibt, ist in Deutschland mit seiner Rate von 0,3 % als Problembegrenzungspolitik bisher nicht realisiert worden. Wird die nach 1998 eingeschlagene Einbürgerungspolitik fortgesetzt, dann wird jedoch ein wachsender Teil der ausländischen Wohnbevölkerung „in Inländer transformiert“. Das bedeutet nicht, dass alle Probleme gelöst sind – Diskriminierungen können fortgesetzt werden. Aber es gibt eine Veränderung in der Grundlage der Zugehörigkeit.

Jede Diskussion und Reflexion über Kultur, Multi- und Interkulturalismus hat sich dieses Rahmens von Ausländerpolitik zu vergewissern, weil die im Kulturdiskurs zu führende Auseinandersetzung über Differenz und Differenzen unter den Voraussetzungen der fundamentalen Ungleichheit von In- und Ausländern ganz anders aussieht als unter der Voraussetzung gleicher Bürgerrechte.

Die Struktur von Integrationsprozessen und die Untersuchung von Migrationsproblemen

Während der ausländerpolitische Diskurs immer wieder auf Bedrohung rekurriert und darin Ausländer aller Art als nichts anderes gelten denn als Nicht-Inländer, hat im Bildungsdiskurs der Begriff der Fremdheit Fuß gefasst. Dies spiegelt auch ganz gut den realen Prozess wider, dass derjenige, der heute kommt oder gestern gekommen ist und morgen bleibt, der eigentliche Fremde ist (Georg Simmel). Vor allem unter der Perspektive des Verbleibens wandelt sich derjenige, der kommt oder irgendwann gekommen ist, in einen Fremden und seine wirkliche, oft auch nur vermeintliche Verschiedenheit rückt in den Mittelpunkt. Diese Paradoxie lässt sich am Beispiel der „Gastarbeiter“ erläutern. Sie waren selbstverständlich „fremd“, was aber unproblematisch war, solange man davon ausgehen konnte, dass sie als „Gast“ nur vorübergehend in Deutschland bleiben und bald wieder in ihre Heimat zurückkehren würden. In dem Moment, in dem der „Gast“ seinen Status ändert und sich zum dauerhaft Anwesenden, zum Dazugehörigen wandelt, wird seine – im Alltagsleben oft kaum noch wahrnehmbare Verschiedenheit – als Fremdheit thematisiert. Diese Paradoxie wird an der Diskussion über die Angehörigen der Zweiten Generation besonders deutlich: Sie sind sozialisiert wie ihre deutschen Altersgenossen, werden aber (durch Ausländerrecht und diskriminierende Praktiken des Alltagslebens) wie Fremde behandelt und dadurch zu Fremden gemacht. Daran knüpfen sich die Fragen: Kann die Verschiedenheit zum Verschwinden gebracht werden, damit der Zugewanderte so wird wie die, die „immer schon“ da waren? Oder kann die Gesellschaft moderner, demokratischer, pluralistischer und toleranter werden durch Erweiterung ihrer Vielfalt?

Während die Diskussion über Fremdheit einerseits toleranzfördernd wirken kann, trägt sie andererseits zum Gegenteil, zur Verstärkung und Ablehnung von Fremdheit bei, möglicherweise sogar dort, wo Vertrautheit schon erreicht war. Beispielsweise lässt sich häufig beobachten, dass im Verlauf eines nachbarschaftlichen Zusammenlebens Deutsche und Ausländer sich nicht mehr als Angehörige dieser Kategorie wahrnehmen, sondern als Individuen mit einem Namen. Wird nun im Gefolge der öffentlichen Diskussion die kategoriale Zugehörigkeit wieder in den Vordergrund geschoben, stellt sich Befremden ein.

Integration und Assimilation, Struktur und Kultur

In jedem Fall wird mit der Fremdheitsdebatte das Terrain der Kultur beschritten. Problematisch dabei ist, dass die Folgen von Migration (insbesondere von Zuwanderung) vielfach als Kulturproblem, das heißt als Konflikt zwischen Wissenssystemen, definiert werden. In der öffentlichen und wissenschaftlichen Diskussion richtet sich die Aufmerksamkeit nämlich auf „multikulturelle Gesellschaft" und „interkulturelles Lernen", auf „kulturelle Identität" und „Kulturkonflikt". Wenn man den Integrationsprozess als ganzen und seine Folgen betrachtet und analysieren will, dann sind aber zunächst die *strukturellen* Bedingungen und Prozesse einer Gesellschaft in den Vordergrund zu stellen. Migration kommt sehr selten durch kulturelle Ursachen in Gang, vielmehr sind Armut und Not, politische Unterdrückung und kriegerische Vertreibung die häufigsten Migrationsursachen. Ebenso wenig ist die Attraktivität der Migranten für die Zielländer kulturell begründet, sondern es zählt vor allem die Verwertbarkeit der Arbeitskraft. Es sind also Fragen des Arbeitsmarktes, des Einkommens, der Unterkunft, aber keine kulturellen Aspekte, die über das Schicksal der Migranten entscheiden. In den Konflikten, die aus diesen strukturellen Prozessen entstehen, greifen Migranten und Einheimische gleichermaßen auf das Symbolsystem einer Gesellschaft, nämlich die *Kultur*, zurück und definieren mit deren Bestandteilen (Sprache, Bedeutungen) Situationen. Die *Struktur* einer Gesellschaft drückt sich dagegen im Positionssystem aus, das die Verteilung der gesellschaftlich hoch bewerteten Güter und Ressourcen widerspiegelt. „Integration" kann dann als Partizipation an der Struktur der Gesellschaft, „Assimilation" als Teilhabe an ihrer Kultur verstanden werden (Hoffmann-Nowotny 1992).

In seltenen – gelingenden – Fällen verlaufen Integration und Assimilation ganz parallel und kontinuierlich ab, ebenso selten finden wir kulturelle Homogenität und strukturelle Stabilität von Gesellschaften. Vielmehr sind Konflikt, Spannung zwischen den Ausprägungen der Dimensionen, Ungleichzeitigkeiten und Widersprüche zwischen Integration und Assimilation die Regel, der Normalfall.

Für die Frage, wie eine praktische Handlungsperspektive im Integrationsprozess aussehen soll, kann man von zwei Prämissen ausgehen: Erstens, die Migranten haben das kollektive Interesse an gleichen sozialen Chancen wie die Einheimischen in der Einwanderungsgesellschaft; zweitens, diese Gesellschaft versteht sich demokratisch und orientiert sich an sozialer Gerechtigkeit, d. h. ethnische Diskriminierung ist illegitim. Wenn die Migranten strukturelle Teilhabe erreichen wollen, also Arbeitsplätze einnehmen und soziale Sicherheit erreichen wollen, müssen sie sich zumindest funktional assimilieren (also zum Beispiel die Sprache erlernen), sofern die Teilhabe am Symbolsystem Voraussetzung für strukturelle Integration ist. Und dies ist in hohem Maße erforderlich, ganz besonders dann, wenn über Bildung eine Verbesserung der sozialen Chancen erreicht wird. Die Abwehr der Kultur, z. B. der Sprache des Einwanderungskontextes, wäre mit struktureller Marginalisierung verbunden. Die Orientierung am Migrationsziel (Teilhabe an der Struktur) wird allerdings durch vielfache Barrieren des Einwanderungskontextes erschwert, so dass Migranten auch die Assimilation ablehnen, weil sie ihre traditionelle Identität gefährden könnte. Man fürchtet, sie zu verlieren, ohne dass das neue Ziel, nämlich die ökonomische, rechtliche und soziale Sicherheit im Einwanderungsland, erreicht würde. Das Fernhalten der Migranten vom (attraktiven) Positionssystem der Einwanderungsgesellschaft und Reethnisierung arbeiten also Hand in Hand. Vereinfacht kann man sich diesen Ablauf in folgenden Schritten vorstellen: (1) Assimilation ist Voraussetzung für Integration; (2) Integration wird vom Einwanderungsland erschwert (beispielsweise durch rechtliche Barrieren beim Zugang zum Arbeitsmarkt); (3) dadurch wird Assimilation abgelehnt (Angst, die alte Identität zu verlieren und gleichzeitig die gewünschte Integration nicht zu erreichen); (4) so wird Integration weiter erschwert, weil ja Assimilation Voraussetzung für Integration ist.

Soll der Integrationsprozess gelingen, muss der sozialstrukturelle Integrationsprozess durch eine sozialkulturelle Neudefinition der aufnehmenden Gesellschaft erleichtert werden. Diese Neudefinition schließt die Migranten in die „Gemeinschaft" derer ein, die selbstverständlich und als Zugehörige auf dem Gebiet der Gesellschaft leben („multikulturelle" Gesellschaft). Andererseits verlangt dies wiederum von den Migranten jenes Maß an funktionaler Assimilation, das zu den Essentials der „neuen" Gesellschaft gehört (Sprache, „marktgängiges" Verhalten, Akzeptanz des politischen Systems).

Soziale Integration und identifikative Assimilation

Das Begriffspaar „Struktur – Kultur" kann weiter differenziert werden. Diese Differenzierung übernimmt die Dimension „Struktur" und unterscheidet von der beruflichen, arbeitsmarktbezogenen noch die soziale Seite, die sich in Kontakten von Migranten und Nichtmigranten ausdrückt. Die Dimension „Kultur" wird in eine eher instrumentelle (Spracherwerb, kognitiv) und in eine identifikative Seite (man fühlt sich innerlich mit dem „neuen" Lebensort verbunden) unterschieden. Das theoretische Modell dieser Migrationssoziologie hat zunächst angenommen, dass zuerst die kognitive Assimilation, danach die berufliche und soziale Integration und abschließend die identifikative Assimilation stattfindet – selbstverständlich mit vielen Gleichzeitigkeiten im Gesamtprozess (vgl. Esser 1980). Weil in Deutschland sowohl gesellschaftliche Prozesse als auch staatliche Politik die Kontinuität des Integrations- und Assimilationsprozesses verhindern („kein Einwanderungsland“, Gewalt gegen Ausländer, Diskriminierung), bilden sich zwei eher getrennte Linien aus: Kognitiv-kulturelle Assimilation und beruflich-strukturelle Integration sind relativ weit fortgeschritten, haben sich aber eher von den „steckengebliebenen“ sozialen und identifikativen Eingliederungsprozessen abgekoppelt. Daraus resultieren Verwerfungen, subkulturelle Segregation und Anomien, besonders bei jungen Migranten. Gerade junge Migranten sind mit den kulturellen Werten in Deutschland gut vertraut und haben oft die gleichen Ansprüche an ein gutes und sozial anerkanntes Leben verinnerlicht wie ihre deutschen Altersgenossen. Da aber viele keine hohe Berufsposition einnehmen können, ergeben sich Diskrepanzen zwischen kulturell geprägten Wünschen und strukturell begrenzten Realisierungsmöglichkeiten. Bei denen, die in Deutschland aufgewachsen sind, erhöht sich aber auch der Anteil der Berufs- und Bildungserfolgreichen.

Ein sozialökologisches Analysemodell

Einen weiteren Schritt der begrifflichen Differenzierung, die über die Unterscheidung von Struktur und Kultur hinausgeht, ermöglicht das Analysemodell von Troyna und Hatcher (1994), das sozialökologisch konzipiert ist. Dabei wird die Umwelt eines Menschen mit dem Maßstab der Distanz, die Personen, Sachverhalte und Ereignisse in der Wahrnehmung dieses Menschen zu ihm selbst haben, gegliedert. Bei der bildlichen Darstellung entstehen Kreise mit unterschiedlichem Radius um das Individuum herum und diese ergeben eine konzentrisch geordnete Struktur von Relevanzen. Das Modell wurde zur Analyse von rassistischen Gewalthandlungen entwickelt und versucht dabei, gerade die Eindimensionalität der Betrachtung unter dem Aspekt von „Kultur“ oder „Rassismus“ zu überwinden. Die Untersuchung eines konkreten Falls (es kann sich dabei um einen Konflikt, aber auch um eine pädagogische Handlungssituation handeln) geht aus von der Analyse einer (1) konkreten Interaktion der unmittelbar an einem Geschehen Beteiligten und bezieht dann die jeweilige Situation (Kontext, 2) und die biographisch erworbenen Handlungsmotive (3) mit ein. Im vierten Schritt werden die subkulturellen Gruppenzusammenhänge analysiert, im fünften die institutionell festgelegten Normen und Rollensysteme. Dann sind die kulturell bestimmten Mentalitäten und die politischen/ideologischen Interessenlagen von Bedeutung; auf der umgreifendsten Ebene werden strukturelle Machtverhältnisse berücksichtigt. Alle Ebenen sind im Hinblick auf konkrete Abläufe interdependent, zugleich aber eigenständig relevant.

Nach dem Schema von Troyna und Hatcher können auch Situationen der Migrantenarbeit, beispielsweise eine Beratungssituation, analysiert werden. Die Betrachtung beginnt auch hier bei der Interaktion bestimmter Personen und kann – wenn dies zum Verständnis eines konkreten Geschehens erforderlich ist – mit der achten Ebene abschließen. Dieses Modell ist allerdings nicht nur für Analyse und Beschreibung geeignet, sondern auch für eine pädagogisch-normative Betrachtung, d. h. es stellt sich bei der Diskussion eines konkreten Falls die Frage, wie auf jeder Ebene Verantwortlichkeiten und Zuständigkeiten zu gestalten sind. Dabei kann man an der gleichzeitigen Bedeutung von individueller Handlungsverantwortung, situativen Umständen und strukturellen Bedingungen festhalten. Beratungshandeln hat dann auf personale Einmaligkeit, situative Einbindung, institutionelle Formung, strukturelle Bedingungen und kulturelle Zugehörigkeit gleichermaßen Rücksicht zu nehmen. Eine Perspektive, die zu sehr auf eine von acht, nämlich die kulturelle Ebene abhebt, steht in der Gefahr, das konkrete Individuum als „Kulturträger" zu verdinglichen und den Respekt gegenüber der konkreten Person zu verfehlen.

1.2 Migration und Armut

Armut schämt sich. Reichtum, Macht und Bildung dagegen treten selbstbewusst auf, setzen und bestimmen die Normen, an denen sich die Armut misst und verschämt zurückzieht. Erst die Verzweiflung bringt die Armut zur Revolte, nicht politisches Kalkül. Der Umgang der Macht mit der Armut dagegen folgt einem Kalkül: Armut ist nützlich für die Disziplinierung derer, die Angst vor ihr haben.

In einer reichen Gesellschaft ist Armut schlimmer als in der armen Gesellschaft, wo sie noch Normalität für sich beanspruchen kann. Die reiche Gesellschaft ist vor allem reich an Kontingenz: Sie zeigt dem Armen, es könne auch anders sein. Und die Gesellschaft der Reichen hält die Basislegitimationen für die gerechte Verteilung des Reichtums bereit: „Jeder ist seines Glückes Schmied."

Armut und Reichtum hängen zusammen: Armut durch Reichtum, wie Günther Salz (1991) zu sagen pflegt. In den reichsten Ländern der Welt ist Armut am bedrückendsten, weil Verelendung mit Verachtung gepaart ist, weil Reichtum – auch in kleineren Dosierungen – die Diskriminierung der jeweils noch Ärmeren braucht, um sich in seiner Relativität zu behaupten.

In der deutschen Wohlstandsgesellschaft ist Armut über lange Zeit nicht nur aus dem öffentlichen Bewusstsein, sondern auch aus dem Lexikon der Soziologie verschwunden. Erst neuerdings werden wieder „Armutsberichte" verfasst in der Tradition der Sozialenquêten, die ambivalent zwischen Skandalisierung eines ungerechten Zustandes und vorsorglicher Prävention zur Systemsicherung oszillieren. Realität der Armut und Bewusstwerden dieses Zustands rufen schließlich die Forschung herbei, so dass dann auch die Wissenschaft etwas von der Armut hat (Leibfried/Voges 1992).

Begriff und Umfang der Armut

Armut kann als „absolute Armut" definiert werden, wobei ein objektives Existenzminimum an Essen, Trinken, Kleidung usw., das nicht zum Leben reicht, bestimmt werden soll. Doch selbst bei diesem scheinbar einleuchtenden Versuch, eine unterste „Lebenslinie" zu ziehen, stellt man sehr unterschiedliche Formen des Überlebens fest. Armut kann deshalb nur als „relative" verstanden werden, wobei eine Lebensqualität als Orientierung dient, die auf einen bestimmten gesellschaftlichen Zustand bezogen ist. Armut kann jedoch auch – im Unterschied zu diesen beiden Formen einer objektiven Definition – als subjektive Armut verstanden werden, wobei das Individuum über die akzeptable Differenz seiner Lebenslage zum gesellschaftlichen Wohlstand entscheidet. Pragmatischer angelegt ist die politische Definition von Armut, die die sozialstaatlich definierte Einkommensschwelle markiert, ab der jemand als unterstützungswürdig gilt (vgl. Krause 1992).

Ein reflektierter Armutsbegriff wird Elemente aus jeder Definition aufnehmen, weil Armut sich bezieht auf die Fähigkeit zum Leben in einer bestimmten gesellschaftlichen Wirklichkeit, die sozial und individuell bewertet ist und politisch reguliert wird. Armut wird – im Hinblick auf ihre Dimensionen – häufig als Einkommensarmut verstanden. Damit wird freilich nur die materielle Seite der Armut erfasst – jedoch was heißt hier „nur"? Armut hat – wie Reichtum auch – drei Dimensionen: Sie drückt sich im Fehlen der Möglichkeit aus, über ökonomisches, soziales und kulturelles Kapital (Bourdieu 1982) zu verfügen. Auch wenn diese drei „Kapitalsorten" sich logisch nicht substituieren können, kann das ökonomische Kapital am ehesten noch das Fehlen der beiden anderen kompensieren. Auch entfalten die beiden anderen Kapitalien ihre lebensfördernde Wirkung vor allem dann, wenn vom ökonomischen Kapital ein Minimum – oder besser: reichlich – verfügbar ist. Und je weiter man in der gesellschaftlichen Pyramide nach unten kommt, umso mehr Zentralität erhält die materielle Lage, wird der Kampf um die soziale Integration und die kulturelle Würde wichtiger. Der Armutsbegriff ist deshalb recht komplex, weil in ihm die analytischen und normativen Elemente sozialwissenschaftlicher Kategorien wie des sozialen Verständigungszusammenhangs selbst enthalten sind und weil sich in ihm die Mehrdimensionalität von Lebenslagen und Lebensdefinitionen widerspiegelt.

Armut und Migration

Im Zusammenhang von Migration ist das Stichwort „Armut" wohlvertraut. Gilt sie doch als der stärkste Push-Faktor, der Wanderungen von der Arbeitsmigration über die Aussiedlung bis hin zur Armutsflucht in Gang bringt. Im Denken und Hoffen der Migranten soll die beschwerliche Wanderung das Elend der Armut beseitigen und zur Partizipation am Reichtum der Einwanderungsländer führen. Auch diese haben das Selbstverständnis, dass die gewährte Partizipation, durch Anwerbung von Siedlern und Arbeitskräften im eigenen Interesse unterstützt, den Migranten zu relativem Reichtum verhelfe. Die beiden Perspektiven passen gut zusammen, solange die Wanderung ökonomisch erwünscht und profitabel ist und solange der Arbeitsmarkt die Migranten aufnimmt. Im Falle von Arbeitslosigkeit kann nämlich auch die formelle sozialrechtliche Gleichstellung der Migranten nicht deren schnelle Verarmung verhindern, und die „aufnehmende“ Gesellschaft versucht, die lästigen Esser möglichst rasch zu vertreiben. Die verschiedenen Formen der Migration der Gegenwart sind in ihrem Verlauf von der Integration in den Arbeitsmarkt in zentraler Weise bestimmt.

In der Herkunftsgesellschaft sind die Kapitalien – durch Machtverhältnisse strukturiert – ungleich verteilt. Die Migranten hoffen, durch Wanderung ihre Position (subjektiver Anteil) im Hinblick auf diese Verteilung im Einwanderungsland oder nach der Rückkehr im Herkunftsland verbessern zu können. *Nach* der Migration ist der Zugang zum Arbeitsmarkt entscheidend für den erreichbaren Anteil am ökonomischen, sozialen und kulturellen Kapital des Einwanderungslandes. Für die Sozialarbeit und Sozialpolitik gibt es nach diesem Modell spezifische Ansatzpunkte, um durch soziale Sicherung, soziale Dienste und Integration in Interaktionsstrukturen sowie durch kulturelle Anerkennung die Lage der Migranten zu verbessern. Gelingt auf Dauer eine Integration in die Arbeitsgesellschaft, dann kann zumindest die materielle Armut latent gehalten werden. Bei unstetiger Beschäftigung, Krankheit, Alter und Invalidität droht jedoch prinzipiell Armut, weil der Status des Lohnarbeiters immer die Möglichkeit der Armut impliziert. Durch weitere Einschränkungen (der politischen und anderer Rechte) wird die Wahrscheinlichkeit, als Migrant (wieder) arm zu werden, für den Migranten systematisch erhöht.

Ergebnisse der Armutsberichte

Die Armutsberichte der Gemeinden und Länder sowie auf Bundesebene haben in den letzten Jahren wesentlich zur „Aufdeckung“ von Armut beigetragen. Viele haben sich dabei auf das allgemeine Phänomen konzentriert und die Lage der Migranten vernachlässigt. Insbesondere der Armutsbericht des Deutschen Gewerkschaftsbunds und des Deutschen Paritätischen Wohlfahrtsverbands hat den Fokus auf die Armut in Deutschland im Ost-West-Verhältnis gerichtet und die Armut der Ausländer nur am Rande behandelt (vgl. Hanesch u. a. 1994). Die erste wichtige Veröffentlichung der neueren Armutsdebatte hatte dagegen noch ganz selbstverständlich ein Kapitel über Migrantenarmut enthalten (Zuleeg 1985). Darin wurde der Zusammenhang zwischen Migrantenarmut und Armut in den Herkunftsländern herausgearbeitet und deutlich gemacht, dass die Armutspolitik nach außen und die Ausgrenzungspolitik nach innen nur die zwei Seiten der einen Medaille „Nationalstaat“ darstellen. Die Armut der Migranten wird repressiv bekämpft und prinzipiell mit der Ausweisungsbedrohung belegt, damit die ökonomische Funktionalität der Migranten nicht geschmälert wird.

Als Resümee ergibt sich: „Nach geltendem Recht hat die ausländische Bevölkerung in der Bundesrepublik eine geringere Chance als die deutsche, einem Leben in Armut zu entkommen oder zumindest die Folgen abzuschwächen. Darin zeigt sich, dass für sie die Legitimation einer Politik zur Bekämpfung der Armut aus der nationalen Solidarität fehlt“ (ebd., S. 306). Gegen diese Ausgrenzung aus der Solidarität der Staatsbürger hilft auf Dauer nur eine Politik der Berechtigung, die den Migranten durch den Bürgerstatus vor Ausgrenzung schützt.

Die Armutsberichte der neueren Zeit haben Migranten in unterschiedlicher Intensität berücksichtigt, wobei immer zumindest darauf hingewiesen wird, dass die Migranten in besonderer Weise zur Armutsbevölkerung gehören. Der Armutsbericht des Landes Rheinland-Pfalz (MASFG 1993) beispielsweise konzentriert sich weitgehend auf den Sozialhilfebezug als Datengrundlage und hebt hervor, dass der Anstieg der Sozialhilfeempfänger zwischen 1980 und 1990 ganz auf das Konto der ausländischen Sozialhilfeempfänger gehe, von denen nicht mehr jeder 34. wie 1980, sondern jeder Siebte Sozialhilfe beziehe. Dies wird auf den Sozialhilfebezug der Asylbewerber zurückgeführt. Der Bericht argumentiert mit dem Unterschied der beiden Gruppen „Asylbewerber“ und „ausländische Arbeitnehmer“ und folgert: „Diesen steht – in den meisten Fällen auch nach EG-Recht – ein Anspruch auf Integration zu. Nur mit ihnen kann sich dieser Armutsbericht befassen“ (ebd., S. 74).

Armut wird also hier nur den Asylbewerbern zugeschrieben, diesen wird ein „Integrations-Recht“ – was immer dies sein möge – vorenthalten, womit eine politische Verantwortlichkeit ausgeblendet wird. Weil gleichzeitig der Anstieg der Zahl der Sozialhilfeempfänger auf die nichtberechtigten Asylbewerber zurückgeführt wird, kann der Handlungsdruck in Richtung Armutspolitik für Migranten abgewehrt werden. Der Armutsbericht des DGB und des DPWV (Hanesch u.a. 1994) hat die Daten für Ausländer (und Deutsche) nach verschiedenen Quellen zusammengestellt, wobei insbesondere die Daten aus dem Sozio-ökonomischen Panel verwendet werden.

Das Sozio-ökonomische Panel ist eine jährliche Befragung von mehreren tausend Haushalten, die vom Deutschen Institut für Wirtschaftsforschung durchgeführt wird. Auch wenn bestimmte Armutsgruppen durch das Panel nicht erfasst werden und deshalb Armut unterrepräsentiert ist, sind die Daten recht verlässliche Grundlagen der Sozialberichterstattung. Das Sozio-ökonomische Panel geht mit den Ausländern unterschiedlich um. Die wohnberechtigten Ausländer mit türkischer, griechischer, jugoslawischer, spanischer und italienischer Staatsangehörigkeit werden erfasst, wobei so große Gruppen gebildet werden, dass zuverlässige Aussagen über diese Nationalitäten möglich sind (Hanefeld 1984). Erfasst werden somit die großen

Gruppen der angeworbenen Arbeitsmigranten, deren berufliche Integration zumindest in der Anfangsphase der Anwerbung und bis ca. 1980 recht gut gelungen war. Es werden hier also die eher „privilegierten" Ausländergruppen (auch in rechtlicher Hinsicht) mitberücksichtigt, während andere Migrantengruppen, auch solche mit höherem Armutsrisiko, nicht erfasst sind. Dennoch sind die Ergebnisse recht eindeutig. In den relevanten Lebensbereichen sind die Ausländer deutlich benachteiligt. Sie gehören zu den „Risikogruppen der Armut", wie der Bericht sie bezeichnet.

Die Armut der Bevölkerung kann nach dem Sozio-ökonomischen Panel in verschiedenen Hinsichten genauer analysiert werden. Einmal kann die Entwicklung des Umfangs der Armut im Zeitvergleich betrachtet werden. Die Armutsforschung arbeitet mit drei verschiedenen „Armutsschwellen", ab denen jemand als arm gilt. In Europa wir dabei am häufigsten die 50-Prozent-Schwelle verwendet, d.h.: Personen mit weniger als 50% des durchschnittlichen Nettoeinkommens in einem Land gelten als arm. Ungefähr ein Viertel der ausländischen Haushalte ist in allen Jahren von Armut betroffen. Die Ausländer bilden also einen festen Bestandteil der Armutsbevölkerung. Auch im Hinblick auf die Häufigkeit, mit der ihr Einkommen unter die Armutsschwelle sinkt, unterscheiden sich Ausländer von Deutschen.

Im Untersuchungszeitraum von neun Jahren sind nur 41,9% der Ausländer kein einziges Mal von Armut betroffen, bei mehr als der Hälfte dagegen sinkt mindestens einmal das Einkommen unter die Armutsgrenze. Die Intensität der Armutsbedrohung wird auch an dem Umstand erkennbar, dass 20,4% der Ausländer fünfmal und öfter unter die Armutsgrenze abrutschen.

Im Hinblick auf die „Gesamtverhältnisse" ist bedeutsam, dass nur 54,7% der Bevölkerung in einem Zeitraum von neun Jahren nie unter die Grenze relativer, „milder" Armut von 60% des Nettoeinkommens absinken. Die Mehrheit der Bevölkerung ist also in einem solchen Zeitraum mindestens einmal von relativer Armut betroffen. Dieser Umstand, dass in einer reichen Gesellschaft die Mehrheit der Bevölkerung gelegentlich von milder Armut betroffen ist, beleuchtet den Hintergrund des sich ausbreitenden Rassismus mehr und genauer als alle Vorurteils- und ähnliche Theorien.

Die Armutsberichterstattung ist – das zeigt sich bei ihrer kontinuierlichen Fortschreibung und bei zunehmender Armut – kein wissenschaftliches Neutrum, sondern ein politisch relevantes Geschäft. Dies hat die Auseinandersetzung um den 3. Armuts- und Reichtumsbericht der Bundesregierung im Jahr 2008 deutlich gezeigt. Der Wechsel der Erhebungsgrundlagen und -verfahren führt zu politisch angenehmeren Ergebnissen und wird präferiert. Während die Bundesregierung mit den Daten aus einer europaweiten Erhebung arbeitet (EU-SILC = European Union Statistics on Income and Living Conditions) und zu einer „Armutsgefährdungsquote" von 13% kommt, ergibt die Datengrundlage des Sozio-ökonomischen Panels eine Armutsquote von 18% (Westdeutschland 17%, Ostdeutschland 27%) im Jahr 2005. Zwischen 1998 und 2005 ist die Quote von 12% auf 18% gestiegen.

Bei den 14- bis 24-Jährigen liegt die Armutsquote bei 28%, bei den Kindern bis 15 Jahre bei 26%; Kinder- und Jugendlichenarmut hat sich also enorm ausgeweitet (vgl. http://www.stefan-sell.de/sozialpolitik/aktuell16, Zugriff am 1.10.2008).

Im Hinblick auf die Erfassung der Armut der Migranten weist Richard Hauser darauf hin, dass die „auf Deutsch verfassten und recht komplexen Unterlagen, die nur mit der Post versandt werden, die schlecht integrierten Ausländerhaushalte mit geringen Deutschkenntnissen nicht erreichen" (Hauser 2007, S. 9). Armut insgesamt und die Migrantenarmut im Besonderen wird in der EU-SILC-Erhebung untererfasst, wobei insbesondere die Türken in Deutschland unterrepräsentiert sind – im Vergleich mit anderen Untersuchungen.

Dennoch wird deutlich, dass Migranten überproportional in Armut leben. Die Armutsrisikoquote lag 2006 bei 10,3% (60%-Schwelle des Median der Nettoäquivalenzeinkommen der Gesamtbevölkerung), bei Migrantenhaushalten liegt die Quote bei 34% (Hauser u. a. 2007, S. IV).

Insgesamt macht auch der 3. Armuts- und Reichtumsbericht der Bundesregierung (Bundesregierung 2008) die Benachteiligung der Bevölkerung „mit Migrationshintergrund" sichtbar. Sie erreicht nur 79% des Durchschnittwerts der Gesamtbevölkerung, bei den Ausländern allein sind es 73%.

Nur 14% der Erwerbstätigen mit Migrationshintergrund erzielen ein Einkommen über 2000 Euro (Erwerbstätige insgesamt: 23%). Die Bundesregierung verwendet hier (S. 140f.) die Daten des Mikrozensus und ermittelt eine Armutsquote von 28,2% für alle Personen mit Migrationshintergrund (ohne Migrationshintergrund: 11,6%), wobei diese Quote ansteigt von 20,7% bei den Aussiedlern über 24,7% bei den Eingebürgerten bis hin zu 34,3% bei den Ausländern. Bei Kindern (bis 15 Jahre) generell liegt die Armutsquote bei 13,7% (Mikrozensus), bei denen mit Migrationshintergrund bei 32,6%.

Sozialhilfebezug

Nach § 46 des Ausländergesetzes kann ausgewiesen werden, „wer für sich, seine Familienangehörigen, die sich im Bundesgebiet aufhalten und denen er allgemein zum Unterhalt verpflichtet ist, oder für Personen in seinem Haushalt, für die er Unterhalt getragen oder aufgrund einer Zusage zu tragen hat, Sozialhilfe in Anspruch nimmt oder in Anspruch nehmen muss".

Recht sorgfältig sind hier die Umstände benannt, wie Armut vertrieben werden soll. Darüber hinaus gibt es zahlreiche einreiserelevanten Bestimmungen, mit denen Armut von Deutschland ferngehalten wird. Bei den

Ausländern sind dennoch große Gruppen auf die Sozialhilfe bzw. Leistungen nach dem Asylbewerberleistungsgesetz angewiesen – beispielsweise die Asylbewerber ganz generell, gegenwärtig diejenigen unter ihnen, die keine (legale) Arbeit finden. Auf der anderen Seite sind die EU-Angehörigen von der Ausweisungsbedrohung nicht betroffen, was allerdings manche Behörden und Gerichte nicht davon abhielt, die Ausweisung im Falle von Sozialhilfebezug dennoch zu versuchen; manche Fälle musste der Europäische Gerichtshof stoppen. Insgesamt gibt es also Gründe für eine verstärkte und andere Gründe für eine abgeschwächte Inanspruchnahme von Sozialhilfe.

Während in den 1960er und 1970er Jahren die Verarmung der Ausländer, soweit sie sich im Sozialhilfebezug ausdrückt, nicht erheblich war, steigt die Entwicklungskurve in den 80er Jahren steil an. Sicherlich sind dabei die mit Arbeitsverbot belegten Asylbewerber an der statistischen Entwicklung maßgeblich beteiligt, doch lässt sich die Entwicklung nicht auf diesen Umstand reduzieren (siehe weiter unten). Die eigentliche Brisanz der Entwicklung liegt auch hier nicht in der isolierten Tendenz bei den Ausländern, sondern in der politisierbaren, d.h. im Sinne einer Sündenbockstrategie nutzbaren Entwicklung in der Gesamtbevölkerung.

Politische Ausbeutung der Migrantenarmut

Die Armut der Einwanderer ist nämlich ein sozialpolitischer Skandal und zugleich ein politisches Gut. Von einer menschenrechtlich orientierten Politik her und auf der Grundlage von Gleichberechtigungsforderungen lässt sich die soziale Ausgrenzung, die durch die Ausweisungsbedrohung „verordnete Armut“ (Zuleeg), kritisieren und als ungerechten Zustand anprangern. Gleichzeitig kann eine solche Skandalisierungsstrategie sich schnell als naiv herausstellen, wenn sie nur die Informationen über die Armut der Migranten in die Öffentlichkeit transportiert und nicht gleichzeitig dafür sorgen kann, dass die Öffentlichkeit auch die von ihr angestrebte Bewertung der Informationen übernimmt. Die Bewertung der Informationen kann nämlich auch im Kontext einer Instrumentalisierungsstrategie stattfinden, die im Hinblick auf die Migrantenarmut ebenfalls häufig vorkommt.

Migrantenarmut in den sozialen Diensten

Es ist ein Verdienst der Caritas-Armutsstudie, dass sie die Armut der bei den sozialen Diensten des Deutschen Caritasverbandes ratsuchenden Migranten genauer untersucht hat (Hauser/Kinstler 1994). Vor allem hat sie offengelegt, wie das Verhältnis zwischen den verschiedenen Formen von Armut aussieht. Dabei wird die „politisch bekämpfte“ Armut = Sozialhilfebezug, die verdeckte Armut (Differenz zwischen dem tatsächlichen Einkommen und den Sozialhilfesätzen) und die relative Armut (gemessen als 50% des durchschnittlichen Nettoeinkommens) berücksichtigt.

Beim Sozialhilfebezug zeigt sich deutlich, dass die Asylbewerber „in die Sozialhilfe getrieben" wurden (die Untersuchung wurde 1991 durchgeführt). Deshalb gibt es in dieser Gruppe auch kaum eine „verdeckte Armut", während ihre „relative Armut" sehr hoch ist. Auch die Aussiedler sind relativ arm, liegen jedenfalls mit ihrer Armutsquote deutlich über der der deutschen Caritas-Klienten. Die Arbeitsmigranten dagegen werden stark vom Sozialhilfebezug abgeschreckt, der bei ihnen weit unter dem aller Gruppen liegt, auch der deutschen Vergleichsgruppe. Im Hinblick auf die sozio-ökonomische Lage sind die beiden Gruppen sehr ähnlich, wenn man die „relative Armut" betrachtet. Bei Arbeitsmigranten und Aussiedlern ist die Rate der „verdeckten Armut" relativ hoch, was bei diesen beiden Gruppen gleichermaßen Mechanismen der „verschämten Armut" vermuten lässt. Mit der Armutsstudie des DCV liegen Daten vor, die ein recht genaues Bild der Armut unter denjenigen, die die Beratung der Wohlfahrtsverbände nachfragen, zeichnen. In mancher Hinsicht sind sich dabei Zuwanderer und Einheimische sehr ähnlich (Sozialhilfebezug, verdeckte Armut), in anderen Hinsichten gibt es Unterschiede (relative Armut), besonders aber zwischen einzelnen Migrantengruppen.

Armut im Alter

Der Ausbau der Rentenversicherungssysteme hat die Altersarmut der Arbeiterschaft abgebaut und teilweise ganz beseitigt. Allerdings wird Armut nur im Falle der Normalerwerbsbiographie, wie sie den Berechnungen der Rentenversicherung als Idealmodell zugrunde gelegt wird, vermieden. Phasen der Nicht- oder Teilerwerbstätigkeit, wie sie besonders bei Frauen vorliegen, wirken sich nach wie vor als Ursache für relative Altersarmut aus. Darüber hinaus setzt sich die soziale Ungleichheit im Beschäftigungssystem generell auch in der Alterssicherung durch.

Für Arbeitsmigranten ist Altersarmut jedoch eine stärker verbreitete Realität. Zwar hat die sozialrechtliche Gleichstellung der Arbeitsmigranten deren Lage sozialpolitisch reguliert wie die der anderen Arbeitnehmerinnen auch, jedoch gibt es erhebliche Differenzen in der tatsächlichen Form der sozialrechtlichen Partizipation. Die Sozialversicherungs-Biographien weisen Besonderheiten auf (später Versicherungsbeginn bei Anwerbung nach einer längeren Arbeitslosigkeit im Herkunftsland, Unterbrechungen durch Rückkehrversuche und bei vorzeitiger Rückwanderung), die zu generell niedrigeren Rentenanwartschaften als bei Deutschen führen (Dietzel-Papakyriakou 1993).

Auch wenn auf der Grundlage des Europäischen Rechts sowie der Sozialversicherungsabkommen die Rentenanwartschaften aus Berufstätigkeit im Herkunftsland oder einem Drittland hinzukommen, sind durchschnittlich geringe Alterseinkommen zu erwarten. Die sozialrechtliche Gleichstellung wirkt nur temporär egalisierend.

Die Höhe der Rentenzahlungen wird auch durch die Höhe der Einkommen (Jahresentgelt) bestimmt. Außer bei den ausländischen Arbeiterinnen, die durch Überstunden höhere Jahreseinkommen erzielen als ihre deutschen Kolleginnen, gibt es deutliche Nationalitätendifferenzen. Diese verbreitern sich zusätzlich dadurch, dass rentenrechtlich wirksame Ersatzzeiten nur dann von den deutschen Rentenversicherern anerkannt werden, wenn sie im Inland verbracht wurden.

Kindererziehung, Ausbildung, Arbeitslosigkeit werden also nur selektiv berücksichtigt; auch dadurch gibt es Anspruchsverringerungen. Die entsprechenden Regelungen im Herkunftsland können diesen Verlust nicht kompensieren.

Über verschiedene Mechanismen (u. a. Beitragserstattung, die nur die Arbeitnehmeranteile betrifft, so dass die Arbeitgeberanteile der deutschen Rentenversicherung geschenkt werden) haben die Arbeitsmigranten die Sozialversicherungssysteme stärker finanziert als in Anspruch genommen. Auch wenn eine Zunahme des Ausländeranteils an den Rentenzahlungen noch zu erwarten ist, sind die Arbeitsmigranten für das sozialpolitische Gesamtsystem immer noch billiger als der „Normalarbeitnehmer". Durch Arbeitsmigration werden weiterhin Kosten externalisiert mit dem Preis der Armut für die Betroffenen.

Einkommensarmut im Alter vervielfacht sich dann dadurch, dass die sozialpsychologischen Barrieren vor der Inanspruchnahme von Sozialhilfe um ein Vielfaches höher sind als bei deutschen Rentenbeziehern. Die dahinterstehenden Ausweisungsängste sind teilweise real berechtigt, weil das Ausländerrecht den Sozialhilfebezug entsprechend bedroht, teilweise sind sie Resultat der langen Erfahrung als „Bürger zweiter Klasse". Darüber hinaus würde der Gang zum Sozialamt das Scheitern des „Migrationsprojekts" generell zum Ausdruck bringen; wollten die Arbeitsmigranten mit ihrer Migrationsentscheidung und den Mühen, die sie auf sich genommen haben, doch gerade der Armut entrinnen. Das mit der Armut verbundene Gefühl des Scheiterns und der Scham verschärft die soziale Isolation im Alter, die als Lohn der harten Arbeit und der Entbehrungen einmal geträumte Einbindung in eine große Familie bleibt oft aus. Die Kälte der ökonomischen, sozialen und kulturellen Armut im Alter tritt im subjektiven Empfinden in einen scharfen Gegensatz zu den Erinnerungen an eine „warme" und in einem dichten sozialen Netz „aufgehobene" Kindheit.

„Reichtum durch Armut" als Systemprozess

Armut kann allerdings nicht nur als individuelles Schicksal begriffen werden; „arm" und „reich" sind auch Systemmerkmale, die durch Austauschprozesse sich verändern. Im allgemeinen Bewusstsein findet sich häufig die Auffassung, durch Migration (insbesondere durch die Überweisungen der Arbeitsmigranten und durch die Investitionen des Ersparten) würde etwas vom Reichtum der Einwanderungsländer in die armen Herkunftsländer fließen; dies trifft auch zu. Doch die gesamtwirtschaftlichen Effekte des Wanderungsprozesses werden kontrovers diskutiert. Für den von Barabas u. a. (1992) betrachteten Zeitraum von 1988 bis 1991 lässt sich die Zuwanderung von 3,6 Millionen Personen registrieren, von denen 1,7 Millionen direkt zum Erwerbspersonenpotential gehören.

Von den 650.000 Übersiedlern sind dabei 600.000 in den Arbeitsmarkt integriert worden, von den 600.000 Aussiedlern 400.000 und von 440.000 Ausländern 300.000. Von den durchschnittlich 170.000 pro Jahr zugezogenen Asylbewerbern ist wegen des Arbeitsverbots niemand in den Arbeitsmarkt integriert worden. (Hätte man nur 200.000 von den insgesamt 510.000 Asylbewerbern arbeiten lassen, dann hätten diese 200.000 allein mit ihren Steuern und Sozialabgaben jene 6 Mrd. Ausgaben im Jahr 1991 für Asylbewerber aufgebracht.) Die Verdrängungseffekte, die durch die Integration der Zuwanderer auf dem Arbeitsmarkt entstehen könnten, sind als gering zu veranschlagen, weil die Arbeitslosen überwiegend Merkmale aufweisen, die ihnen die Arbeitsplätze versperren, welche die Zuwanderer einnehmen können. Im Hinblick auf die Effekte der Zuwanderung für die Finanzierung der sozialen Sicherung weisen die Autoren darauf hin, dass in der Rentenversicherung ein hohes Plus bei den Beiträgen besteht. Es ist darüber hinaus nicht zu erwarten, dass sich daran strukturell etwas ändert. Denn von 12 Millionen Arbeitsmigranten, die zwischen 1962 und 1989 die Bundesrepublik verlassen haben, haben nur 690.000 (6 %!) bis 1991 mit dem Bezug von Rentenzahlungen begonnen. Und es sind nicht gerade junge Migranten zurückgewandert!

Im Hinblick auf die öffentlichen Haushalte ergibt die Rechnung zum Geschäft mit der Einwanderung folgende Bilanz: 30 Mrd. Steuern und Sozialabgaben, die die Migranten im Jahr 1991 abgeführt haben, stehen 16 Mrd. Ausgaben für Migranten gegenüber, was eine Netto-Staatseinnahme von ca. 14 Mrd. ergibt.

Die makro-ökonomischen Effekte bestehen darüber hinaus in der Reduzierung der Tariflohnsteigerungsrate um 1,25 Prozentpunkte, weil eine billige Reservearmee auf dem Arbeitsmarkt bereitsteht.

Die Nachfrageeffekte der Transferzahlungen sind mit 12 Mrd. zu veranschlagen.

„Insgesamt resultierte aus dem Lohnabschlag und der hohen Konsumquote der Zuwanderer ein stärkerer Anstieg der Einkommen aus Unternehmertätigkeit und Vermögen als der aus unselbständiger Arbeit; die wirtschaftliche Entwicklung dürfte so u. a. über höhere Investitionen sowie zusätzliche entnommene Gewinne und Vermögenseinnahmen (Entnahmen) weitere Impulse erhalten haben“ (ebd., S. 149). Schließlich ist ein Wachstum der Brutto-Unternehmereinkommen um 8,4 % und der Brutto-Arbeitnehmereinkommen um 4,2 % (das sind die Größenordnungen, wie die Arbeitsmigranten am „Kuchen" partizipieren bzw. den Arbeitnehmeranteil erhöhen) festzuhalten. Abzuschließen ist die Rechnung mit dem Hinweis auf das aus den armen Herkunftsländern nach Deutschland gekommene Humankapital (= ausgebildete, arbeitsfähige und arbeitsmotivierte Menschen) in Höhe von 6 Milliarden.

Für das Jahr 2004 berechnet Holger Bonin (2006) nach den Kriterien der volkswirtschaftlichen Gesamtrechnung einen Beitrag der Ausländer in Deutschland zu den öffentlichen Haushalten in Höhe von 84 Mrd. Euro.

Die Werbung für eine neue Zuwanderungspolitik aus Gründen des Arbeitsmarktbedarfs, die gegenwärtig vielfach vertreten wird, hat in diesen Verhältnissen ihre reale Basis. Die kurzfristig „verwertbaren" Arbeitsmigranten bereichern den Wirtschaftskreislauf der Einwanderungsländer. Sobald ihr Arbeitsvermögen verbraucht ist, werden sie außer Landes gebracht oder in die Gruppe der nicht mehr Beschäftigbaren abgeschoben. Bei diesen Modernisierungsverlierern wiederum entstehen wahnhafte Vorstellungen, die Ausländer würden ihnen die Arbeitsplätze wegnehmen.

> „Solche wahnhaften Zuschreibungen spielen auch im molekularen Bürgerkrieg eine Rolle, nur dass es hier vor allem Ausländer, Juden, Koreaner, Latinos oder Zigeuner sind, die von der Paranoia der Verlierer als Urheber ihrer Misere dingfest gemacht werden. Alle diese Verschwörungsphantasien verdunkeln nur die entsetzliche Wahrheit: In New York ebenso wie in Zaire, in den Metropolen ebenso wie in den armen Ländern werden immer mehr Menschen für immer aus dem ökonomischen Kreislauf ausgestoßen, weil sich ihre Ausbeutung nicht mehr lohnt" (Enzensberger 1993, S. 42 f.).

Mit dieser zugespitzten Formulierung wird eine Perspektive skizziert, die politisches Handeln bald unmöglich machen könnte. Es kommt deshalb auch darauf an, die Systemprozesse, die die Armut und den Reichtum ungleicher verteilen, zu bremsen.

Neue Bedingungen für Migrantendienste

Die Herausbildung einer nicht mehr nur marginalen Armutsbevölkerung in Deutschland (und anderswo) stellt recht weitgehende Anforderungen an die Sozialpolitik und Sozialarbeit. Die Migranten sind ein zentraler Teil der neuen Armutspopulation, was auch neue Anforderungen an die Migrantendienste stellt. Sie beraten ihre Klienten nicht mehr in der Richtung einer „Integration in eine gesicherte Arbeitnehmerschicht", sondern zunehmend in einer defensiven Perspektive, wie das Herausfallen aus sozialer Sicherung und das weitere Absinken in eine Armutsklasse vermieden werden kann. Gleichzeitig werden die psychischen und sozialen Folgen der Belastungen im Migrationsprozess selbst und der ökonomischen Ausgliederung virulent und müssen bearbeitet werden. Die psycho-sozialen Beratungsfragen ersetzen nicht die rechtlichen und sozio-ökonomischen Beratungsinhalte, sondern kommen zu diesen hinzu, wobei diese sich gleichzeitig eher verschärfen. Die globalen Entwicklungsperspektiven lassen erwarten, dass es sich dabei nicht um kurzfristige Veränderungen handelt. Für Mitteleuropa können wir nämlich mit Sicherheit zwei globale Trends erwarten: Einer alternden Erwerbsbevölkerung steht die Zunahme der Wanderung aus dem gesamten Mittelmeerraum, Osteuropa und – mit der Perfektionierung des internationalen Nachrichten- und Verkehrssystems – von anderen Kontinenten gegenüber. Für das Jahr 2010 wird für Deutschland die Verringerung des Erwerbspersonenpotentials um vier Millionen gegenüber 1990, für 2030 um 12 Millionen prognostiziert. Gleichzeitig wird die Expansion der Arbeitslosigkeit vorhergesagt. Der Strukturwandel auf dem Arbeitsmarkt schreitet voran, der Bedarf an hochqualifiziertem, flexiblem, ständig weiterlernendem Personal steigt, die Unausgebildeten (vor allem Migranten) haben wenige Chancen auf dem „ersten" Arbeitsmarkt. Wo der Reichtum zunimmt, gibt es bestenfalls Jobs auf dem „Jedefrau-Arbeitsmarkt" der Haushaltsangestellten und Reinigungskräfte. Ausbildungskosten werden weiterhin in die Herkunftsländer externalisiert, soziale Probleme durch arbeitslose Migranten sollen gleichzeitig von der Festung Europa ferngehalten werden.

Schlussfolgerungen für die Sozialarbeit

Aus der Caritas-Migrantenstudie (Hauser/Kinstler 1994) wie auch aus den Berichten der Beauftragten der Bundesregierung für Migration (zuletzt: 2007) ergeben sich vielfältige Konsequenzen für die Arbeit mit Migranten, von denen einige abschließend formuliert werden sollen. Der Bezug auf die Migrationsarbeit der Caritas ist dabei exemplarisch.

1. Die Zuwanderung und die Zuwandererstruktur wird sich weiter ausdifferenzieren. Neben dem Flüchtling mit Universitätsabschluss aus dem Iran wird der Analphabet aus Marokko die Beratungsstelle aufsuchen. Saisonmigranten werden ebenso wie illegal Eingewanderte und Beschäftigte, Hochqualifizierte aus dem europäischen Raum ebenso wie portugiesische Arbeiter, die von ihrer Verleihfirma betrogen wurden und auf der Straße stehen, Beratung und Unterstützung nachfragen. Die sozialrechtlichen Probleme der „Pendelmigranten" werden sich spezifizieren, die der Beschäftigten aus nichteuropäischen Ländern ebenso. Weil die soziale Sicherung auch binneneuropäisch zunehmend zur Arena politischer und rechtlicher Auseinandersetzung werden wird, wird sich innereuropäische Sozialberatung als eine neue Profession etablieren. Wenn sich 34% der Migranten, die einen Caritasdienst aufsuchen, erst maximal ein Jahr in Deutschland aufhalten, ist dies ein Hinweis auf die Notwendigkeit einer fortgesetzten „Ersteingliederungsberatung".
2. Die demographischen Veränderungen innerhalb der Gruppe der traditionellen Arbeitsmigranten und die damit verbundenen neuen Problemla-

gentypen (Alter, Krankheit, Armut im Alter, Krankheit und Isolation, stationäre Versorgungsnotwendigkeit, Dauerproblembiographien nichtqualifizierter Angehöriger der 2. Generation usw.) werden den Beratungsbedarf weiter differenzieren und neue Kompetenzen erforderlich machen.

3. Die Diversifikation der Migrations- und Migrantentypen mit heterogenen Problemlagen nimmt zu (Hinweise auf: Strafvollzug, Nichtsesshaftigkeit, hohe Verschuldung in der Migrantenstudie). Dies macht die Ausdifferenzierung von Kompetenzen und zugleich ihre Koordination in integrierten Migrationsdiensten notwendig. Die geschlechtsspezifische Dynamik der Migration und der Migrationsfolgen, die Verteilung der Migrationsbelastung besonders auf die Frauen, verlangt nach hinreichend geschlechtsspezifischen Beratungskapazitäten und -kompetenzen in den Migrationsdiensten (Hinweise auf: Frauenhaus, Jugendhilfe in der Migrantenstudie).

4. Die spezifische Verteilung der Armut bei den Migranten erfordert unterschiedliches sozialarbeiterisches, vor allem aber sozialpolitisches Vorgehen:
   - Bekämpfte Armut (Sozialhilfebezug) ist gering bei Arbeitsmigranten und Aussiedlern, stark bei Flüchtlingen ausgeprägt. Die eine Gruppe sollte zur Inanspruchnahme ermuntert werden, die andere bei ihrer Suche nach Wegen aus der Sozialhilfeabhängigkeit bestärkt werden.
   - Relative Armut ist bei den Migranten (außer bei den Flüchtlingen) wie bei den übrigen Caritasklienten ausgeprägt – kann dies in eine Solidarisierungsperspektive umgesetzt werden? Oder kann angesichts des Realitätsgehalts dieser Erwartung der wechselseitige ethnische Abgrenzungsprozess abgemildert werden?
   - Verdeckte Armut ist bei Migranten (außer bei Flüchtlingen, die zu einem hohen Anteil Sozialhilfe beziehen) generell stärker ausgeprägt als bei den anderen Caritasklienten. Wie kann durch politische Arbeit erreicht werden, dass die Ausweisungsbedrohung bei Sozialhilfebezug aus dem Ausländerrecht gestrichen wird?

5. Die Vermischung der ökonomischen, sozialen, psychischen und kulturellen Dimensionen in komplexen Problemstrukturen verlangt nicht nur einen multidimensionalen Beratungsansatz, sondern auch eine interne Arbeitsteilung bei gleichzeitig starker Vernetzung mit der Infrastruktur des Einwanderungslandes (Hinweis in der Migrantenstudie: in 35% der Beratungsfälle war eine Weiterleitung erforderlich).

6. Die fortschreitende Verräumlichung der Armut wird auch eine „Ethnisierung der Sozialökologie" mit sich bringen. In den größer werdenden Armutsgebieten, seien es solche mit ethnisch gemischter Bevölkerung, seien es solche mit ethnisch homogenen „Inseln", ist die Arbeit der Migrationsdienste als Teil der Gemeinwesenarbeit mehr denn je erforderlich.

Die räumlichen und fachlichen Spezialisierungsanforderungen an die Migrationsdienste müssen also balanciert werden durch gute interne Koordination und Kooperation.

7. Desorganisationsphänomene als Folge der materiellen Armut (soziale Dimension der Verarmung) erfordern die Unterstützung der jeweils eigenen Gruppenbildung, Vereinsbildung, den Aufbau einer hilfreichen Infrastruktur innerhalb der Migrantenkolonie. Je mehr Gruppenbildung ohne starre (naturwüchsige) Fixierung auf ethnische Grenzziehungen auskommt, je mehr also der Netzwerkcharakter von Gruppen beibehalten werden kann, umso produktiver ist die Kolonienbildung für die Aufrechterhaltung interkultureller Optionen. Die Verarmung der Migranten wird resignativen Rückzug befördern, Alternativen dazu bedürfen der professionellen Einmischung.
8. Die Reproduktion der Armut in der jeweils nachfolgenden Generation aufgrund von Bildungsbarrieren kann nur durch eine Offensive in der Bildungspolitik verringert werden. Hierzu sollten die Wohlfahrtsverbände eine eigene Programmatik ausarbeiten, weil sie besser als andere wissen, wovon die Rede ist.

1.3 Gewalt gegen Fremde

Die Gewaltforschung der vergangenen Jahrzehnte wird zu Recht als täterorientierte Forschung bezeichnet (Nedelmann 1997). Wird die Opferperspektive stärker berücksichtigt, dann wird Gewalt wieder stärker als ein Beziehungs- und Verhältnismerkmal erkennbar. Man kann unterscheiden zwischen Gewalt in Beziehungen unter Freunden (Personen, die sich kennen und in unterschiedlicher Intensität bis hin zur Ehe zusammenleben) und Gewalt in „Beziehungen“ unter Fremden. Die Analyse von Gewalt wird in dem einen oder anderen Fall ganz unterschiedlich akzentuiert. Im ersten Fall erhält die Beziehungsdynamik und -geschichte einen hohen Stellenwert, im zweiten Fall werden die Merkmale von Tätern und Opfern eher für sich analysiert. Die öffentliche Aufmerksamkeit beschäftigt sich vornehmlich mit der Gewalt unter Fremden; Gewalt in Beziehungen unterliegt weiterhin – auch nach der Frauenhausbewegung und trotz eindeutiger Erfahrungen des Kinderschutzes – einer Tabuisierung. Über Gewalt gegen alte Menschen in Heimen wird zumindest gelegentlich diskutiert; die Gewalt in der häuslichen Pflege wird seltener thematisiert. Mit der Abwehr der Thematisierung hat die Gesellschaft einen Mechanismus des Struktur-Schutzes institutionalisiert; würde nämlich beispielsweise häufiger Gewalt in der Familie öffentlich diskutiert werden, würde die Familie als Institution an Legitimität verlieren, vor allem könnte ein familienpolitischer Handlungsbedarf formuliert werden.

Gewalt gegen Fremde anstelle von Beziehungen unter Fremden ist ein Phänomen, das seit Jahren die deutsche Gesellschaft beunruhigt, zumindest einen Großteil von ihr. Dabei wäre gleich zu bemerken, dass es sich nicht um ein deutsches Problem handelt, Gründe für die Beunruhigung finden sich in den anderen europäischen Ländern und darüber hinaus ebenso. Während bei Brandstiftung in Unterkünften für Flüchtlinge oder bei Mord und Totschlag über den Gewaltbegriff nicht vorrangig zu diskutieren ist, muss im Hinblick auf das allgemein verbreitete Empfinden, die Gewalt nehme explosionsartig zu, vor einer (Selbst-)Täuschung gewarnt werden. Die mediale Aufbereitung von Gewalt ist eine ebenso eigene Wirklichkeitsebene wie der in einer Tatverdächtigenstatistik zum Ausdruck kommende Arbeitsbericht der Polizei: Wenn von Gewalt die Rede ist, muss also genau definiert werden, auf welcher Ebene der Realitätskonstruktion man sich bewegt. Gleichzeitig sollten wir beachten, dass eine Ausweitung des Gewaltbegriffs stattgefunden hat und dass jetzt nicht nur strukturelle Verhältnisse, sondern auch psychische Einwirkungen und verbale Handlungen als Gewalt bezeichnet werden. Diese Ausweitung des Gewaltbegriffs ist einer erhöhten Sensibilität gegenüber versteckter Gewalt und einem verfeinerten Anspruch an menschliche Beziehungen und die Entfaltung des Individuums geschuldet. Es werden also die Akte der brutalen Gewalt, der physischen Verletzung oder gar Vernichtung von Personen mit dem gleichen Begriff erfasst wie Beschimpfungen. Das spricht für eine Begrenzung des Gewaltbegriffs und für eine im Übrigen mögliche Differenzierung von „Beeinträchtigung“, „Machtausübung“ oder „Repression“. Von einer Inflation des Gewaltbegriffs profitieren am Ende nur diejenigen, die sich zum heftigsten Gewaltbekämpfer stilisieren.

Das rechtsextremistische Gewalthandeln ist vor allem Gewalt gegen Fremde, deren Bezeichnung als Fremde bzw. Typisierung zum Fremden die entscheidende Voraussetzung für den Status des potentiellen Opfers ist. Menschen als Fremde zu bezeichnen, das heißt: als charakterisiert durch das dem Eigenen Entgegengesetzte, ist Voraussetzung für eine beziehungslose Aggression. Der Handlung geht ein Prozess der Legitimierung der Opferwahl voraus, im Einzelfall und im Hinblick auf die Konstruktion einer allgemeinen Opferkategorie.

Aus der jüngeren Geschichte muss immer wieder auf die Beispiele für diesen fatalen Prozess hingewiesen werden: wie Juden, aber auch Sinti und Roma, durch eine sich steigernde Agitation und Propaganda zunächst symbolisch und dann real aus den bestehenden sozialen Beziehungen hinausdefiniert und -gedrängt wurden, bis sie dann uneingeschränkt zum Objekt des Hasses stilisiert werden konnten. Auch latente Ablehnungen verwandeln sich nämlich nicht umstandslos in Gewalt. Bei der Legitimierung der Opferwahl spielt Politik eine große Rolle, weil sie öffentlich Zugehörigkeiten und Nicht-Zugehörigkeiten formuliert und Problemlösungsvarianten anbietet. Sie kann aber auch Sündenböcke konstruieren. De-Legitimierung der

Anwesenheit von Ausländern verschmilzt mit einer ethnozentrischen Alltäglichkeit zur Rechtfertigung einer Opferkategorie. Sie wird aber auch zur Legitimation der Gegengewalt herangezogen, die sich als Gewalt gegen (potentielle) Täter zu rechtfertigen versucht. Oder aber es werden andere legitime Opfer gesucht, die sich in der Gestalt der jeweils zuletzt Eingewanderten (z. B. der Aussiedler) auch finden.

Gewalt gegen Ausländer wird – zumindest öffentlich – einhellig abgelehnt und verurteilt. Die moralische Bewertung ist wichtig, wenn nicht alle Dämme brechen sollen – wie eben bei der Gewalt gegen Juden im Nationalsozialismus. Andererseits ist diese Ebene nur eine von mehreren Ebenen des Geschehens. Es gibt auch eine funktionale Ebene, auf der Gewalt gegen Ausländer nützlich ist. Die Berichte über Gewalt gegen Fremde, seien es solche im Fernsehen oder in der persönlichen Erzählung, schrecken ab: vor weiterer Migration. Diese Abschreckung ist ein bedeutsamer Faktor von Migrationspolitik. Denn wenn die Berichte über „Milch und Honig" im gelobten Deutschland dominieren, muss die Abwehr der unerwünschten Zuwanderung technisch und politisch, am Ende auch militärisch entsprechend aufgerüstet werden. Nur wenn die Migrationswünsche negativ beeinflusst werden können, sind die Kosten der Abwehr niedriger. Deshalb ist Abschreckung durch Gewalt funktional nützlich. Die Gewalt gegen Fremde legitimiert aber auch eine Abschiebungspolitik, weil das Argument formuliert werden kann, dass eine stärkere Zuwanderung zu noch mehr Gewalt gegen Ausländer führen werde und deshalb im Interesse der Ausländer eine scharfe Begrenzungspolitik notwendig sei. Die Bedeutung dieses Arguments ist nicht kontextfrei zu erklären, es kann humanitär gemeint oder ein „Haltet-den-Dieb-Rufen" sein. Und schließlich ist die Verbreitung der rechtsextremistischen Gewalt ein Legitimationsargument von Gewalt gegen „rechts", die gelegentlich von „links" ausgeübt wird.

Dass Gewalt gegen Ausländer ein vielseitig verwendbares „Gut" ist, kann möglicherweise auch einer der Gründe sein, warum sie über lange Zeit anhält. Ihre Befürworter und Protagonisten können jedenfalls auf dem Klavier der Rechtfertigung lange spielen. Heute kommt es darauf an, die Gewalt gegen Fremde nicht nur moralisch zu verurteilen, sondern auch eine Politik gegen diese Gewalt fortzusetzen. Deren Handlungsspielräume werden im fortschreitenden Konflikt kleiner, auch wenn die Meldungen über einen negativen Wanderungssaldo von Ausländern im Jahr 1997 kurzfristig „Entspannung vom Zuwanderungsdruck" signalisieren. Der Preis für diesen „Erfolg" ist sehr hoch gewesen. Wenn nicht nur der kurzfristige Effekt zählen soll, dann kommt es darauf an, durch Einbürgerung, Gewährung von Rechtssicherheit in anderer Form, Antidiskriminierungspolitik und demokratische Integration die bestehenden Möglichkeiten zu nutzen. Im „Manifest der 60" (vgl. Bade u. a. 1994) sind beispielsweise solche Möglichkeiten bekannt gemacht worden. Es ist nicht so, dass man nicht wissen kann, was getan werden muss.

1.4 Differenzierung des „Migrationshintergrunds“[1]

In neuerer Zeit rückt die Migration in den „Hintergrund“. Manche Beobachter sprechen auch schon von „Migrationsgeschichte“. Doch auch sie verwenden den Terminus „Migranten“ zur Identifizierung „anderer“ Menschen, der „Migrationsanderen“, wie Paul Mecheril formuliert hat. Welcher Zweck auch immer mit einer neuen Begrifflichkeit verfolgt wird – die Veränderung der Terminologie signalisiert Wandel. Dabei handelt es sich beim Wandel der Semantik zunächst um einen Wandel des Bewusstseins, das den Wandel der Verhältnisse einzufangen und zu begreifen versucht.

Mit dem Titel „Differenzierung der Migration“ soll zunächst auf den Wandel der Verhältnisse eingegangen werden, die zu begreifen mehr erforderlich ist als die Veränderung der Rede vom „Migranten“ zum „Menschen mit Migrationshintergrund“ oder zum „Menschen mit Migrationsgeschichte“. In diesen Kategorien der öffentlichen Diskussion klingt noch mit, was seit der Anwerbung der „Gastarbeiter“ abgehandelt wurde (1). Der in Erinnerung gebrachte Wortwandel spiegelt verschiedene Einwanderungsbewegungen wider, wie sie aus der Sicht des unerklärten und vielfach auch unaufgeklärten Einwanderungslandes wahrgenommen wurden. Zum anderen ist (nach der „diachronen“) die „synchrone“ Perspektive einzunehmen (2), weil Ein- und Auswanderung in vielfältigen Formen die Gegenwart des sogenannten „Integrationslandes“ kennzeichnet. Geschichte und Gegenwart bedingen zusammen die Differenzierung der Migrantenwohnbevölkerung in Deutschland, was erheblicher Anstrengungen zu einer differenzierten Analyse bedarf (3) – aber ausgesprochen unvollkommen bleibt, weil „Migrant“ zum falschen Merkmal wird. Schließlich (4) muss auch die Soziale Arbeit sich mit den permanenten Veränderungen auseinandersetzen und an einem Konzept arbeiten, das den vielen Differenzierungen Rechnung trägt und vielleicht gerade deshalb eine „allgemeine“ Form haben soll. Dies ist nicht möglich ohne Klärung der Fronten (5).

Vom Gast- zum Saisonarbeiter: Über Wandel und Kontinuität

Die Geschichte der Einwanderung nach Deutschland wird vielfach als Abfolge von jeweils typischen Formen beschrieben. Zunächst sind nach dem Zweiten Weltkrieg 12 Millionen Flüchtlinge nach Deutschland gekommen. Als „Vertriebene“ wurden sie politisch korrekt bezeichnet, jedoch keineswegs willkommen aufgenommen. Es waren wesentlich stärker die nationalen Verpflichtungsgefühle, die die Ansiedlung ermöglicht haben; die tat-

---

1 Grundlage dieses Kapitels sind die beiden Berichte:
Migrationsbericht 2006 des Bundesamtes für Migration und Flüchtlinge. http://www.beauf.de [4.3.2008]
7. Bericht der Beauftragten der Bundesregierung für Migration, Flüchtlinge und Integration über die Lage der Ausländerinnen und Ausländer in Deutschland. Dezember 2007; http://www.bundesregierung.de [4.3.2008]

sächlich aufgetretenen Konflikte wurden später systematisch unter den Teppich gefegt.

Mit dem Bau der Berliner Mauer 1961 wurde die – historisch seit der Industrialisierung stark ausgeprägte – Ost-West-Wanderung auf einen schmalen Korridor verengt. Allerdings dürfen die punktuellen Flüchtlingsbewegungen (nach dem Aufstand in Ungarn, nach dem Niederschlagen des Prager Frühlings) aus Ost- nach Westeuropa nicht vergessen werden. Doch hat es auch – ebenso politisch motivierte – West-Ost-Wanderungen gegeben.

Der zweite Typ von Wanderung ist die Anwerbung von Gastarbeitern von 1955 bis 1973 gewesen. Insgesamt sind in diesem Zeitraum 14 Millionen Menschen aus den Anwerbeländern zugewandert; gleichzeitig sind 11 Millionen zurückgewandert – mehr oder weniger freiwillig haben sie tatsächlich das Konzept des Gastarbeiters erfüllt. Die Ökonomie hat sich durchgesetzt – entgegen weit verbreiteten Meinungen sind „die" Gastarbeiter nicht geblieben. Nur ein kleinerer Teil von ihnen und ihre Nachkommen leben heute in Deutschland. Insbesondere ihre Nachkommen bilden jenen Teil der Menschen mit Migrationshintergrund, die sich mit ausgesprochen differenziertem Bildungserfolg über die Schichten und Milieus der Gesellschaft in Deutschland verteilen. Darüber hinaus ist wichtig: Nach dem Anwerbestopp vom 23.11.1973 in der BRD hat die DDR noch 1980 das Anwerbeabkommen von 1973 mit Vietnam erneuert. Die Anwerbeabkommen der DDR mit Ungarn, Polen, Algerien, Kuba, Mosambik und Vietnam waren 1968 geschlossen worden. Zwar sind auch hier die meisten Arbeitskräfte wieder in ihre Heimat „zurückgekehrt worden", doch gibt es bis heute Spuren des „internationalistischen Sozialismus".

Auch die zweite Flüchtlingsbewegung nach 1990, von den Kriegen nach dem Zerfall des „Ostblocks" und Bürgerkriegen im Nahen Osten bis heute in Gang gebracht, hat weniger zu einem tatsächlichen Einwanderungsprozess als vielmehr zu prekären Aufenthaltsbedingungen, geduldetem vorübergehendem Aufenthalt, zu Rück- und Weiterwanderung – mehr erzwungen als freiwillig – geführt. Zwar ist die Zahl von mehr als vier Millionen Flüchtlingen in den 1990er Jahren beeindruckend, doch bilden sie und ihre Kinder nur einen kleinen Teil der heute in Deutschland lebenden Menschen.

Von der ebenso großen Gruppe der Aussiedler aus Mittel- und Osteuropa dagegen sind fast alle eingebürgert worden und haben sich tatsächlich „angesiedelt". Solange es Arbeit gab und nicht einfach die frei gewordenen Kasernen mit ihnen gefüllt wurden, war diese Ansiedlung kein öffentliches Problemthema. Die Kinder der Aussiedler wurden jedoch bald als „Russen" identifiziert, und symptomatisch waren die Konflikte zwischen einheimischen Türken und zugewanderten Deutschen. Die integrativen Angebote der ersten Jahre – Sprachkurse, Schulausbildung, Berufsqualifizierung – waren dagegen vorbildlich. Die vielfach gebrochenen *clevages*, an denen sich die Jugendlichen reiben, sind dagegen Ausdruck der neuen Zusammensetzung der Bevölkerung im Einwanderungsland.

Die „Anwerbung“ von Arbeitskräften ist während der gesamten Zeit nicht zum Stillstand gekommen. Nicht nur hat es zehn Ausnahmeverordnungen zum Anwerbestopp gegeben, insbesondere die Einführung des neuen Gastarbeitertyps des *Saisonarbeiters* hat den Bedarf des Arbeitsmarkts mit seinem schnellen Auf und Ab und seinen regionalen und sektoralen Disparitäten befriedigt.

Zwischen 1999 und 2004 ist die Zahl der jährlichen Vermittlungen um 100.000 gestiegen, von 2004 auf 2006 ist die Gesamtzahl um 10% zurückgegangen. Die meisten dieser Saisonarbeiter kommen aus Polen (80%), und dies seit Jahren. Fast alle werden in der Land- (und weniger in der Forst-) wirtschaft eingesetzt. Nachdem in jüngster Zeit das Reservoir an polnischen Saisonarbeitern erschöpft schien, ist der Anteil der rumänischen Saisonarbeiter zwischen 2005 und 2006 um mehr als 50% auf 51.190 gestiegen. Die Osterweiterung der Europäischen Union wurde in den Jahren vor 2004 demagogisch als bedrohliche Überflutung des Arbeitsmarktes dargestellt. Die EU-Erweiterung mag viele ökonomische Gründe haben – vor allem aber erweitert sie die Reservearmee für den Arbeitsmarkt der westeuropäischen Länder und stellt insofern eine harmonische Weiterentwicklung der Gastarbeiterpolitik dar.

Der Glaube, dass mit dem neuen Status des Saisonarbeiters, des Gastarbeitnehmers und des Vertragsarbeitnehmers der Arbeitskräftebedarf reibungslos und friktionsfrei reguliert werden könnte, hat sich jedoch nicht als zutreffend erwiesen. Die permanente Fluktuation zwischen Polen und Deutschland hat – aus vielen Gründen – dazu geführt, dass inzwischen die Polen die viertgrößte Gruppe der ausländischen Wohnbevölkerung in Deutschland bilden. Zwar ist die Verwandlung von „Gastarbeitern“ in Wohnbevölkerung nur *ein* Grund für diese Entwicklung, doch wiederholen sich die Muster der ökonomisch induzierten Sozialen Probleme.

Berücksichtigt man ferner, dass „Kontingentflüchtlinge“ aus Vietnam und aus Russland, Unionsbürger aus der EU und Familienangehörige aus der ganzen Welt ebenso wie die aus der ganzen Welt Angeheirateten zugewandert sind, dann erweist sich die Migrationsgeschichte der Bundesrepublik Deutschland als überwiegend noch typisierbar, aber tatsächlich als erheblich ausdifferenziert.

Dieses Bild wird noch einmal um den Faktor zwei „verdichtet“, wenn man berücksichtigt, dass Einwanderung nur die halbe Migration abbildet. Insbesondere in den 1980er und in den letzten 15 Jahren steht der Einwanderung eine ebenso umfangreiche Auswanderung gegenüber. Das Migrationsvolumen als die Summe von Zu- und Abwanderung insgesamt bewegte sich Mitte der 1980er Jahre bis auf 25% der ausländischen Wohnbevölkerung pro Jahr; in den letzten Jahren liegt es bei 15%. Insofern kann man

Deutschland als das unruhigste Migrationsland in Europa bezeichnen – jedenfalls ist es dies lange Zeit gewesen. Dem Status des relativ stärksten Exportlandes der Welt entspricht die entsprechende Migrations- und Fluktuationsquote. Zu diesen Zusammenhängen schweigt die öffentliche Meinung.

Zuwanderung im Einwanderungsland: Die offenen Tore der Festung

Ein Topos der politischen Versprechungen ist die Behauptung, Migration sei unter diesen Bedingungen kontrollierbar. Zunächst ist dazu festzuhalten, dass die seit der alten Ausländerpolizeiverordnung von 1938 und dem überschaubaren Ausländergesetz von 1965 in vielen Schritten verfeinerten rechtlichen Steuerungsinstrumente selbstverständlich „greifen" und viele Ströme regulieren können. Sie regulieren faktisch vor allem die Zuwanderung. Diese soll auch gar nicht verhindert werden, sondern eben nur reguliert. Unterbunden werden kann sie nicht aus ökonomischen Gründen, teilweise auch aus menschenrechtlichen.

Die jährliche Zu- und Abwanderung von Ausländern liegt inzwischen bei 500.000 bis 700.000 Migranten. Teilweise ist der Saldo positiv, gelegentlich auch negativ. Während der gesamte Wanderungssaldo (die Zu- und Abwanderung von Deutschen *und* Ausländern) seit 1991 positiv ist, treffen die starken Schwankungen insbesondere die Migration der Ausländer, deren Saldo 1997 und 1998 negativ gewesen ist. Im Jahr 2006 erreicht der Gesamtwanderungssaldo den niedrigsten Stand seit 1984 – dem Jahr der systematischen Rückkehrförderung der damals nicht der EU angehörenden Portugiesen und der Türken. Der Kontrast zur Diskussion über Demografie, über den Bedarf von Arbeitskräften und die volkswirtschaftlichen Risiken einer schrumpfenden Bevölkerung ist erstaunlich.

Im Hinblick auf die Herkunft der Zuwanderer ergibt sich folgendes Bild: Von den 661.055 Zuzügen im Jahr 2006 wurden ca. 100.000 von Deutschen realisiert, darunter immer noch Spätaussiedler. Drei Viertel der Zuwanderer kommen aus Europa, 12,6% aus Asien. Wenn man einzelne Länder betrachtet, ergibt sich das Bild: Ein Viertel kommt aus Polen (1. Platz), 4,8% kommen aus der Türkei. An 3. Stelle folgen dann schon die USA (3,8%).

Sieht man von der Binnen-EU-Wanderung (ca. 92.000) sowie den 8.000 Aufenthaltsgestattungen und 5.500 Duldungen ab, mit denen die Zuwanderung auf eine kurzfristige reduziert wird, dann zeigt sich, dass die Niederlassungserlaubnis mit 1.800 Fällen immer noch die Ausnahme ist und 360.000 Menschen mit der Aufenthaltserlaubnis einreisen. Doch nur ca. 56.300 werden aus „familiären" Gründen ins Land gelassen; aus der Türkei sind es gerade einmal 10.000. Die vielfach beschworene Familienzusammenführung ist eines der öffentlich aufgebauschten Angstphantome.

Die Wanderungsbevölkerung ist insgesamt deutlich jünger als die Wohnbevölkerung. Während die über 65-Jährigen in dieser einen Anteil von 20% haben, liegt der Anteil dieser Altersgruppe bei den Zuwanderern bei 2,1% und bei den Abwanderern bei 3,8%. Kinder und Jugendliche machen bei den Zugezogenen 10,4%, bei den Abwanderern 10,5%, in der Wohnbevölkerung aber 17,3% aus. Während also durch zuwandernde Kinder der Altersdurchschnitt nicht verjüngt wird, sind die jungen Erwachsenen bei den Zuwanderern dreimal so stark vertreten wie bei den Einheimischen. Allerdings wandern sie auch in beachtlichem Umfang ab, ihr Anteil bei den Abwandernden ist doppelt so hoch wie bei der Wohnbevölkerung.

Für das Jahr 2005 ist durch die Auswertung des Ausländerzentralregisters schon geklärt, wie die migrationsrechtliche Steuerung funktioniert: Von den 579.000 zugezogenen Ausländern erhält etwa die Hälfte nur eine Eintrittskarte für Deutschland mit einer Geltungsdauer von weniger als einem Jahr. Obwohl viele Polen für die Saisonarbeit nach Deutschland kommen, sind sie auch bei den Daueraufenthaltern mit 18,1% die größte Gruppe. Dann folgen: Türkei 8,7%; Russland 5,1%; Serbien 3,5%; Italien 2,9%; China 2,7%. Alle anderen verteilen sich dann auf die ganze Welt.

Daran lässt sich erkennen: Der erhebliche Umfang von kurzzeitig orientierter Steuerung ist auch die Quelle der Illegalität. Sie entsteht am wenigsten – wie in anderen Ländern auch – durch illegalen Grenzübertritt, sondern durch nicht pünktliche Abreise. In Italien beispielsweise verhält es sich ebenso; die im Sommer über das Mittelmeer illegal – und pompös im Licht der Medien in Szene gesetzt – Einreisenden machen nur einen geringen Anteil der Illegalen im Land aus. Das Medienereignis bildet nur einen schmalen Teil der Realität ab. Vielmehr ist das Interesse an intensiver Zuwanderung von Arbeitskräften und Studierenden der Motor auch der Illegalität. Die kollektiven Angstphantasien werden dagegen durch die Bilder vom „Marsch durch Afrika über das Mittelmeer nach Europa" geprägt.

Auch in Deutschland ergibt sich ein ähnliches Bild: 2006 wurden 17.992 illegal eingereiste Ausländer an den Grenzen festgehalten, darüber hinaus wurden 3.532 „Geschleuste" festgestellt. Die Zahl der über die Polizeiliche Kriminalitätsstatistik dagegen festgestellten Illegalen hat 2006 40.424 betragen. Wenn man die stärkere Selektivität dieser Statistik beachtet, wird deutlich, dass auch hierzulande die Illegalen nicht über die Grenze kommen, sondern diesen Status im Land selbst „erwerben".

Die Tore der Festung Europa, in diesem Fall Deutschlands, werden weit geöffnet für Grenzgänger und Saisonarbeitnehmer, Werkvertragsarbeitnehmer und Gastarbeitnehmer, für Alten- und Krankenpflegepersonal und Haushaltshilfen, für Hochqualifizierte und Selbständige – das Netz der Rechtskategorien für Zuwanderung ist fein gestrickt. Die Tore der Festung sind weit geöffnet; man muss diese nur ordnungsgemäß und rechtzeitig wieder verlassen, wenn man nicht illegal werden will.

Nach dem – bereinigten – Ausländerzentralregister leben am Ende des Jahres 2006 insgesamt 6.751.002 Ausländer in Deutschland. Davon waren die meisten, nämlich drei Viertel, nicht aus der Türkei. Dies ist als Erstes festzuhalten, denn auch hier gibt es kommunikative Mechanismen der Irreführung. So werden immer die 25,8 % Türken als größte Gruppe genannt und wird das „Türkenproblem“ konstituiert. Die Verzerrungen der Wahrnehmung sind eine wesentliche Grundlage eines falschen Bewusstseins, der Ideologieproduktion durch bestimmte Medien und der Identitätspolitik durch einige Parteien. In Bezug auf die 3,4 % der Bevölkerung, die in irgendeiner Weise als Muslime erscheinen, verhält es sich nicht anders.

Von den 6,7 Millionen Ausländern kommen 534.000 aus Italien; sie bilden seit langer Zeit und durch den Transnationalen Sozialen Raum der Europäischen Union ermöglicht die zweitgrößte Gruppe. Es folgen dann folgende Nationalitäten: Serbien und Montenegro 7,1 %; Polen 5,4 %; Griechenland 4,5 %, Kroatien 3,4 %; Russische Föderation 2,8 %; Österreich 2,6 %; Bosnien-Herzegowina 2,3 %; Ukraine 1,9 %. Dass die Ukraine an 10. Stelle steht, lässt sich als Hinweis auf die erneute Ausweitung des Raumes für die traditionelle Ost-West-Wanderung interpretieren. Fasst man die Ausländer aus dem früheren Jugoslawien zusammen, kann man sie mit ca. 14 % als die zweitgrößte Gruppe bezeichnen. 36,3 % der Ausländer kommen aus anderen als den genannten Ländern. Insgesamt resultiert die ausländische Wohnbevölkerung in Deutschland immer noch aus der Arbeitskräfteanwerbung in Vergangenheit und Gegenwart, jedoch auch aus Bürgerkriegen und Flucht.

Heute stammt knapp ein Drittel aus der erweiterten Union (EU 24), die als Reich der Niederlassungsfreiheit kontinuierlich für Mobilität sorgt. Der Transnationale Raum der EU ist zentral nicht nur für die Freiheit des Kapitals, der Waren und Dienstleistungen geschaffen worden, sondern für die der Arbeitskräfte, die dorthin gehen sollen, wo sie gebraucht werden. Mit dem Bologna-Prozess wird dies auf die akademischen Qualifikationen erweitert.

Die These vom zentralen Arbeitsmarktbezug lässt sich auch an der Altersstruktur belegen. Von den Deutschen ist genau ein Viertel unter 25 Jahren alt, von den Ausländern sind dies 27,2 %. Bei den Ausländern ist dagegen genau ein Drittel zwischen 25 und 40 Jahren alt, von den Deutschen sind dies nur 18,3 %. Es ist diese berufsaktive Bevölkerung, die gebraucht wird. Wenn deutsche Männer oder der Arbeitsmarkt Frauen aus dem Ausland brauchen, dann geht der Frauenanteil an der jeweiligen Nationalität über die 50 %-Schwelle hinaus; bei Menschen aus Thailand liegt er bei 85 %, bei Rumänen, Ukrainern und Russen bei 60 %. Im Hinblick auf die Zusammensetzung nach Geschlechtern verschränken sich die Imperative des Arbeits- und des Heiratsmarktes.

Im Hinblick auf die *Altersstruktur* ist noch festzuhalten, dass der Altenanteil bei den Ausländern seit 1970 kontinuierlich zugenommen hat: zwischen 1970 und 2005 von 1,9 auf 7,3 %. Bei der deutschen Bevölkerung ist dieser Anteil der über 65-Jährigen freilich immer noch dreimal höher (21 %). Und die demografietheoretische These von der reduzierten Relevanz der Ausländernachkommen zeigt sich an den Daten des Anteils der Kinder und Jugendlichen in der Ausländerbevölkerung: Ihr Anteil ist von 1980 (21,5 %) auf 14,2 % (2005) kontinuierlich zurückgegangen.

Die migrationspolitische Aufregung in Deutschland kann seit Mitte der 1990er Jahre nicht von der Entwicklung des Anteils der Ausländer an der Gesamtbevölkerung begründet gewesen sein, denn sie war konstant. Zu- und Abwanderung waren weitgehend ausgeglichen. Möglicherweise hat sich ein kollektives unbewusstes Volksbewusstsein gegen „genetische" Unterwanderung gewandt – das rassistische Heidelberger Manifest hat genau diese Sprache gesprochen.

Auch im Hinblick auf die *Aufenthaltsdauer* sind die 6,7 Millionen Ausländer in Deutschland keine homogene Gruppe. 36,7 % halten sich weniger als zehn Jahre in Deutschland auf, 1.009.000 davon weniger als vier Jahre. Ein Fünftel ist schon länger als 30 Jahre in Deutschland – ein nach wie vor migrationspolitisches Unikum mit vielen Freiwilligkeiten und Zwängen. Die Kurzzeitaufenthalter sind bei den Menschen aus Russland besonders häufig; dieser Anteil wird sich verkleinern. Die Langzeitaufenthalter sind bei den Italienern, Kroaten und Griechen dagegen stärker vertreten. Die Differenzierungen nach Aufenthaltsstatus (altes [bis 31.12.04] und neues Recht) passen zu diesen Differenzierungen und bewirken sie, verdienen aber auch eine eigene Untersuchung.

Dies gilt auch für den *Migrationsstatus*. Der ins Gerede gekommene und längst im Kabarett verwendete „Migrationshintergrund" dient als Hinweis auf die notwendige Erweiterung der Betrachtungsperspektive. „Die" Ausländer stellen nur einen Teil, und zwar mit den 7,3 Millionen aus der Bevölkerungsfortschreibung den kleineren Teil (48 %) der Bevölkerung mit Migrationshintergrund dar. Diese insgesamt 15,3 Millionen (2005) haben zu 68 % eigene Migrationserfahrung, wobei es sich um deutsche Zuwanderer, eingebürgerte Migrationserfahrene und eingewanderte Ausländer handelt. 32 % haben keine eigene Migrationserfahrung, stammen von Migranten ab. Von der Gesamtbevölkerung in Deutschland (82,5 Millionen) sind 81 % Deutsche ohne und 10 % Deutsche mit Migrationserfahrung. Für die Ausländer bleibt dann ein Bevölkerungsanteil von 9 % übrig.

Die mit der Kategorie „Migrationshintergrund" zur Kenntnis genommene Veränderung der Bevölkerung wird sehr langsam fortschreiten; betrachtet man die Geschichte, beispielsweise über nur 60 Jahre, dann kann man diesen Wandel als Teil der historischen Normalität erkennen. Je weiter man Geschichte überblickt, umso mehr wird sie Migrationsgeschichte und die

Bevölkerung ein Konglomerat. Dass dabei Prozesse der tatsächlichen oder scheinbaren Homogenisierung neben die Prozesse der Differenzierung treten, ist einer der allgemeinen historischen Abläufe.

Gegenwärtig gehört die *Einbürgerung* in Deutschland nur sehr begrenzt zu den Prozessen der Homogenisierung. Von 2000 bis 2005 ist sie von 186.688 auf 117.241 zurückgegangen. Nach dem Nachholbedarf, der durch das alte Volksangehörigkeitsrecht hervorgerufen und durch das Staatsangehörigkeitsrecht des Jahres 2000 befriedigt worden war, gibt es keine neuen Impulse. Erst 2006 ist die Zahl der Einbürgerungen auf 124.566 gestiegen. Ein Viertel der Eingebürgerten kommt aus der Türkei, Serben sind mit 10% vertreten, die Polen mit 5,5% und dann werden die nationalen Gruppen noch kleiner.

Integrationstheoretisch betrachtet ist auch die Entwicklung der Eheschließungen zwischen Deutschen und Ausländern problematisch. Die Eheschließungen zwischen deutschen Frauen und ausländischen Männern waren seit 1960 bis 1997 auf mehr als 30.000 im Jahr angestiegen und sind dann – zunächst langsam, in den letzten drei Jahren schneller – auf unter 20.000 im Jahr 2006 abgesunken. Die Heiraten zwischen deutschen Männern und ausländischen Frauen sind im großen Zeitraum bis 2002 auf über 36.000 angestiegen, doch bis 2006 auf 27.000 zurückgegangen.

Die Veränderung des *Staatsangehörigkeitsrechts* im Jahr 1999 hat den Umstand eingeführt, dass in Deutschland von Ausländern geborene Kinder unterschiedliche Staatsangehörigkeiten haben. Im Jahr 2006 sind ca. 29.000 Kinder mit ausländischer Staatsangehörigkeit, ca. 86.000 Kinder sind mit deutscher Staatsangehörigkeit und einem ausländischen Elternteil und ca. 39.000 mit deutscher Staatsangehörigkeit und ausländischen Eltern geboren worden. Da diejenigen, die neben der deutschen auch die Staatsangehörigkeit der Eltern angenommen haben, sich mit 18 Jahren für eine von beiden entscheiden müssen („Optionspflicht"), wird es zukünftig eine noch größere Vielfalt geben, also auch junge Erwachsene, die einmal die doppelte Staatsangehörigkeit hatten und jetzt nur noch ausländisch – oder nur noch deutsch sind. Auch die Bevölkerungsstatistiker werden noch einmal an Differenzierung zulegen müssen.

Die Rechtsverhältnisse bilden zunehmend einen Flickenteppich, und auch die Differenzierung der ausländischen Wohnbevölkerung nach dem *Bildungsstand* ist weit fortgeschritten. Zwar sind die Migranten insgesamt und durchschnittlich stark bildungsbenachteiligt, doch gibt es zunehmend Differenzierungen. Im Schuljahr 2005/2006 haben 17,2% der ausländischen Schulabgänger die Schule ohne Abschluss verlassen, mit der Hochschulreife 9%. Bei den Deutschen haben die „Versager" einen Anteil von 6,6% und die Hochschulreifen von 26,4%. Die regionalen Unterschiede sind dabei erheblich – die Bildungspolitik der Länder sorgt für Heterogenität. In Baden-Württemberg liegt der Anteil der hochschulreifen Ausländer bei 3,7%, in Berlin bei 15% und in Hamburg bei 14,3%. Dort sind auch die Abiturquoten der Deutschen am höchsten. Bei den Ausländern liegt die Schulversagerquote in Niedersachsen mit 25% am höchsten, in Bayern mit 20% am zweithöchsten. In den Stadtstaaten mit hohen Abiturquoten sind auch die Versagerquoten hoch. Die fünf Bundesländer mit den höchsten Abiturquoten erreichen dies bei Deutschen und bei Ausländern gleichermaßen.

Die Benachteiligung setzt sich auch bei den *beruflichen Abschlüssen* fort. Von der Bevölkerung ohne Migrationshintergrund haben 14,7% keinen Abschluss, bei der mit Migrationshintergrund sind es 44,1% und bei den Ausländern allein steigt die Quote auf 54,6%. Nimmt man die 20- bis 24-Jährigen heraus, ergibt sich folgendes Bild: Der Anteil derer ohne Ausbildungsabschluss liegt bei den Einheimischen bei 27,2%, bei Menschen mit Migrationshintergrund bei 53,7% und bei den Ausländern insgesamt bei 63,1%. Insoweit diese Gruppe der jungen Erwachsenen ein Produkt des Bildungssystems in Deutschland ist, zeigt sich dessen Versagen. Die älteren Gruppen der Ausländer, die eher als die jüngeren zugewandert sind, haben in ihren Reihen sogar weniger Menschen ohne jegliche Berufsqualifikation! Deutschland ist eines der beiden Länder in der OECD, in denen die Zweite Generation eine geringere Qualifikationsstufe erreicht als die Erste. Allerdings muss man darauf hinweisen, dass gerade die mittleren Altersgruppen kurzfristig als Saisonarbeiter ins Land geholt werden, um bestimmte Arbeiten zu verrichten. Bei ihnen ist ein höheres Qualifikationsniveau gar nicht erwünscht, ihr Bildungsstatus kann nicht dem Bildungssystem in Deutschland zugeschrieben werden.

Der kollektive *Beschäftigungsstatus* der Migranten ist eine der Ursachen und zugleich Folge der Bildungsbenachteiligung. Bei allen Erwerbspersonen in Deutschland (15–64 Jahre) sind 16,9% insgesamt ohne beruflichen Abschluss berufstätig. Bei den Einheimischen liegt dieser Anteil bei 12,3%, bei den Menschen mit Migrationshintergrund bei 38,4% und bei den Ausländern bei 46,7%. Die Migranten befinden sich also nach wie vor auf einem benachteiligten Beschäftigungssegment. Bei den Akademikern verhält es sich dagegen eher „farbenblind“: In der Bevölkerung ohne Migrationshintergrund liegt der Akademikeranteil bei 16,7%, bei der mit Migrationshintergrund bei 13,1% und bei den Ausländern bei 13,4%. Der Verbleib von ausländischen Studierenden und die Erleichterung der Zuwanderung von Hochqualifizierten differenziert die ausländische Wohnbevölkerung weiter aus. Bei den Eingebürgerten und den als Deutsche geborenen Kindern von Zuwanderern ist die Akademikerquote mit 15,7% noch höher, auch die „Bildungsinländer“ machen sich – das Bild differenzierend – bemerkbar.

Geringfügig entlohnte Beschäftigte (GeB) haben bei den Beschäftigten insgesamt eine Quote von 7%, bei den Ausländern dagegen von 12%. Bei ihnen ist der Anteil derer, die zugleich sozialversicherungspflichtig und geringfügig entlohnt beschäftigt sind, deutlich höher. Überwiegend haben die

GeB einen Minijob, und bei ihnen sind die Ausländer überpräsentiert. Die mit diesen Daten ins Bild kommende Armutsbevölkerung der Migranten wird darüber hinaus besonders durch das Merkmal „Arbeitslosigkeit" geprägt. Von den 2.769.871 Arbeitslosen (nach Sozialgesetzbuch II) sind 471.288 Ausländer (17%). Von den im Sozialgesetzbuch III erfassten 2.091.008 Arbeitslosen sind 201.663 (9,6%) Ausländer.

Insgesamt ist bei gleichbleibenden Bevölkerungsanteilen die Zahl der sozialversicherungspflichtig Beschäftigten von 1.962.000 im Jahr 2000 auf 1.765.000 im Jahr 2006 zurückgegangen. Obwohl sie also auf bestimmten Arbeitsmarktsegmenten gebraucht werden, sind die Ausländer aus dem besseren Arbeitsmarkt langsam ausgegliedert worden. Gleichzeitig wird die Zuwanderung von hochqualifizierten Personen gefördert. Was hinter dem Etikett „Ausländer" oder „mit Migrationshintergrund" steckt, wird also „immer stärker" differenziert. Diese Differenzierung führt viele der Migranten an den unteren Rand der Gesellschaft und wenige weiter nach oben.

Soziale Arbeit: Sensibilitäten für Migration und Integration

Die Soziale Arbeit teilt mit ihrer Gesellschaft die Muster, mit Hilfe derer die Menschen mit Migrationsgeschichte wahrgenommen werden. Sie hat sich mit Gastarbeitern, Ausländern, ausländischen Mitbürgern, Migranten und Menschen mit Migrationshintergrund befasst. Wie bei anderen Klienten auch konstituiert die Bezeichnung der Adressaten eine besondere Gruppe, deren „Hilfsbedürftigkeit" mit dem Begriff signalisiert wird. Dies ist unumgänglich – doch mit dieser Konstituierung muss bewusst umgegangen werden. In der Auseinandersetzung mit der eigenen Sicht des Klienten entsteht erst das „Soziale" der Sozialen Arbeit.

Mit den Adressatenbezeichnungen wird also der Rahmen gebildet, in dem sich sozialpädagogische Interaktionen und Einrichtungen der Sozialen Arbeit bewegen. Die Entwicklung ihrer Handlungskonzepte ist deshalb auch immer mit einer Kritik der handlungsleitenden Bezeichnungen verbunden gewesen, wenn diese Konzepte sich als überholt erwiesen haben. Das ist auch bei der Bezeichnung „... mit Migrationshintergrund" oder „... mit Migrationsgeschichte" der Fall.

Das größte Risiko für Kinder und Jugendliche „mit Migrationshintergrund" ist, als solche identifiziert zu werden. Sie werden dabei als verschieden, „anders" wahrgenommen, einer Kategorie zugeordnet und zukünftig nur noch – oder: vor allem – als Angehörige dieser Kategorie behandelt. Was immer sie tun – es wird im Zusammenhang des ihnen auferlegten Etiketts interpretiert. Erving Goffman hat in seinem Buch „Stigma" diese Prozesse beschrieben und darauf hingewiesen, dass vor allem die gut gemeinten Reaktionen und Interventionen die Etikettierten in besonderer Weise kränken. Gerade weil sie durchschauen, dass es sich um gut gemeinte Verhaltensweisen handelt, fällt ihnen die Reaktion schwer, sind sie doch in einer Doppelbindungsfalle gefangen. Reagieren sie nämlich abweisend auf die Behandlung als „Merkmalsträger“ (und eben nicht als Individuum), dann enttäuschen sie die „gute Absicht“. Ziehen sie sich aber zurück und wollen nicht direkt auf die Kränkung reagieren, dann bestätigen sie scheinbar das Stereotyp von den an „Integration“ nicht interessierten Migranten.

Man kann annehmen, dass in Schule und Jugendhilfe tagtäglich diese Prozesse ablaufen und Blockaden gegen Bildungserfolg und Subjektwerdung errichten. Aggression und Apathie gehören aber nicht in besonderer Weise zur Charakterausstattung von Migrantenkindern, sie werden gerade in pädagogischen Institutionen hervorgebracht. Dabei gibt es keine Hinweise, dass dort der Rassismus und die Angst um das Eigene und vor dem Fremden weniger verbreitet wären als in der gesamten Gesellschaft. Doch kann man sich gegen einen nicht gewaltsamen, aber doch offenkundigen Rassismus noch besser zur Wehr setzen als gegen die betuliche Förderung der „armen Ausländerkinder“.

In jedem Fall ist die entscheidende Kränkung die der Vorenthaltung des Subjektstatus. Kinder und Jugendliche „mit Migrationshintergrund“ werden eben nicht als unverwechselbare und einmalige Individuen erkannt und anerkannt wie alle anderen Kinder und Jugendlichen auch, vielmehr spricht aus ihnen der „Hintergrund“. Gerade die – durch eine Interkulturelle Pädagogik „aufgeklärten“ – Pädagogen und Pädagoginnen stehen in der Gefahr, die Differenz der Kulturen vor das Individuum zu stellen und es damit zu verfehlen. Das, was die Erziehung in der Moderne im Kern ausmacht, dass nämlich die Zuerkennung der individuellen Einmaligkeit die Bedingung der Subjektwerdung ist, kann ausgeblendet werden. Doch zum Menschen kann nur werden, wer als solcher wahrgenommen und behandelt wird.

In der Statistik und im Alltag dient die Bezeichnung „m. MH.“ der Identifizierung der gemeinten Personen. Da tatsächlich – angesichts der Differenzierung – nichts mehr damit erkannt wird, ist sie obsolet geworden. Als Instrument des Ausdrucks von Identität derer, die sich selbst damit darstellen und nicht nur ein Stereotyp besetzen wollen, bleibt die Migrationsgeschichte lebendig. Aber es ist klar verteilt, wer über sie entscheidet. Wenn die Migrationsgeschichte in Interaktionsverhältnissen der Sozialen Arbeit erzählt werden kann, dann löst sich der Erzählende aus ihren Verstrickungen. Wenn jemand dagegen in den gleichen Verhältnissen „erkannt“ wird, dann wird er auf seine Geschichte von außen festgelegt. Unter diesen Bedingungen werden biografische Erzählungen zu einer noch bedeutsameren Form in der sozialpädagogischen Interaktion, als sie es ohnehin schon waren.

Ein weiterer Wandel kommt hinzu. Waren die „interkulturellen Versuchungen“ auch bisher schon vielfach nicht hilfreich, so soll sich jetzt auch die Migrationssensibilität zur Integrationssensibilität verwandeln. Insoweit der Migrationshintergrund verblasst und auch verblassen soll, wird das erforderliche Gespür für seine Implikationen zunehmend auf die Verstrickungen und Gelingensbedingungen der Teilhabe gerichtet. Teilhabe wird dabei gemessen an den im Integrationsprozess erreichten Zugehörigkeiten, die mit Anerkennung des Individuums verbunden sind, und ebenso an den in ihm entstandenen Blockierungen. Solche Blockierungen können vom Individuum selbst und der umgebenden Gesellschaft errichtet worden sein.

Bei aller Ausdifferenzierung der komplexen Lebensbedingungen von Migranten hat die vorstehende Beschreibung deutlich gemacht, dass ökonomische und rechtliche, kulturelle und soziale Bedingungen die Migranten in einem Segment der Gesellschaft festhalten, in dem viele auch der besonderen Unterstützung durch die Soziale Arbeit bedürfen.

Neue Fronten: Demagogen auf Feindsuche

Mitten im hessischen Wahlkampf 2008 hat der Herausgeber der Frankfurter Allgemeinen Zeitung, Frank Schirrmacher, einen Kommentar unter dem Titel „Junge Männer auf Feindfahrt" veröffentlicht (FAZ, 15.1.2008). Dieser Kommentar beginnt mit einer überdimensionierten Eröffnung in aufgeblasenen Sprachbildern:

> „Das Redeverbot, wonach über ausländische Jugendkriminalität oder solche mit Migrantenhintergrund nur im Zusammenhang mit Jugendkriminalität im Allgemeinen zu sprechen sei, ist Geschichte. Das hat nichts mit rechtsradikalen oder ausländerfeindlichen Tendenzen der Gesellschaft zu tun, sondern mit den Tätern selbst. Sie verrichten ihre Taten nämlich nicht mehr stumm. Sie reden dabei. Uns war historisch unbekannt, dass eine Mehrheit zum rassistischen Hassobjekt einer Minderheit werden kann. Aber es gibt starke Signale dafür."

Die Umkehrung der üblichen Größenordnungen von Mehr- und Minderheit wird damit gerechtfertigt, dass einige Jugendliche bei einer Attacke auf einen Berliner Busfahrer „Scheiß-Deutscher" gerufen haben sollen. Weitere Belege für diese Behauptung gibt es nicht.

Die hier erkennbare Maßlosigkeit ist nur vergleichbar mit solchen Ungeheuerlichkeiten wie der Behauptung des nationalsozialistischen Überfalls auf Polen am 1.9.1939: „Ab 5 Uhr wird zurückgeschossen". Es geht nicht um die Handlung und deren Bewertung, sondern um die Erfindung einer Legitimation. Auf „Feindfahrt", die einzelnen Jugendlichen unterstellt wird, befinden sich normalerweise Kriegsschiffe, zum Zweck des Krieges gebaut. Die Neudefinition der Jugendlichen erlaubt es, sich mit allen Mitteln gegen sie zur Wehr zu setzen. Das Wahn- und Feindbild des Verfassers wird dann ins Unermessliche gesteigert:

> „Zur Klarheit, die vom Staat gefordert ist, gehört auch, dass man ausspricht, dass die Mischung aus Jugendkriminalität und muslimischem Fundamentalismus potentiell das ist, was heute den tödlichen Ideologien des zwanzigsten Jahrhunderts am nächsten kommt."

Aus dem Vorgehen von einigen wenigen Jugendlichen in Deutschland, absichtsvoll in Verbindung mit dem Überfall von zwei Jugendlichen nach Weihnachten 2007 in der Münchner U-Bahn gebracht, wird eine Bedrohung konstruiert, wie sie größer nicht sein kann. Alle Kategorien, mit denen üblicherweise gearbeitet wird, werden umgedreht, so dass dann von der „Desintegration der Mehrheit durch punktuelles Totschlagen Einzelner“ gesprochen werden kann. Der Holocaust der Deutschen scheint bevorzustehen. Die Konsequenz solcher Demagogie ist klar: Die Mehrheit darf die Minderheit mit allen zur Verfügung stehenden Mitteln unterdrücken und verfolgen. Wenn an dieser Front weitergebaut wird, muss die Soziale Arbeit mehr denn je wissen, was sie tut.

1.5 Migration und Religion

Fixierungen

Der Islam ist für die „westliche“ Welt zur zentralen Bedrohung geworden. Seit dem 11.9.2001 hat sich das Bedrohungsgefühl ins Wahnhafte gesteigert. Zwar wird in politisch korrekter Rede, wenn es um den Feind geht, nur vom „Islamismus“ gesprochen, aber der zweite Code signalisiert: Der Islam ist der Feind. Spätestens der baden-württembergische Fragebogen, der nur für Menschen aus islamischen (und eben nicht: islamistischen, denn solche gibt es nicht) Ländern bestimmt war, hat die Fronten endgültig geklärt. Denn jede Person, die es bisher nicht wahrhaben wollte oder konnte und die aus einem solchen Land kommt, weiß jetzt, dass sie unter Generalverdacht steht, ein Volksfeind zu sein. Denn dieser Fragebogen soll das deutsche Volk – nach vorherrschender Meinung der Souverän, der die Nation konstituiert – vor seinen Feinden schützen. Der Islam hat das Erbe des Kommunismus angetreten. Nachdem dessen Weltrevolution im Osten stecken geblieben und schließlich ausgehungert worden war, brauchte der Westen, insbesondere der amerikanische, einen neuen Akteur, dem er genau das zuschreiben konnte, was er selbst praktizierte, nämlich die Machtübernahme in den ökonomisch relevanten Teilen der Welt.

Wie hohl und ideologisch dabei die zentralen Legitimationen sein können, zeigt sich nicht zuletzt daran, dass das sogenannte Verteidigungsbündnis NATO sich fröhlich ausdehnt, während sein Gegenspieler, der Warschauer Pakt, schon lange verschwunden ist. Jahrzehntelang war die Bedrohung durch den Pakt und den Kommunismus die zentrale Legitimation westlicher Politik. In den Zeiten des Kalten Krieges wurde systematisch Bedrohungsangst aufgebaut und geschürt und die antikommunistische Wahrnehmung entwickelte ein feines Filtersystem, damit alles, was „von drüben“ kam, als unmittelbarer Beweis für die Aggressivität oder aber als heimtückischer Täuschungsversuch interpretiert werden konnte. Das Weltbild war geschlossen.

In ähnlicher Weise dient der Islam heute dazu, dass die westliche Welt wieder eine stabile Orientierung gewinnt. Wer nicht weiß, wer er ist, weil die kapitalistische Modernisierung den sozialstaatlichen Gemeinsamkeitsglauben auflöst, gewinnt seine „Identität“ daraus, dass er weiß, wer er nicht ist. Das christliche Abendland mobilisiert; zwar nicht zum Kreuzzug nach Nahost, den haben die USA schon erobert, sondern zum Kreuzzug gegen Kopftücher in den heimischen Schulen.

Das Europa der Moderne ist seit der blutigen Vertreibung der Juden und Moslems aus Spanien in und aus Kriegen entstanden. Während die Kriege der Nationalstaaten innerhalb Europas vielleicht der Geschichte angehören, dauern die ethnizistisch begründeten Konflikte an und brechen immer wieder auf. Auch die christliche Religion, die zum Beispiel mit den katholischen Privatschulen in Nordirland eine geschlossene Lebenswelt fundiert, ist daran beteiligt. Doch im Übrigen verstehen sich die europäischen Gesellschaften als säkularisiert, auch wenn in manchen Staaten erst vor dem EU-Beitritt das formelle Staatskirchentum abgeschafft wurde.

Die aggressive und ängstliche Fixierung auf den Islam schafft also eine Konstellation, in der nicht vernünftig über das Verhältnis von Migration und Religion geredet werden kann, wenn nicht die alle Wahrnehmungen präformierende Vorgabe reflektiert wird. Diese Konstellation aber ist schon eine der Situationen, die aus Migration resultieren können. Es handelt sich um einen politisierten und besonders in Wahlkämpfen geschürten Konflikt. Er ergibt sich aus der Mobilisierung von Interessen und Ideologien gegen reale oder vermeintliche Bedrohungen. Die „Überfremdungsinitiativen“ in der Schweiz sind das klassische Modell solcher Kampagnen und solche Bewegungen haben die ganze Migrationsgeschichte begleitet. Insofern sind sie etwas Gewöhnliches, auch wenn ihr Inhalt widerlich sein mag.

Wie selektiv die öffentliche Wahrnehmung geworden ist, zeigt sich daran, dass jeder islamistische Akt wochen- und monatelang die Öffentlichkeit heftig interessiert, während alle gegenläufigen Informationen unter den Tisch fallen. So hätte beispielsweise die CDU auch die Untersuchung der Konrad-Adenauer-Stiftung (2001) zur Kenntnis nehmen können, die in einer repräsentativen Befragung feststellte, dass Hinweise auf islamistische oder antidemokratische Tendenzen nicht gefunden wurden. Mit empirisch gesichertem Wissen lässt sich freilich keine Propaganda machen und keine Angst schüren.

Ein anderes Beispiel: Im März 2006 machte eine kleine Notiz darauf aufmerksam, der Verfassungsschutz habe nach eingehender Prüfung von mehr als 2.500 Moscheen in Deutschland festgestellt, dass 39 Moscheen als „islamismus-verdächtig“ gelten (Süddeutsche Zeitung vom 20.3.2006). Fünfzehn von diesen 39 Moscheen werden als „besonders problematisch“ bezeichnet. Selbst nach den Kriterien des Verfassungsschutzes sind also weniger als ein Prozent der Moscheen „besonders problematisch“ – was immer das heißen möge. Dieses Wissen wird aber, ebenso wie die Ergebnisse verschiedener Untersuchungen (vgl. Bundesministerium des Innern 2003), unauffällig kommuniziert. Es fehlt das Interesse an solchem Wissen.

Während über die Durchsuchungen von einzelnen Moscheen, wobei in der Regel zwei Hundertschaften bürgerkriegsmäßig ausgestatteter Polizisten eingesetzt werden und ebenso regelmäßig wenige vorzeigbare Ergebnisse zu verzeichnen sind, ausführlich berichtet wird, verschwinden allen anderen Informationen in der Selektivität der Nachrichtenfaktoren. Die Pathologie der Wahrnehmung ist weit fortgeschritten.

Zum Religionsbegriff

Eine Untersuchung soll mit geklärten Begriffen durchgeführt werden. Eine stillschweigende Orientierung an eingelebten Religionsvorstellungen, zum Beispiel im Kontext des kirchlich verfassten Christentums, verdunkelt ebenso den Blick wie eine Fixierung auf einen scheinbar traditionalen Fundamentalismus, der sich erst in der Modernisierung und vor allem in der Reaktion auf Kolonialismus und Imperialismus herausgebildet hat.

Ein sozialwissenschaftlicher Religionsbegriff betrachtet den Aspekt von Religion, der sie als „soziale Tatsache" zur Erscheinung bringt. Religion wird dabei definiert als bestimmte Form von „Gemeinschaftshandeln", das die Sinnbedürfnisse der Einzelnen aufnimmt; der Begriff kann also von „den subjektiven Erlebnissen, Vorstellungen, Zwecken" aus gewonnen werden (Weber 1976, S. 245). Mit diesem Begriff kann Religion als etwas verstanden werden, das sowohl die soziale Seite des Religiösen als eines gemeinsamen Handelns – auch in Objektivationen symbolisiert – beschreibbar macht als auch die im Individuum liegenden menschlichen Orientierungsbedürfnisse berücksichtigt. Max Weber hat also einen Begriff entwickelt, der zwei Ebenen miteinander verbindet.

Eine Ebene, auf die sich Religion bezieht, ist die Gesamtheit der in einer Lebenswelt bekannten Phänomene, die durch weltbildgeleitete Interpretation in eine Ordnung gebracht werden. Auf diese Ebene bezieht sich insbesondere der auf die Klärung der *Funktionen* gerichtete Religionsbegriff.

Die zweite Ebene ist anthropologisch definiert: Religion ist Teil der Kultur, die der Mensch als instinktreduziertes Wesen schafft und braucht und in der er seine Erfahrungen in den Rahmen einer Kosmologie einstellt; diese zweite Dimension wird insbesondere von einem „romantischen" Religionsbegriff erschlossen (Zelger 1994). Diese letzte Funktion („Kosmisierung von Welt") versteht Kaufmann (1986, S. 303) als Thema der Religionstheorie und unterscheidet davon die Funktionen der Religion in Bezug auf

- Affektbindung und Angstbewältigung,
- Deutung des Außeralltäglichen,

- Verständlichmachen von Unrecht und Leid sowie
- die Symbolisierung von Gemeinschaftserfahrungen.

In jedem Fall setzt der soziologische Religionsbegriff die moderne Gesellschaft, deren Weltbild bereits dezentriert ist, voraus. Denn solange die Teilsysteme der Gesellschaft, z.B. Wirtschaft, Politik, Religion, Wissenschaft, nicht ausdifferenziert sind, thematisiert die Betrachtung einzelner sozialer Sachverhalte immer die Totalität der Gesellschaft als eine religiös interpretierte Ganzheit mit.

Insbesondere die Untersuchungen zur *Entstehung* von Religion zeigen, dass sie immer in die Entwicklung eines Gruppenbewusstseins und das Selbstverständnis größerer Kollektive eingebunden ist. Religion entsteht zusammen mit Kultur und Ethnien. Sie kann sich verselbständigen und über Ethnien, Länder und Staaten hinaus ausdehnen. Dabei ist sie häufig mit Eroberungsfeldzügen militärischer und ökonomischer Art verbunden. Die Kolonialisierung der Welt von Europa aus ist identisch mit der Ausbreitung des Christentums. Der christliche Kapitalismus ist die effektivste Eroberungsmacht gewesen. Das Christentum hat zugleich die Widerstände gegen seine Wirkungen ermöglicht und hervorgebracht. Mit dem Islam und seiner Ausbreitung in der Neuzeit ist es nicht anders. Die enge Verbindung von Herrschaft und Religion, von Herrschaftsausdehnung und Mission ist in der Geschichte der Menschheit ein allzu häufiges Muster.

Religion und Migration

Migration als Eroberungsfeldzug ist seit der europäischen Völkerwanderung ein vertrautes Muster. Über lange Zeit lässt sich die Ausbreitung von Religion entlang von Eroberungslinien rekonstruieren. In jedem Fall kann *Religion als das Korrelat von Migration* bezeichnet werden. Diese Verbindung lässt sich auch bei anderen Formen der Migration beobachten. So ist beispielsweise die Arbeitskräftemigration nicht intentional mit Religion verbunden. Die Gastarbeiter aus Italien haben aber ihren italienischen Katholizismus, diejenigen aus Jugoslawien teilweise die serbische, die aus Griechenland die griechische Orthodoxie mitgebracht, und mit den Türken oder den Marokkanern kam ihre jeweilige Form des Islams nach Mitteleuropa. Arbeitskräfte wurden angeworben und als Humankapital konnten sie „kulturfrei“ verwertet werden, aber sie waren Menschen mit Kultur. Einem ähnlichen Muster folgte der Sklavenhandel, der ganz unbeabsichtigt die afrikanischen Naturreligionen nach Amerika exportierte.

Das Muster der Korrelation ist zu unterscheiden von der Konstellation, *dass Religion die Ursache für Migration darstellt.* Die Unterdrückung und Verfolgung von religiösen Minderheiten ist vom Altertum bis zur Gegenwart einer der wichtigsten Gründe für Migration. Dabei gibt es die Form der offenen *Vertreibung*, die insbesondere im Kampf zwischen Islam und Christentum eine lange Tradition hat. Auch die Juden haben oft dieses Schicksal erleiden müssen. Ein bedrückendes Beispiel sind auch die Vertreibungen im Zuge der nachkolonialen Staatenbildung auf dem indischen Subkontinent.

In Europa ist die Zeit nach der Reformation nicht nur durch Kriege gekennzeichnet, sondern auch durch Vertreibung und Flucht. Die *Flucht* ist dabei die „noch eigenständige“ Handlung, um unerträglichen Lebensbedingungen zu entkommen. Diese Bedingungen sind häufig nicht nur durch Unterdrückung der Glaubensfreiheit charakterisiert, sondern mit wirtschaftlicher und sozialer Marginalisierung verbunden. Flucht soll dann eine Lösung von mehreren Problemen darstellen.

Zwei Besonderheiten sind zu beobachten, wenn Religion zu den Ursachen von Migration gehört: Es migrieren in aller Regel nicht Einzelpersonen, sondern Gruppen oder größere Kollektive. Religion gehört dabei in besonderer Weise zur Definition der Gemeinschaft, oft ist sie das zentrale Definitionsmerkmal und macht die „Identität“ der Gruppe aus. Dies hat große Bedeutung für die nach Vertreibung und Flucht einsetzenden Prozesse der Niederlassung an einem neuen Lebensort. Religiöse Gemeinsamkeit kann – insbesondere im Zusammenwirken mit ethnischer Selbstidentifikation – jahrhundertelange Koloniebildung bewirken. Noch in den 1930er Jahren haben die im 17. Jahrhundert nach Deutschland geflohenen Hugenotten sich – vergeblich – im Rahmen der evangelischen Landeskirche Nassau-Hessen um die Etablierung einer hugenottischen Synode bemüht (Dölemeyer 2005).

Die zweite Besonderheit ist die enge Verbindung von Religion und Herrschaft. Der alte Mechanismus des „Sündenbocks“ wird häufig gegen religiöse Minderheiten aktiviert, um Herrschaft zu stabilisieren. Unterwerfung unter Herrschaftsansprüche erzeugt Aggressionen, die in Antisemitismus und Judenfeindschaft, Antiziganismus oder Ablehnung religiöser Minderheiten kanalisiert wird. Mit Herrschaft hängen auch die Regeln eines religiösen Kantonalsystems zusammen; in diesen Fällen dient Vertreibung der Herstellung eines religiös „reinen“ Kollektivs – nach dem Dreißigjährigen Krieg in ein deutsches Herrschaftsprinzip gegossen: *cuius regio, eius religio*. Dieses Prinzip hat Migrationen hervorgerufen und andererseits auch begrenzt. Denn es gab nur bestimmte andere Regionen, in die man migrieren konnte, und in den anderen Fällen war regionale Mobilität mit zusätzlichen Risiken verbunden. Doch auch hier gibt es jeweils unauflösliche Verknüpfungen des Merkmals Religion mit sozialen, ethnischen, kulturellen, militärischen, politischen, ökonomischen Faktoren.

Religion als Folge von Migration lässt sich zunächst differenzieren danach, ob Religion in Folge der Migration entsteht, vitalisiert oder verstärkt wird oder ob Religion in Folge der Wanderung verschwindet, transformiert oder abgeschwächt wird. Das klassische Beispiel für diese Prozesse sind die Roma, die im 11. Jahrhundert aus Indien ausgewandert sind und seitdem in verschiedenen Regionen Europas sesshaft sind. Sie haben jeweils die Religion ihrer neuen Heimat angenommen.

Religion im Migrations- und Integrationsprozess

Schon vor der Migration verfügen die Migranten in allen denkbaren Formen über Religion. Dies über die bisher beschriebenen Weisen hinaus typisieren zu wollen, würde an der empirischen Vielfalt scheitern. Wenn man die konkrete Situation im gegenwärtigen Deutschland im Hinblick auf religiös definierte Migrationskollektive betrachtet, dann kann lediglich auf die aus Russland zuwandernden Juden oder die aus der Türkei kommenden und dort unter Repression leidenden Aleviten hingewiesen werden. Das gemeinsame Verfolgungsschicksal auf der Grundlage der Religionszugehörigkeit wird von diesen Gruppen in einer starken Gemeinschaftsorientierung bearbeitet. Aber diese ist nicht für alle Gruppenmitglieder gleich, und unter den Bedingungen moderner Individualisierung wie auch sozialer und regionaler Dispersion setzen unterschiedliche Entwicklungsprozesse ein: Sowohl stärkerer Zusammenschluss wie „Ent-Gemeinschaftung" sind möglich.

Die Arbeitsmigranten dagegen, vor allem die Gastarbeiter der ersten Anwerbephase, waren weniger an Religion gebunden. Sie gehörten zu den Teilen ihrer Herkunftsgesellschaften, die mobil-modern etwas an ihrer Situation ändern wollten, deren Auswanderungswillen bereits ein erstes Ergebnis der Herauslösung aus der traditionalen Gesellschaftsordnung zum Ausdruck brachte. Sie hatten überwiegend schon vor der Auswanderung Distanz zur Religion, gehörten zur organisierten Arbeiterklasse, waren teilweise gewerkschaftlich organisiert. In den 1960er Jahren verstärkte sich dieses Bild, als Migranten aus Griechenland, Spanien und Portugal aus politischen Gründen ihr Land verließen und sich im Einwanderungskontext politisch engagierten. Dabei war die Distanz zur Religion, genauer: zu den Kirchen der Herkunftsgesellschaft, besonders ausgeprägt, weil diese Teil des autoritären und diktatorischen Herkunftssystems waren. Eine vergleichbare Konstellation ergab sich in der Türkei nach dem Militärputsch 1980.

Migration ist Teil und Medium von Modernisierungsprozessen, die auch die religiösen Praktiken verändern. Individualisierung und Privatisierung des religiösen Handelns gehören dazu. Modernisierung ist aber kein unbegrenzter und eindimensionaler Vorgang im Sinne des „Immer-Mehr-nur-des-Einen", sondern es gibt Gegenläufigkeiten und widersprüchliche Entwicklungen. Die Öffnung der europäischen Nationalgesellschaften durch Zuwanderung beispielsweise schreitet nicht einfach kontinuierlich voran, vielmehr gibt es auch nationale und nationalistische Schließungsprozesse oder den Bau der „Festung Europa".

So verhält es sich auch mit der Religion. Dabei sind verschiedene Bedingungen wirksam:

1. Befindet sich eine Religionsgemeinschaft in einer Minderheitenposition, dann wird dies als *„Diasporasituation"* begriffen, für die auch spezifische Regeln, wie man sich als „Gläubiger" in den Außenbeziehungen verhalten soll, gelten können. In jedem Fall wird Religion transformiert

zu einem Instrument der Identitätsbildung (vgl. beispielsweise Ebaugh/ Chafetz 2000). Während im Heimatland unter Umständen eine mehr oder weniger relevante Volkstümlichkeit die selbstverständliche und häufig traditional ritualisierte Grundlage des Zusammenlebens gebildet haben mag, wird in der Diaspora die bewusste Praxis zu einem Instrument, wie man seine Zugehörigkeit zur Minderheit glaubhaft machen kann. Gleichzeitig setzen Mechanismen der sozialen Kontrolle ein. Die Aufgabe einer bestimmten religiösen/kirchlichen Praxis kann dann identisch werden mit dem sozialen Verlassen der Minderheit.
In der Diaspora ändert sich häufig auch die Geschwindigkeit des Sozialen Wandels. Die aus der Minderheitenposition resultierende Re-strukturierung der Religion hält den üblichen Wandel an, die Diaspora partizipiert nicht mehr am Wandel der Religion im Heimatland und setzt sich gleichzeitig von der Modernisierung im Einwanderungskontext ab. Es entsteht eine traditionale und konservative Version der Ursprungsreligion. Bei Aussiedlern aus dem Gebiet der früheren Sowjetunion lassen sich so kirchliche Praktiken und Bewusstseinsformationen beobachten, die in Deutschland seit ein bis zwei Jahrhunderten verschwunden sind. Ein gegenläufiger Einfluss geht aus von der andauernden transnationalen Kommunikation, die im globalen Mediennetz möglich ist und Religion zu einer Dimension Transnationaler Sozialer Räume werden lässt (vgl. Levitt 2003).
Die Diaspora verstärkt auch die Einflussnahme der religiösen/kirchlichen Funktionäre. Sie beanspruchen umfassende Zuständigkeit für die Modelle der Lebensführung, es wird ihnen von den Gläubigen auch umfassende Autorität zugeschrieben. Die vielen im Einwanderungskontext aufkommenden neuen Fragen kann nicht jeder souverän für sich beantworten; die daraus resultierende Unsicherheit scheint verlässlich in der religiösen Gemeinschaft aufgefangen werden zu können. Die in der Herkunftsgesellschaft möglicherweise schon weiter fortgeschrittene De-zentrierung der Weltinterpretation wird rückgängig gemacht. Allerdings kann genau dieser Prozess durch Nutzung moderner Medien wieder aufgehoben werden. So könnte das, was öffentlich als „integrationsfeindlich" problematisiert wird, nämlich eine intensive Nutzung der Medien des Heimatlandes, gerade zur anhaltenden Modernisierung der Migrantengemeinschaften beitragen und sie damit strukturell „integrieren".

2. Die innere Dynamik von religiösen Praktiken und Vergemeinschaftungen hängt in starkem Maße von den äußeren Bedingungen, vor allem den religionsbezogenen *Reaktionen des Aufnahmelandes*, ab. So wurden in der Bundesrepublik für die Arbeitsmigranten in zwei Dimensionen religiös strukturierte Reaktionen eingeleitet. Die Wohlfahrtsverbände, die in Caritas und Diakonie kirchlich gebunden sind, haben die soziale Betreuung übernommen und beispielsweise für die katholischen Kroaten, Spanier, Italiener und Portugiesen konfessionelle Betreuungsdienste aufge-

baut. Gleichzeitig haben die Kirchen, auch hier insbesondere die katholische, in verbindlichen Vereinbarungen die seelsorgerliche Betreuung der Migranten geregelt.
Es war mehr als naiv anzunehmen, dass für die islamischen Migranten aus der Türkei und anderen Ländern solche Institutionen nicht erforderlich wären. Diese Ignoranz hat jahrzehntelang religiöse Praktiken „im Hinterhof", gewissermaßen als *underground*, gefördert. Das Bewusstsein und die Erfahrung, als religiöse Minderheit diskriminiert und unterdrückt zu werden, befördert dann die wechselseitige Identifikation innerhalb der religiösen Gemeinschaft. Die Reaktion des Aufnahmelands fördert also unmittelbar eine bestimmte Form der religiösen Vergemeinschaftung. An der Unterschiedlichkeit der Reaktion auf Islam und Buddhismus lässt sich dies besonders deutlich ablesen (wobei zu berücksichtigen ist, dass der Islam als Religion der eingewanderten Arbeiterschicht eine andere soziale Position einnimmt als der in Oberschichten überwiegend als Psychotechnik rezipierte Buddhismus. Doch auch im Hinblick auf den Islam gibt es starke Unterschiede, beispielsweise zwischen türkischen und anderen, von akademisch geprägten Migranten aus dem Nahen Osten gebildeten Moscheegemeinden).
Die jahrzehntelange Diskussion über die Etablierung des islamischen Religionsunterrichts gehört zu den ebenfalls relevanten Reaktionen. Die christlichen Kirchen und der Staat haben das Monopol zweier Kirchen dadurch verteidigt, dass sie vom Islam als Zulassungsvoraussetzung dieselbe Organisationsform verlangt haben, wie die Kirchen sie selbst in einer langen Auseinandersetzung mit dem Staat erreicht hatten. Die Vielgestaltigkeit des Islam war schon allein deshalb eine Provokation, weil die christlichen Großkirchen ihr Monopol auf Kosten der übrigen christlichen Kirchen erreicht hatten und weil eine Erweiterung der Pluralität durch die Zulassung eines islamischen Religionsunterrichts sowohl die Frage nach dem Status anderer christlichen Gemeinschaften als auch nach dem Status eines religionskundlichen Unterrichts aufwirft. Das Problem ist also, dass durch das Hinzukommen einer neuen Religion die im bestehenden System unterdrückten Fragen wieder virulent werden. Der eingetretene Wandel ist unübersehbar und die verfassungswidrige Abwehr des Islam im Kopftuchstreit ist nur eine kurzfristige Entwicklung. Langfristig muss eine islamische Minderheit in Deutschland (und die übrigen religiösen Minderheiten wandeln sich entsprechend den veränderten Migrations„strömen") entweder in die pluralistische Verfassungsordnung einbezogen werden *oder* die Verfassung muss geändert bzw. im Sinne eines christlichen Verständnisses interpretiert und damit exklusiv ausgestaltet werden *oder* aber der Staat gewinnt laizistische Distanz zur Religion. Auch ein Religionskrieg ist denkbar, wenn die verfassungsmäßige Grundordnung nicht alle Bürger mit ihrer Gläubigkeit einschließt. In vielen Teilen der Welt bis hin zu Nordirland ist schließlich die Religion in kriegerische Konflikte verwickelt und die Strategie

des „Kampfs der Kulturen“ wird nicht folgenlos propagiert. Die Zunahme der Religiosität unter Türken in Deutschland seit 2000 ist ein Hinweis auf die Reaktion der Migranten auf Diskriminierung und Konfliktdiskussionen (vgl. Halm/Sauer 2006 und Leibold/Kühnel/Heitmeyer 2006); kollektive Identifikation gerade mit dem Merkmal, das von der „anderen Seite“ als problematisch dargestellt wird, strukturiert eine „Konfliktfront“.

Gleichzeitig bedeutet die Erweiterung der religiösen und damit kulturellen Bandbreite von Pluralität in einem Kontinent, der wesentlich durch den Krieg gegen den Islam entstanden ist, einen erheblichen Modernisierungsdruck. Dieser Druck kann von komplexen Gesellschaften nicht auf einfache Weise bearbeitet werden; seine Bearbeitung ist mit vielen Konflikten behaftet. Andererseits haben die modernen Einwanderungsstaaten Modelle entwickelt, mit großer Pluralität konfliktreduzierend umzugehen, und in der Geschichte Europas selbst – zum Beispiel im mittelalterlichen Toledo – sind immer wieder Formen einer universalen, d. h. alle Personen einschließenden Pluralität und Toleranz praktiziert worden.

Trotz dieser Bezugspunkte wird der Wandel, der bei gleichberechtigter Anwesenheit einer größeren Anzahl von Muslimen in Westeuropa erforderlich ist, mit Konflikten verbunden sein. Denn es geht nicht nur um die Interessen der Kirchen, sondern auch um die Interessen von Staat und Gesellschaft an der systemerhaltenden Funktion der Religion, beispielsweise im Bereich der Sozialen Wohlfahrt. Die kirchliche Sozialarbeit ist in Europa eine Macht (vgl. Fix/Fix 2005).

3. Von großer Relevanz sind die *quantitativen Verhältnisse*, in denen die Migranten nach der Migration sich sozial verorten können. Individuen oder ganz kleine Gruppen (Familien, Verwandtschaftsgruppen) stehen unter großem sozialem Druck zur Anpassung, zumindest zur sozialen Unauffälligkeit und damit zur Privatisierung von Religion. In größeren Verbänden bilden sich Communitys als Enklaven heraus, die für ihre Mitglieder die Aufgabe weitreichender Daseinsvorsorge und -fürsorge übernehmen können. Ihre Kohäsion beruht darauf, dass sie Bedürfnisse der Mitglieder gut erfüllen können und deshalb ohne inneren Druck Attraktivität gewinnen. Da die wechselseitige Unterstützung der Mitglieder der Gemeinde stark von persönlichen Kenntnissen und Vertrauensbeziehungen abhängt, ist die lokale Gemeinschaft, oft mit nur lockeren Beziehungen zu anderen lokalen Gemeinschaften derselben Religionszugehörigkeit, die zentrale Bezugsgröße.

   Bei einer quantitativ noch größeren Migration und dauerhaften Integration (wie beispielsweise im Falle der türkischen Bevölkerung in Deutschland) wird auch Religion in größeren Zusammenhängen organisiert und versuchen die Vertreter der Religionen, Einfluss zu gewinnen. Für sie wird die systematische Mitgliederwerbung und -rekrutierung, die Kooperation mit dem Herkunftsstaat und den dortigen Religionsgemeinschaften

und die institutionelle Absicherung von Einflusssphären zu einem wichtigen Betätigungsfeld.
Gleichzeitig verschwindet aber die in kleineren Einheiten mögliche religiöse Vergemeinschaftung zu Gunsten einer Differenzierung der religiösen Praktiken. So ist die Heterogenität dieser Praktiken unter Menschen, die aus sogenannten „islamischen Staaten“ kommen, mindestens so groß wie im Einwanderungsland selbst. So lassen sich bei den Individuen ebenso Formen der bewussten Konversion zur vorher nur gewohnheitsmäßig geübten Religion und des Fundamentalismus beobachten wie Formen des vollständigen Verzichts auf religiöse Praktiken. Religion kann also ein Faktor der Stabilisierung einer Person in der Weise sein, dass der mit Migration verbundene Wandel durch „forcierte“ religiöse Orientierung verarbeitet wird. Sie kann aber auch als Irritation in der neuen Lebenswelt aufgegeben werden und Dissidenz stabilisiert die Person.
Bedeutsam ist in all diesen Fällen und Konstellationen, dass sich das Verhältnis zwischen dem Individuum und seiner Religion verändert. Insbesondere wenn Migranten aus traditionellen, religiös homogen strukturierten Regionen kommen, sind sie in der Regel die Praxis einer gelebten Volksfrömmigkeit gewohnt, in der das bewusste individuelle Bekenntnis nicht Voraussetzung für die Teilnahme an religiösen Ritualen ist: Religion ist ein Element volkskultureller Ordnungen, in ländlichen Gegenden anders ausgeprägt als in städtischen Agglomerationen. Nach der Migration gibt es eine solche selbstverständliche Einbindung in einen traditionalen Zusammenhang nicht mehr, der Zusammenhang ändert sich in jedem Fall und das Verhältnis des Individuums zu ihm. Von den Mitgliedern der Einwanderungsgesellschaft werden die neuen Formen, die in Auseinandersetzung mit der Migrationsmoderne erst entstanden sind, fälschlicherweise als „traditionelle Religion“ wahrgenommen. Dies gilt insbesondere für den Fundamentalismus, der ein Produkt des Wandels und der Modernisierung ist.

4. Religiosität wandelt sich mit dem *Lebensalter*. Die Jugend ist die Phase der größten Gegensätze. Sie ist gekennzeichnet durch Ablösung von familialen religiösen Praktiken; dies gilt insbesondere für die sog. Zweite Generation. Gleichzeitig können sich gerade Jugendliche eng an religiöse Gemeinschaften anlehnen (vgl. zu beiden Mustern Ebaugh/Chafetz, S. 431 ff.) oder aber im Sinne eines „Erweckungserlebnisses“ sich religiös plötzlich und völlig neu orientieren (vgl. Nohl 2004). Im Alter dagegen wird Religion gerade für den Migranten ein Mittel, die Dynamik des Bezugsgruppenwechsels und des Lebensortes zu verarbeiten. Einmal geht es darum, in der Rechenschaft über das gelebte Leben das Projekt der Migration zu rechtfertigen und die Kontinuität der eigenen Biografie als Identifizierung des Selbst zu behaupten. Weil sich dabei „Sinnlosigkeit“ als Möglichkeit der Beschreibung des eigenen Lebenslaufs ergibt,

müssen „starke“ Verknüpfungen zwischen den Phasen des eigenen Lebens und den wechselnden sozialen Zugehörigkeiten gefunden werden (vgl. zu den allgemeinen Mechanismen Hahn 1995). Religion ist dafür hilfreich. Die soziale Abstützung der religiösen Wirklichkeitskonstruktionen und Lebenslaufrekonstruktionen ist dabei besonders wichtig. Aus diesem Grund wird beispielsweise die Etablierung muslimischer Altenheime noch zu einer wichtigen Frage werden.

Dennoch kann diese Beobachtung nicht generalisiert werden. Im Alter gibt es für Biografien, die selbst Ausdruck von Modernisierung sind, keinen Rückfall in ein bestimmtes Muster von Religiosität. Deshalb sollen keine allgemeingültigen Modelle behauptet werden.

Auch im Hinblick auf *Jugendliche* werden vielfach Stereotypen verbreitet und durch Untersuchungen reproduziert. Dabei „wird die Schwelle der Trivialität kaum überschritten, wenn der altbekannte Rückgang von Glauben und Ritualpraxis oder die Differenz zwischen türkischen und deutschen Jugendlichen herausgestellt wird.“ (Barz 2001, S. 309)

Der langfristige Wandel durch Säkularisierung führt in Europa nicht zum Verschwinden christlicher Rituale und zur Reduktion „öffentlicher“ Religiosität und Ritualpraxis. Unterhalb dieser Ebene bilden sich viele Formen der „kleinen und mittleren Transzendenzen“ (Barz 2001, S. 311) heraus, die stark individuums- und gruppenbezogen sowie eventorientiert sind und auch den „aktuellen Angeboten“ folgen. Was die moderne Gesellschaft u. a. auszeichnet, ist der Pluralismus. Dies trifft auch für die Religion unter Jugendlichen zu. Weil die Vielfalt der Weltdeutungen in der Moderne so selbstverständlich geworden ist, was insbesondere jugendkulturell sichtbar wird, löst sich der Religionsbegriff auf, insofern unter Religion die Symbolisierungen einer Einheit verstanden werden, „aus denen unproblematisch Sinn und Zweck des eigenen Lebens bestimmt werden können“ (Kaufmann 1986, S. 302). Gleichzeitig lässt sich aber auch bei jungen Migrantinnen beispielsweise ein einheitliches Religionsverständnis feststellen (Boos-Nünning/Karakaşoğlu 2005), auch wenn die Formen der Religiosität und die Teilhabe an religiösen Ritualen in allen Migrantinnengruppen recht unterschiedlich sind. Schon die 13. Shellstudie hatte die Heterogenität als Strukturmerkmal herausgestellt und gleichzeitig die Existenz von religiös-sozialisatorisch relevanten Milieus aufgezeigt. Dabei ist das islamische Milieu mit dem sozialen Milieu von Arbeitsmigranten verbunden und besonders wirksam (Deutsche Shell 2000, Band 1, S. 157 ff.). Die Kommunikation über Religion wird besonders kontrovers beurteilt: Teilweise ist Religion eine gründlich privatisierte Angelegenheit, teilweise – und besonders im Fall des umstrittenen Islam – wird mehr Kommunikation in den für die Jugendlichen relevanten Beziehungen gewünscht.

Mit der Studie von Boos-Nünning und Karakaşoğlu liegen deshalb qualifizierte Erkenntnisse vor, weil mit demselben Instrument die verschiedenen Gruppen untersucht wurden. Auch dabei sind Interferenzen zwischen

dem traditionalen Handeln und Bewusstsein im Sinne der Volksfrömmigkeit und bewussten, modernisierten Formen der Identifikation mit Religion zu beobachten.
Wie oberflächlich gelegentlich argumentiert wird, zeigt sich daran, wenn das Mitfeiern des Ramadan für Jugendliche als Zeichen von Religiosität gewertet wird (Beauftragte der Bundesregierung 2005, S. 128). Analog dazu müsste das Feiern von Weihnachten als Zeichen christlicher Religiosität gewertet werden.
Erneut führt die öffentliche Problematisierung und Ablehnung zu Legitimations- und Erklärungsbedürfnissen. Die abwehrende Thematisierung bezieht die Religion in die gesellschaftlichen Konfliktlinien mit ein; die Jugendlichen können sich dann nicht mehr *nicht verhalten*. Dies gilt auch für pädagogische Kommunikation. „Unter der Voraussetzung von struktureller Ungleichheit und Benachteiligung kann die pädagogisch in Gang gebrachte, auf Verständigung zielende interkulturelle Arbeit unter der Hand einen gegenläufigen Prozess der Fehlkommunikation befördern, bei dem stereotype Zuschreibungen verfestigt werden. Im Verlauf eines solchen Prozesses werden deutsche Kinder ‚christlicher' und türkische Kinder ‚muslimischer', als sie es je waren" (Hamburger 1990, S. 321). Diese Prognose hat sich zwischenzeitlich als zutreffend erwiesen.

Auflösungen

Religion als Faktor des Migrationsprozesses wird in der Regel erst im Konfliktfall entdeckt. Die Art und Weise ihrer Entdeckung und des Umgangs mit dieser Entdeckung verschärft die mit der Integration von Migranten ohnehin verbundenen Konflikte. Religion ist auch in modernen Gesellschaften ein Teil und vor allem ein Substrat der Kultur. Weil die Migration für Migranten und Einwanderungsländer mit der Notwendigkeit kultureller Neudefinition verbunden ist, wird Religion unausweichlich thematisch. Wenn die Neudefinition abgelehnt wird, dann wird der Konflikt besonders scharf.

Religion ist aber vielseitiger und wird vielfältiger genutzt, als die Konfliktkonstellation offenbart. Sie erleichtert den Migranten die strukturelle Anpassung an den Einwanderungskontext, motiviert Hilfe innerhalb der Kolonie und über ihre Grenzen hinaus, stärkt Selbstbewusstsein, bindet die nachwachsende Generation oder treibt sie in die neue Gesellschaft hinein (vgl. Ebaugh/Chafetz 2000, S. 325 ff.). Der Umgang mit Religion bedarf heute, in welcher Konstellation auch immer, auf jeden Fall der Mäßigung.

Der Islam, der sich in Deutschland nicht mehr weiter in den Hinterhöfen mit ihren Gebetsstuben verstecken will, sondern sich wie eine ganz „normale" Religion benimmt, stellt ein „wunderbares" Feindbild dar, nachdem der Antikommunismus der zweigeteilten Welt nicht mehr die Gesellschaft zusammenhält. Zwar haben Rassismus und Nationalismus ihre Funktion nicht verloren, aber wie einfach ist doch die Fremdheitskonstruktion, wenn „anatolische Rückständigkeit“ mit einer mittelalterlich gewalttätig erscheinenden Religion amalgamiert werden kann. Dabei wird aber nicht nur das Fremde im Feindbild deformiert, sondern auch das Eigene. Die eigenen Spielregeln, wie Staat und Religion ihr Verhältnis bestimmen, werden verletzt, demokratische Grundsätze im Umgang mit Minderheiten aufgehoben, sozialwissenschaftliche Analysen und empirische Argumente zur Beschaffenheit und zum Umfang „des Problems“ werden der Konsistenz des Ressentiments geopfert. Wenn eine Schulministerin in Deutschland (genauer: in Hessen) kein Problem hat mit dem Kreationismus und unangefochten im Amt bleibt, dann kann man nicht mehr von einer „schleichenden“ Fundamentalisierung sprechen.

Nicht in der Aufklärung und in ihren demokratischen Folgen hat diese Politik ihre Grundlagen, sondern im Reservoir des Feudalismus und Nationalismus. Deshalb ist es gerade nicht verwunderlich, dass die Schulbehörden der Bundesländer nach einer Recherche des Islamforums mehr mit dem christlichen Fundamentalismus und seinen Verweigerungspraktiken zu tun haben als mit anderen Fundamentalismen.

Aber eine bloße Gegenrechnung bleibt in der Antithese stecken, auch wenn die Argumente zur Kritik des herrschenden Bewusstseins die wichtigsten sind. Wie soll aber die Kritik an nationalistischem Demokratieverlust oder unterdrückerischer Geschlechterordnung geführt werden, wenn man aus der Schlachtordnung der Demagogie und ihrer Zurückweisung heraustreten will? Nach dem hier entwickelten Gedankengang scheint es zunächst einmal darauf anzukommen, welche Position der „kritische“ Akteur einnimmt. Wer Kritik üben will auch am Nationalismus der „Grauen Wölfe“, der muss sich mit seiner Position einer demokratischen Ordnung *unterwerfen* und den aufklärerischen Ansprüchen, damit er Subjekt wird. Nur wenn Form und Inhalt der eigenen Rede sich unter den demokratischen Anspruch stellen und für den anderen nichts Anderes gelten soll als für das Selbst, ist eine Bedingung erfüllt für die Möglichkeit aufklärerischen Redens. Für die Opfer ist es gleich, ob sie im Namen des Volkes oder der Ehre drangsaliert oder getötet werden. Vielleicht muss man auf ein so makabres Argument zurückgreifen, um eine neue, d.h. alte aufklärerische Basis für Auseinandersetzungen zu gewinnen.

Die Religionen werden in allen patriarchalischen Gesellschaften von alten Männern verwaltet. Das ist auch eine wichtige Einsicht in Gleichheiten und Übereinstimmungen. Ob dabei Weisheit und Toleranz zum Zuge kommt oder Militanz, das ist die Frage, die den Unterschied markiert. Immer, wenn dies vernebelt wird, muss man auf die Weisheit des Nathan zurückgehen oder auf die vielen anderen, die diese Prinzipien geklärt haben.

2. Interkulturelle Versuchungen

Erziehung und Bildung, Lernen und Beratung sind soziale und zugleich kulturelle „Gegenstände“. Es geht um das Wissen des Menschen von sich und über die Welt, es geht um Orientierung des Individuums und der Kollektive und um die Beziehungen, die in diesen Prozessen eingenommen werden und aus ihnen resultieren. Insofern ist Pädagogik eine kultur- *und* sozialwissenschaftliche Disziplin. Die Möglichkeit, die Definition von Praktiken bei der Bearbeitung von Migrationsfolgen auf die Dimension des Kulturellen zu reduzieren, wird hier als „interkulturelle Versuchung“ bezeichnet (vgl. zur erstmaligen Verwendung des Begriffs Kiesel/Wolf-Almanasreh 1991).

Es geht also nicht um die Kulturalität der Pädagogik, sondern um die Anwendung des Kulturbegriffs. Kritisiert wird der Umstand, dass die Beziehung von Mehrheit und Minderheit, von Einheimischen und Zugewanderten, von Staatsbürgern und Ausländern, von Angehörigen der Oberschicht und solchen der Unterschicht, von Lehrern und Schülern, von Sozialarbeitern und Jugendlichen, von Beratern und Ratsuchenden, von Therapeut und Klient von allen sozialen und insbesondere machthaltigen Aspekten abgelöst wird. Um diese falsche „Reinigung“ der Verwendung des Kulturbegriffs zu vermeiden, sind produktive Wortverbindungen geschaffen worden, beispielsweise die der „Dominanzkultur“, mit der Birgit Rommelsbacher arbeitet (1995). Es geht also nicht um die Vermeidung oder gar Ablehnung des Begriffs der „interkulturellen“ Perspektive, sondern um die jeweils angemessene Verwendung. Dabei handelt es sich um ein theoretisches, empirisches und praktisches Problem. In diesem Kapitel geht es um eine empirisch gehaltvolle Bestimmung, die exemplarisch an Interviews mit Migrantenjugendlichen gezeigt werden soll.

2.1 „Identität“ und interkulturelle Erziehung

Die Rede von der „kulturellen Identität“ gehört inzwischen zum „Kleingeld“ der Diskussion über interkulturelle Erziehung. Sie stellt eine besonders problematische Version des allgemein verbreiteten Identitätsbegriffs dar, dessen Bedeutung im Maße seiner grassierenden Verwendung an Klarheit verloren hat. Faszination hat dieser Begriff gewonnen, weil die Sehnsucht nach Einheit, Ganzheitlichkeit und Einmaligkeit auf ihn projiziert wird. Je unübersichtlicher und entstrukturierter die inneren und äußeren Verhältnisse von Personen werden, umso eher greifen sie auf eine Überschaubarkeit versprechende Vorstellung zurück. Die Verwendung des Begriffs signalisiert also zunächst einmal krisenhafte Erfahrungen; die Notwendigkeit zur Selbstvergewisserung ist ein Element von Krisen – ob sie durch die Rückwendung zu einem Zustand, in dem man „Identität" vermutet, bewältigt werden können, ist mehr als offen. Denn ein unvermittelter Rückgriff auf „alte" Gewissheiten kann in der Regel nur kurzfristig und scheinbar Sicherheit vermitteln. Dauerhaft können Krisen nur in der Bewältigung der mit ihnen verbundenen Entwicklungsaufgaben überwunden werden, was in der Regel die Erarbeitung neuer „Identitäten" erfordert.

Die Verwendung des Identitätsbegriffs in der interkulturellen Pädagogik

Der Begriff der Identität spielt in der pädagogischen Reflexion über die Folgen der Migration von Anfang an eine große Rolle. Schon die ersten Studien über „Gastarbeiterkinder" greifen auf die Kategorie der Identität zurück, wobei sie sich insbesondere an Erik H. Erikson anlehnen. Exemplarisch sei hier auf die Arbeit von Hurst (1973) hingewiesen, in der Identitätsprobleme psychoanalytisch auf einer innerpsychischen Ebene lokalisiert wurden.

„Identität" wird begriffen als ein stabiles Muster der Selbstwahrnehmung und zugleich der Zugehörigkeit zu bestimmten sozialen Einheiten. Dieses Muster wird in der Jugend erworben und bleibt relativ konstant ein Leben lang handlungsleitend. Veränderungen können nur als problematische Krisen interpretiert werden.

Die Starrheit des Identitätskonzepts hatte schon bei Erikson zu bestimmten Ausweglosigkeiten geführt, wie sie an der Beschreibung von Identitätsmöglichkeiten für die amerikanischen Schwarzen deutlich werden:

> „Es bilden sich drei Identitäten aus: Mammies oralsinnliches ‚Honigkindchen' – zärtlich, ausdrucksfähig, rhythmisch (in der Negermusik zur Kulturhöhe gereift); 2. die Identität des schmutzigen, analsadistischen, phallisch-vergewaltigenden ‚Niggers' und 3. der saubere, anal-zwanghafte, freundlich gehemmte und immer traurige ‚Neger des weißen Mannes'. Sogenannte Chancen, die sich dem emigrierenden Neger bieten, erweisen sich häufig nur als ein größeres Gefängnis, das nur subtiler in seinen Einschränkungen ist und dabei seine einzige historisch erfolgreiche Identifizierung – die des Sklaven – gefährdet. Andererseits bietet es ihm keine wirkliche Reintegration der anderen, obengenannten Identitätsfragmente. Diese nicht integrierten Fragmente werden in der Form rassischer Karikaturen dominant, die von der Vergnügungsindustrie typisiert und in ihrer Bedeutung fehlbewertet werden. Müde seiner eigenen Karikatur, zieht sich der Farbige häufig in einen Zustand hypochondrischer Arbeitsunfähigkeit und Krankheit zurück, der eine Analogie zu der Abhängigkeit und relativen Sicherheit seines ehemaligen Sklavenzustan-

des darstellt: eine neurotische Regression zur Ich-Identität des Sklaven." (Erikson 1971, S. 237)

Die resignative Wendung in der Diskussion über Identität, wie sie gegenwärtig auch im europäischen Ethnizitätsdiskurs zu beobachten ist, kann aber offensichtlich nicht psychologisch überwunden werden, sondern nur durch eine Kritik des Rassismus. Die Definition Eriksons jedenfalls thematisiert die Erfahrungen der Schwarzen und Identität als Interaktionsprodukt nicht.

Im Verlauf der 1970er Jahre hat die Auseinandersetzung mit dem Identitätsbegriff innerhalb der Interkulturellen Pädagogik die Starrheit des Erikson'schen Konzepts überwunden und im Rückgriff auf interaktionistische Kategorien ein angemessenes Modell entwickelt. Die Diskussion stützte sich dabei vor allem auf Lothar Krappmanns bahnbrechende Arbeit (1969), hinter deren Differenziertheit auch heutige Debatten oft zurückfallen. Die Unterscheidung von personaler und sozialer Identität, die Differenzierung verschiedener Dimensionen von Zugehörigkeiten und Synthetisierungsnotwendigkeiten und der Verweis auf flexible Integration im Wandel der Lebensphasen und -bedingungen haben die postmoderne Rede von „Patchwork-Identitäten" systematisch schon vorbereitet.

Bis dahin wurde der Identitätsbegriff überwiegend als eine individuumsbezogene Kategorie verwendet, wobei soziologische Arbeiten durchaus auch die Kategorie der „kollektiven Identität" verwendeten (Kellermann 1973). Hier diente dieser Begriff in der Tradition der Minoritätensoziologie zur kritischen Verteidigung der Rechte unterdrückter Minderheiten gegen den Homogenisierungsdruck nationalstaatlicher Hegemonie. An diese Tradition schloss auch die Diskussion zu Beginn der 1980er Jahre an, als mit dem „Ethnizitätsparadigma" eine „Kollektivierung" des Identitätsbegriffs begann. In einer gesellschaftlichen Konfliktlage, die durch die Abwehr der Partizipationsforderungen der eingewanderten Minderheiten bestimmt war, wird „Identität" zu einem politischen Kampfbegriff von zwei Seiten her. Der manifest werdende Rassismus (z. B. Heidelberger Manifest) beruft sich auf die Identität des deutschen Volkes zur Abwehr der Integration. „Identität" tritt hier an die Stelle der früher verwendeten Kategorie der „Reinheit" eines Volkes („identitärer Rassismus"). Genau gegen diese rassistische Abwertung setzen sich die Migranten zur Wehr und versuchen ihre „Identität" zu wahren; sie wird zum Symbol von humaner Autonomie und Menschenwürde. „Identität" wird zum Inbegriff von „Unverletztheit" im Sinne von Integrität von Personen und Gruppen.

Dieses Auseinanderfallen in zwei entgegengesetzte Begriffsverwendungen von rassistischem Herrschaftsanspruch und menschenrechtlicher Gegenwehr hat die übereinstimmenden Assoziationen, die mit diesem Begriff verbunden sind, keineswegs aufgelöst.

In der wissenschaftlichen Diskussion vor allem der Migrationssoziologie werden nun „Volk“ und „Nation“ zum Gegenstand von Überlegungen, zunächst eher kritisch, dann aber zunehmend affirmativ, insbesondere nach den epochalen Ereignissen von 1989. Der Identitätsbegriff wird zur scheinbar wissenschaftlich distanzierten und modern, aufgeklärt klingenden Formel. Noch unproblematisch ist die Wortverbindung: „kulturelle Identität“, formal-distanziert klingt „kollektive Identität“, einer Kritik zugänglich ist die Kategorie „nationale Identität“. Jedenfalls kann bald wieder ganz unbeschwert über die „Identität der Deutschen“ schwadroniert werden.

Der Identitätsbegriff ermöglicht in dieser Weise die schleichende Ersetzung des Gesellschaftsbegriffs durch Gemeinschaftskategorien. Er tritt als modernisierte Kategorie an die Stelle von „Volksgemeinschaft“ und „Nationalbewusstsein“. Zwei Seiten werden auch am Identitätsbegriff deutlich: Die Anteilnahme des Einzelnen an der kollektiven Identität sichert ihm Zugehörigkeit und zugleich Unterordnung; der Ausschluss der jeweils Anderen, der Nicht-identischen, ist die zweite Seite.

Diese neuere Entwicklung der Begriffsverwendung ist problematisch. Von einem sozialpsychologischen Analyseinstrument hat sich der Identitätsbegriff zu einer diffusen Allerweltsformel entwickelt, die modisch-modern – von einem plausiblen und bedeutsamen Begriffskern entfernt – diffuse und frei flottierende Bedürfnisse nach Orientierung aufgreift und ihnen einen Namen und einen Rahmen gibt. Ein Erfolg der Wissenschaft, nämlich die Diffusion ihrer Begriffe in der Gesellschaft, zwingt sie zur kritischen Revision des von ihr entwickelten Produkts.

Zur Dialektik von Exklusion und Inklusion

Zur kritischen Auseinandersetzung mit der Verwendung des Identitätsbegriffs in den Sozialwissenschaften eignen sich vor allem die Unterscheidungen der Luhmann'schen Systemtheorie. Luhmann argumentiert schon seit längerer Zeit in der Weise, dass der Anspruch auf individuelle Identität notwendigerweise in einem Steigerungsprozess endet, in dem die Differenz zu allen anderen hervorgehoben werden muss. In der Konsequenz heißt dies, dass Gesellschaft und Individuum sich wechselseitig nur noch als Umwelt begreifen können.

„Die moderne Gesellschaft ist durch Umstellung auf funktionale Differenzierung so komplex geworden, dass sie in sich selbst nicht mehr als Einheit repräsentiert werden kann. Sie hat weder eine Spitze, noch eine Mitte; sie hat nirgendwo einen Ort, an dem ihre Einheit zum Ausdruck kommen kann. Sie artikuliert ihre Einheit weder über eine Rangordnung der Schichten, noch über eine Herrschaftsordnung, noch über eine Lebensform (zum Beispiel die städtisch-politische der Griechen oder die Tugendfreundschaft der Stoiker), in der das Wesen des Menschen Gestalt gewinnt. Daran scheitern letztlich wohl alle Versuche, in einer kollektiven Identität Anhaltspunkte für individuelle Identitätsbildung zu gewinnen“ (Luhmann 1987, S. 131). Mit dieser radikalen Trennung argumentiert Luhmann auch gegen Versuche wie den von Habermas, in einem demokratischen Diskurs Übereinstimmungen zwischen Individuum und Gesellschaft auf den Grundlagen kommunikativer Vernunft erreichen zu wollen (Habermas 1974).

Der Differenzierungsprozess der modernen Gesellschaft endet aber nicht in einer unüberschaubaren Komplexität. Luhmann hebt später hervor, dass jede Gesellschaftsanalyse eines Begriffspaars bedarf, nämlich der Differenzierung und der Integration. Beide werden dann vielfältig variiert (Luhmann 1994).

In den Begriffen der Systemtheorie schließt ein System eine Umwelt aus; dies ist die notwendige Implikation jeder begrifflichen Operation. Das Verhältnis von Inklusion/Exklusion wird deshalb zum zentralen Thema der Betrachtung von Differenzierung, auch in der Gesellschaft. Der Wandel von der segmentären über die stratifizierte bis hin zur funktional differenzierten Gesellschaft bildet spezifische Wahrnehmungsprioritäten aus, auch in der Wissenschaft: „Mit den Modi der Inklusion beschreibt die Gesellschaft das, was sie als Teilnahmebedingungen setzt beziehungsweise als Teilnahmechance in Aussicht stellt. Exklusion ist demgegenüber das, was unmarkiert bleibt, wenn diese Bedingungen beziehungsweise Chancen formuliert werden. Sie ergibt sich gleichsam aus der Operation der Selbstbeschreibung als Nebeneffekt – so wie jede Fixierung einer Identität etwas außer Acht lässt, was nicht dazugehört. Die Innenseite dieser Form, die Inklusion, findet bevorzugte Beachtung. Hier hat man mit Veränderungen zu rechnen und deren Relevanz zu prüfen. Daher wird in der soziologischen Literatur zunächst auch nur für Inklusion ein Begriff bereitgestellt. Exklusion folgt wie ein logischer Schatten, und es bedarf einer besonderen Anstrengung, die Beobachtung über die Grenze von Inklusion hinweg auf Exklusion zu richten.“ (Luhmann 1994, S. 43)

Jede Rede über kollektive Identität ist also eine Rede über Exklusion; mit dieser Kategorie tut sich das pädagogische Denken aber grundsätzlich schwer. Denn sie kann seit Entstehung der modernen Pädagogik als Kind der Aufklärung nicht mehr begründet die Unterordnung unter einen bestimmten Traditionszusammenhang verlangen, wenn dieser andere ausschließt. Die Entfaltung individueller Menschlichkeit scheint ihr nur noch möglich in Korrespondenz mit der allgemeinen Vorstellung der Menschheit als ganzer.

Identität, Migration und Jugend

Die Problematik der diffusen Verwendung macht den Identitätsbegriff nicht gänzlich überflüssig. Fasst man ihn weiterhin als einen sozialpsychologischen Begriff auf, so lassen sich mit ihm Gegensätze erfassen, die in besonderer Weise die Lebenssituation von Migrantenjugendlichen kennzeichnen.

Identität entsteht (1.) nicht nur aus der Bearbeitung der inneren, sondern ebenso der äußeren Natur. Sie entwickelt sich in der Auseinandersetzung mit der außerhalb des Selbst existierenden Realität und mit der Innenwelt zugleich.

Identität heißt (2.) Übereinstimmung und Differenz, Identität und Nicht-Identität zugleich; denn nur indem sich das Ich als Gegensatz zum Nicht-Ich erfährt, kann es sich als Ich begreifen, das sich durch ein Nein konstituiert.

Identität bildet sich (3.) als ein Subjektives und Objektives zugleich, als etwas, was sich aus sich heraussetzt, nur sich selbst verfügbar bleibt und doch gleichzeitig sich über die Bedingungen der materiellen Realität nicht hinwegsetzen kann. Identität heißt hier: Bewusstsein seiner selbst zu sein und die Objektivität der Lebenslage nicht verdrängen zu müssen.

Identität umschließt (4.) Vergangenes und Gegenwärtiges, die eigene Lebensgeschichte wie die Realität der Gegenwart, die durch nichts Zukünftiges ersetzt werden kann. Der Anspruch auf den Genuss des Augenblicks muss sich durchsetzen gegen bloß nostalgische Reminiszenz und würde zugleich sinnlos ohne kritische Erinnerung und Offenhalten von Zukunft.

Identität wird schließlich die individuelle Besonderheit und Einmaligkeit bei gleichzeitiger Übereinstimmung mit anderen in gemeinsamer Sozialität genannt. Indem man die Zumutungen der sozialen Erwartungen annimmt, schafft man die Voraussetzung für Anerkennung; zugleich gewinnt man diese nur dadurch, dass man sich in der Konformität als selbstbestimmt Handelnder zu erkennen geben kann. Identität ergibt sich aus der Übereinstimmung mit einem Kollektiv und seiner Kultur und aus der individuellen kreativen Transformation dieser Kultur.

Identität entsteht im Lebenslauf einer Person. Mit der Geburt wird ein objektiver Leib gesetzt, an den alle Deutungen gebunden sind und auf den sie sich beziehen; zunächst in der Äußerung der Bedürfnisse, dann überlagert durch den Niederschlag der sozialen Beziehungen. Die Erfahrungen aus allen sozialen Beziehungen lagern sich an und können als „Orte der Identität" erinnert werden. Dies ist für die kritischen Phasen des Lebens, in denen man sich und seine Situation als problematisch erfährt, bedeutsam: Die gelungenen Ereignisse werden als Stabilisierung erlebt, die misslungenen Beziehungen belagern als Belastung das Gedächtnis. (Deshalb ist gerade für Migranten, die oft die Sorge um die Zukunft ihrer Kinder umtreibt, nichts wichtiger, als deren Gegenwart im Auge zu behalten und ihre Zukunft durch den glücklich erfüllten Augenblick zu gewinnen.)

Während Identität durch Kontinuität an die Vergangenheit gebunden bleibt, würde sie freilich verkümmern ohne Diskontinuität, ohne Veränderung durch neue Aufgaben, krisenhafte Transformation und Übernahme fremder Kulturen.

Migration ist so gesehen – im Blick auf die Identität des Lebenslaufs – zunächst eine Chance zum Wachstum, eine Bereicherung durch neue Erfahrungen, eine Ausweitung der Identität. Im Bild des welterfahrenen Reisenden, des gebildeten Kosmopoliten und selbstbewussten Weltbürgers sind diese Chancen der Migration konkretisiert. Wie immer diese verlaufen möge, enthält sie stets auch Elemente dieser Erfahrungen, partizipiert der Migrant am Ideal der gelungenen Wanderung. Doch gibt es auf Dauer keine Anerkennung ohne Erfolg, die Entbehrungen der Auswanderung wollen mit den Segnungen einer erfolgreichen Rückkehr oder der Nützlichkeit des Verbleibens in der Fremde bilanziert werden. Wenn sich hierbei keine Balance einstellt, wird es kritisch; kann die Krise nicht auflöst werden, gerät auch Identität unter Druck.

Die Wanderungen der Gegenwart sind Arbeitsmigration; wenn der zentrale Zweck der Migration, die Arbeitsaufnahme, vorenthalten wird, ist die Krise unausweichlich. Für Migrantenjugendliche bedeutet die Vorenthaltung der Arbeit auch die Vorenthaltung derjenigen sozialen Rolle, durch deren Übernahme und Ausgestaltung ihre Biographie ihren spezifischen Sinn erhalten soll. Insofern und deshalb leben ausländische und deutsche Jugendliche ohne Arbeit und ohne Ausbildung in einer Krise; ihr subjektives Empfinden bleibt mit der objektiven Krise der Arbeitsgesellschaft untrennbar verbunden. Wenn aber die – für die Zugehörigkeit zur modernen Gesellschaft zentrale – Rolle (es sind hier zunächst die männlichen Jugendlichen ins Auge gefasst) vorenthalten wird, welche Zugehörigkeiten können dann noch als identitätsstiftend wahrgenommen werden? Ob der Einzelne dies will oder nicht: die Zugehörigkeit zu Familie und/oder Freundschaftsgruppe hat den Ausfall der Zugehörigkeit zur Arbeitsgesellschaft zu kompensieren. Wie sollte aber ein Jugendlicher, dessen Status durch die Ablösung von der Familie definiert ist, durch Zugehörigkeit zur Familie erwachsen werden?

Die Partikularität der Familie kann keine über die Identität des Kindes hinausgehende, allgemein anerkannte Zugehörigkeit anbieten. In dieser Situation verspricht die Allgemeinheit nationaler Identifikationen einen Weg aus der Krise. Der Rückgriff auf nationalistische Orientierungen verspricht im Wortsinn Halt und die Sicherheit der Zugehörigkeit. Dass die nationale Identifikation eine falsche Allgemeinheit repräsentiert, erfahren diejenigen, die am meisten auf den Glauben an ihre Authentizität angewiesen sind, in der Regel erst dann, wenn sie dem „Vaterland" geopfert werden.

Für den arbeitslosen Jugendlichen in der Fremde verschärft sich die Krise allerdings notwendigerweise und in spezifischer Richtung: Die nationale Zugehörigkeit ist gerade die Quelle alltäglicher Diskriminierung, Anlass für Erniedrigungen und Kränkungen. Das „Aufnahmeland" gebraucht nämlich zur Regulierung seiner Krise die eingewanderten Minderheiten als Sündenböcke; wenn das „Aufnahmeland" seinen Bürgern schon keine Arbeit anbieten kann, dann wenigstens eine „nationale Identität" – und wenn diese seit der Aufklärung nur in falscher Allgemeinheit begründet werden kann, so kann sie doch durch konkrete Absetzung von anderen, als weniger wert definierten Nationalitäten veranschaulicht werden. Arbeitslosigkeit als Verweigerung von Zugehörigkeit spaltet nicht nur die Arbeitssuchenden und die Arbeitenden, sondern verdoppelt die Spaltung durch die Mobilisierung nationaler Ressentiments.

Für den ausländischen Jugendlichen beseitigt die Abwertung seiner nationalen Zugehörigkeit die letzten Gewissheiten. Worauf sich andere zur psychischen Stabilisierung wenigstens noch beziehen können, auch dies wird ihm zur Verleugnung angetragen. Die Identitätskrise scheint perfekt – und doch ist sie nicht total.

Die Erfahrung von Deprivation erzeugt auch Sensibilität – Gespür für authentische Beziehungen und Sinn für Allgemeinheit beanspruchende Argumente. Ausländische Jugendliche durchschauen politische Ideologien und nationalistische Propaganda; sie unterscheiden ernstgemeinte Beziehungsangebote von falschen Versprechungen jenseits nationaler Zugehörigkeiten. Solange die Krise als objektive nicht gelöst ist, ist doch Identitätsarbeit möglich, die die objektiven Belastungen nicht verdrängt, sondern an den Erkenntnissen aus der Auseinandersetzung mit ihnen anknüpft.

Für diese Auseinandersetzung kann man nicht genug verständige Eltern, Lehrer, Freunde und professionelle Helfer (solange sie nicht in erster Linie sich selbst helfen wollen) haben. Die Wiederaneignung der eigenen Kultur ist dann Bestandteil der Identitätssicherung; wenn man sich dieser Kultur nicht blind übereignet, sondern sie in eine subjektive Kultur transformiert und auf die Allgemeinheit der Menschenrechte hin bezieht, überwindet man zugleich die Borniertheit nationalistischer Traditionen. Dass dies gerade für Migrantenjugendliche keine abstrakten Hoffnungen sind, zeigen praktische Erfahrungen (Hamburger 1994) und empirische Untersuchungen (Esser/Friedrichs 1990; Schepker/Eberding 1996).

Migrantenjugendliche entwickeln ein differenziertes Selbstbild multipler Zugehörigkeiten. Sie pflegen eine individualisierte biographische Reflexion, in der Vergangenheit, Gegenwart und Zukunft in einen sinnhaften Zusammenhang gebracht werden. Sie entwickeln eine reflexiv distanzierbare Ethnizität, in der Zugehörigkeit kein blindes Schicksal mit fundamentalistischem Wiederholungszwang darstellt.

Sie haben ein differenziertes Gesellschaftsbild, lehnen ethnische Segmentation ab und befürworten konkrete Pluralismuskonzepte im Hinblick auf Religion und Lebensform. Demokratische Gleichheitspostulate und Diskriminierungskritik machen ihr politisches Bewusstsein aus. Sie sind Kinder einer modernen multikulturellen Gesellschaft, die nur unter Diskriminierung leiden, also unter den Verstößen gegen die Regeln der modernen Gesellschaft selbst.

Zweifellos haben diese Thesen den Charakter einer Apologetik, sie sollen einem verbreiteten Stereotyp entgegengestellt werden. Wenn aber gezeigt werden kann, dass die Vorenthaltung von Gleichberechtigung das zentrale Problem der Migrantenjugendlichen ausmacht, dann muss sich auch das Verständnis von interkultureller Erziehung ändern.

Identität, Gerechtigkeit und Erziehung

Die pädagogische Frage nach dem Sinn einer interkulturellen Erziehung greift den Identitätsbegriff unter normativen Aspekten wieder auf, und zwar unter dem Gesichtspunkt, woran man denn seine „Identität" orientieren könne. Die sozialpsychologisch-analytische Fassung des Identitätsbegriffs kann nämlich für die Diskussion dieser Frage nur die Kategorien zur Verfügung stellen.

In einem Essay zum Problem des ethischen Universalismus hat Oswald Schwemmer (1992) neben der Auseinandersetzung mit einem „abstrakten" Universalismus einen Gedankengang entwickelt, der hilfreich für die Klärung der grundlegenden Fragen einer interkulturellen Erziehung ist.

Den Ausgangspunkt der Überlegung bilden unsere konkreten Handlungen, sofern wir sie moralisch beurteilen wollen. Dabei geht es nicht um eine Herauslösung von Bewertungskriterien aus der jeweiligen Situation wie beim abstrakten Universalismus, sondern um Einbettung in den größeren Kontext unserer Biographie, der historisch bestimmten Existenz. Identität kann keine „Einpunkt"-Kategorie sein. Handlungen können nun zu uns gehören als Reflex, Reaktion oder funktionaler Ablauf in einem gesellschaftlichen Zusammenhang einschließlich der Vorurteile und Verhaltensweisen, die, wenn wir über sie nachdenken, uns nicht wichtig sind oder derer wir uns gar schämen.

Wenn wir aber als Subjekte unsere Identität darstellen wollen, dann geht es nicht nur um die Angemessenheit der einzelnen Handlung, sondern um die intentional begründbaren Anteile, von denen wir wollen, dass sie zu uns persönlich gehören. Die Individuation einer Handlung ist dabei Voraussetzung für eine moralische Beurteilung – Moralisierbarkeit setzt Zurechenbarkeit voraus.

Die individuelle Handlung, die unsere Identität ausdrücken kann, bleibt so eingebunden in den gesamten Individualisierungsprozess. Daraus fassen wir – wenn wir uns als ethisches Subjekt begreifen wollen – diejenigen Elemente ins Auge, bei denen es um Entscheidungen geht, „die es mit der Rechenschaft für unser Leben im Ganzen zu tun haben" (a.a.O., S. 15). Gleichzeitig sollen solche Werte zur Orientierung von Handlungen bestimmt werden, die „unbedingte" Geltung beanspruchen können.

In dieser Weise entstehen Identitäten immer in bestimmten Kulturen. Diesen ist zunächst die Abgrenzung, nicht der Universalismus eigen. In den

Mythen und partikularen Kulturen wird zuerst der Begriff dessen, was sich ziemt, entwickelt und in Symbolen konkretisiert. Ihre existenzsichernde Bedeutung zur Regulierung des alltäglichen Lebens verleiht ihnen dabei emotionale Energie und besetzt sie mit starken Gefühlen. Moral ist stabil in die individuelle und kollektive Identität eingebaut. Aber wie verhält es sich mit der Moral zwischen den Identitäten? Der Aufbau der Moral ist – und diesen Aspekt müssen wir jetzt hinzunehmen – nicht nur mit der Sicherung der je eigenen Identität verbunden, sondern muss Verstehenspotentiale für das Fremde mit aufbauen, soll die eigene Existenz auch im Wandel gesichert werden können. Wer nicht mehr Neues kennen lernen kann, sondern nur die Geschichten des eigenen Mythos immer wieder erzählt, d.h. sich abgrenzt, kann sich nicht mehr neuen Risiken der Umwelt stellen und sowohl selbstbestimmt als auch flexibel auf diese eingehen. Stete Selbstbezüglichkeit lässt das Selbst schrumpfen, nur die Anerkennung durch einen Anderen lässt es wachsen.

Wenn sich die Zuwendung zu dem als anders, fremd oder neu Wahrgenommenen nicht nur als koloniale Aneignung, als strategische Vereinnahmung gestalten soll, ist eine „Moral der Beziehungen zwischen den verschiedenen Lebensformen und Identitäten“ zu entwickeln, die einerseits deren Selbstbestimmung, andererseits aber auch den Austausch und die Zusammenarbeit sichert. Dazu sind zwei Operationen erforderlich:

Durch Verstehen lernen wir den Kosmos verschiedener Identitäten nachzuvollziehen; dabei kann sich eine übergreifende neue Identität zur alten hinzu bilden. Der Weg des Anerkennens ermöglicht gleichzeitig einen angemessenen Umgang mit dem Fremdbleibenden. Dessen dauernde Fremdheit kann toleriert werden, weil die „Interaktionsmoral“ seine Bedrohlichkeit aufhebt. Identität entsteht also auch durch die Fähigkeit, „sich kooperierend auf andere Orientierungen einzulassen“ (a.a.O., S. 20). Anerkennung bezieht sich dabei immer auf die faktische Autonomie der anderen, damit aber auch auf die Bedingungen von deren Möglichkeit. Deshalb findet die Anerkennung von Ungleichheit ihre Grenze dort, wo die Bedingungen für Autonomie verletzt werden. „Wo diese gefährdet sind, begründet die Anerkennung gerade der konkreten Pluralität eine allgemeine Verbindlichkeit, die auch den tätigen Eingriff, die Intervention mit einschließt“ (a.a.O., S. 20f.).

Diese Überlegung wiederum führt zu der Schlussfolgerung: „Die anerkennende Belassung des Fremden und Anderen kann nur mit der Herstellung und Erhaltung der gleichen und d.h. gerechten Bedingungen für die Entwicklung auch des Ungleichen ihr Ziel finden“ (a.a.O., S. 21). Wenn wir also für eine Moral, die sich auf das Verhältnis verschiedener Identitäten bezieht, Geltung beanspruchen wollen, muss sie sich auf Gerechtigkeit gründen – oder sie hat kein Fundament.

Die Diskussion über interkulturelles Lernen ist damit nicht abgeschlossen – im Gegenteil. Sie fängt jetzt neu an, indem die Vorstellung von Gerechtigkeit diskutiert und konkretisiert wird. Zugleich hat aber diese Diskussion eine neue Perspektive gewonnen: Es sollen nämlich gerechte gesellschaftliche Verhältnisse geschaffen werden, weil sie Voraussetzung für den interkulturellen Austausch zwischen Identitäten sind. Nicht die verschiedenen Kulturen und die in ihnen entwickelten Identitäten sind also „das Problem“, sondern der ungerechte Ausschluss von gesellschaftlicher Teilhabe. Über die Geltungsansprüche in konkret verschiedenen Kulturen kann man sich kommunikativ verständigen, nicht jedoch über die Vorenthaltung von Gleichberechtigung, über Dominanz und Diskriminierung.

In der erfahrenen Abwertung und Ablehnung haben die Identitätsprobleme von Migrantenjugendlichen ihre Ursache, nicht in der kulturellen Differenz. Das Recht auf Differenz und Partikularität lässt sich nur universalistisch begründen. Die in diesen Begründungen enthaltenen Geltungsansprüche verpflichten pädagogisches Denken auf Allgemeinheit, wie sie der Bildungsbegriff entwickelt hat. Dieser hebt den der Identität auf.

2.2 Der Kampf um Bildung und Erfolg

Die Kinder der Migranten sind wieder einmal ins Gerede gekommen. PISA I und II haben übereinstimmend gezeigt, dass ihre Bildungsbenachteiligung deutlich ausgeprägt ist und ihr relativer Schulmisserfolg über einen längeren Zeitraum hinweg stabil bleibt. Die Schulbesuchs- und Abschlussstatistiken der Kultusministerkonferenz haben diese Befunde schon seit 30 Jahren dokumentiert; eine ernsthafte politisch-öffentliche Reaktion ist, von Ausnahmen abgesehen, ausgeblieben.

Mit den PISA-Vergleichsstudien ist eine neue Lage entstanden: Die schlechte internationale Positionierung des deutschen Schulwesens erzeugt einen Legitimationsdruck erheblichen Ausmaßes, die Schuldigen für das Versagen des Systems müssen gesucht und gefunden werden. Die politisch und wissenschaftlich Verantwortlichen wissen um diesen Mechanismus, sie sorgen, soweit sie können, vor und vermeiden schuldzuweisende Interpretationen. Das bedeutet nicht, dass nicht in den nicht-formalen und nicht-offiziellen Kommunikationen die „Kinder mit Migrationshintergrund“ nicht nur für ihr eigenes Versagen, sondern auch für den Rückstand des Systems verantwortlich gemacht würden. Die Spaltung der Thematisierung von „Schule und Migration“ in eine öffentliche und nicht-öffentliche Kommunikation ist der zentrale Mechanismus, wie eine ethnozentrische Gesellschaft die ernsthafte Gefährdung ihres Selbstbildes abwehrt. Die weit verbreitete Überlegung, wie „Deutschland“ abschneiden würde, wenn die Kinder mit Migrationshintergrund „herausgerechnet“ würden, ist ein zentrales Deutungsmuster, das entgegen vielen wissenschaftlichen Hinweisen und Differenzierungen die Struktur der Abwehr bestimmt.

Dies ist auch nicht erstaunlich, denn jeder Vergleich der Leistungen nationaler Systeme ermöglicht nur die Zurechnung auf ein als Nation bestimmtes Kollektiv und fördert per se nationale Identifikationen – denn Lehrer, Eltern und Schüler in Deutschland können sich nur diesem Kollektiv zurechnen. Weil PISA ein Vergleich zwischen Nationalstaaten ist, produziert die Kommunikation über PISA notwendigerweise Zurechnungen, auch wenn sie unangenehm sind. Abgemildert werden können die Zurechnungen nur dadurch, dass Sündenböcke gefunden werden. Das Entlastungsmuster „Wenn die Migranten nicht wären oder den Lernfortschritt in den Schulen nicht behindern würden ...“ aktualisiert in Deutschland ein Strukturmerkmal einer fünfzigjährigen Verdrängung von Einwanderungsprozessen: die Behauptung der Nicht-Zugehörigkeit. Nach wie vor werden in Deutschland viele Kinder geboren, die nicht in ihrer „Heimat“ leben und möglicherweise ihr Leben abschließen, ohne ihre „Heimat“ mehr als im Urlaub gesehen zu haben. Die zuordnende und ausschließende Frage „Woher kommst Du denn – wirklich?“ ist die bekannteste Form der vielfältigen Verästelungen in der alltäglichen Kommunikation, in denen sich die Abwehr der Fremden institutionalisiert hat.

Struktur des Feldes

Wie immer die kommunikativen Netze der alltäglichen Interaktionen bezeichnet werden: als Strukturen der Lebenswelt, als Mechanismen des Alltagsbewusstseins, als Ebene des gesellschaftlichen Diskurses, als Konglomerat von privaten, sozialen und öffentlichen Informationen und Meinungen, als Wissen, in dem sich das Gesellschaftsbild reproduziert – in sie sind die gesellschaftlichen Institutionen eingelassen. Moderne Systeme entfalten ihre allgemeine Rationalität in enger Verbundenheit mit der Totalität persönlich-gesellschaftlicher Überzeugungen. Gerade die Schule als Institution realisiert und konkretisiert ihre nur in der Abstraktion als „rein“ bestehenden Funktionen in einem Rhizom von Meinungen der Beteiligten und Betroffenen.

In Meinungsumfragen und Medienanalysen lassen sich dieselben Muster identifizieren, die fester Bestandteil des gesellschaftlichen Wissens sind. Beispielsweise: Stadtteile mit hohem Ausländeranteil sind Problemstadtteile, Schulen mit vielen Migrantenkindern sind schwierig, Ausländerkinder in der Klasse hemmen den Lernfortschritt der deutschen Kinder usw. Die harten Vorurteile werden von denen, die über entsprechende Ressourcen verfügen, in das konkrete Handlungsmuster der Schulflucht und der Beschulung in Privatschulen (in vielen europäischen Ländern noch wesentlich umfangreicher ausgeprägt als in Deutschland) umgesetzt. Die modernen Organisationen wie der Kindergarten, die Schule, die Ausbildung, die Jugendhilfe sind, bevor sie und während sie ihre formale, modern-sachliche und universalistisch orientierte Logik entfalten, vermittelt durch alle handelnden Personen hindurch, deren lebensweltliche Komplexität das eindimensionale

Prozessieren der Systeme umfängt. Die Einrichtungen der Gesellschaft bilden zusammen mit dem gesellschaftlichen Diskurs ein Feld der Spannungen und Kräfteverhältnisse. Wenn man dabei das Individuum und seine Handlungen im Auge hat, wird man eher den Feldbegriff von Kurt Lewin verwenden; auf die sozialen Kämpfe richtet sich die Aufmerksamkeit von Pierre Bourdieu, wenn er den Feldbegriff verwendet und eine „kleine, relativ autonome soziale Welt" aus der „großen sozialen Welt" ausschneidet (Bourdieu 2001, S. 41). Bei Lewin dagegen enthält das „psychologische Feld" alle Tatsachen, „wie etwa die Bedürfnisse der handelnden Person, die Ziele und Wünsche des Individuums; die Art und Weise, wie das Individuum Vergangenheit und Zukunft sieht; die Art und die Lage von Schwierigkeiten; ferner die Gruppen, zu denen das Individuum gehört; seine Freunde und seine eigene Position unter ihnen. Das Feld ist demnach kein ‚abstraktes' Bezugssystem [...]. Vielmehr repräsentiert es eine Vielzahl von Bereichen, die alle zur gleichen Zeit existieren und die untereinander in Wechselwirkung stehen" (Lewin 1982, S. 25; Zitat Lewin in der Einführung von C.-F. Graumann). Komplementär zur Feldbeschreibung eines Beobachters bezeichnet Lewin das psychologische Feld des Individuums als seinen „Lebensraum" (Person und Umwelt). Mit diesem Feldbegriff ist eine komplexere Analyse möglich, als sie in den reduktionistischen Modellen des Kulturalismus üblich ist.

Im Zusammenhang von Bildung und Migration sind zwei Strukturelemente des Feldes von besonderer Bedeutung: Die Differenz von „Einheimischen und Zugewanderten", „Deutschen und Ausländern" – bei der es sich ja gerade nicht um eine rational-konsistente Unterscheidung, sondern um eine diffuse, häufig empirisch falsche, also ideologische Unterscheidung handelt – wird umgedeutet in einen Unterschied, der Ungleichheit konstituiert. Im Alltagsbewusstsein sind die einen berechtigt, „hier" zu sein, und die anderen nicht oder nur mit einer eingeschränkten Berechtigung. Wenn es dann tatsächlich möglich ist (Januar 2005), einen eingebürgerten Ausländer, der ja zwischenzeitlich Inländer mit allen Rechten des Staatsbürgers war, wieder auszubürgern wegen seiner politischen Auffassung, dann wird diese Ungleichheit – auch rechtlich unhintergehbar – manifestiert. Der Kampf um Berechtigungen, für den die Schule das Feld eröffnet, ist durch die Ungleichheit im Zugang zum Kampffeld strukturiert.

Exemplarisch lässt sich dies an der Thematisierung der Sprachbeherrschung zeigen. Unabhängig davon, ob es gesichertes Wissen über die Beherrschung der deutschen Sprache bei Migranten und Nicht-Migranten gibt, bringt die Rede von den unzureichenden Sprachkenntnissen der Migranten, zum Beispiel bei der Einschulung, einen unveränderlichen Topos zum Ausdruck. Dieser Topos ist gegen empirische Differenzierung immunisiert, weil er vor allem die Ungleichheit der Berechtigungen gegen Veränderungen resistent macht: Die Einen haben das Recht, über die Kompetenz der Anderen evaluative Feststellungen zu treffen, und die Anderen müssen prinzipiell nachweisen, dass dies nicht der Fall ist. Es geht nicht um Sprache, sondern um Unterwerfung. Auch die Therapieresistenz des Schulwesens gegen ernsthafte Zweisprachigkeit, die der Muttersprache im Hinblick auf ein Individuum den gleichen Status wie dem Deutschen zuweist, lässt sich nur so interpretieren.

Das zweite Strukturelement bildet ebenfalls vielfältige Alltagserfahrungen ab und wird in qualitativen Studien ans Licht gebracht. Die Migrantenkinder und -jugendlichen sind daran interessiert, dass die Schule ihre „kalte" Funktionalität und Modernität als universalistische Rationalität entfaltet, weil sie nur dann eine Chance auf Schulerfolg haben. Insofern im Umkreis von Schule der Multikulturalismus „gescheitert" sein sollte, so liegt dies daran, dass die Versuche von Migranten, bei Basaren und Projekten, Schulfeiern und Stadtteilfesten durch bunte Kleider, exotische Tänze und kulinarische Spezialitäten ihre lebensweltliche Kultur den Einheimischen zu öffnen und näherzubringen, als Inszenierung goutiert wurden, aber die lebensweltliche Distanz nur verfestigt haben. Das Wissen der Einen über die Verschiedenheit der Anderen wurde empirisch, durch eigene Anschauung, stabilisiert. Mehr nicht. Das ist immer noch das Elend der Interkulturellen Pädagogik. Migranten, und insbesondere die im Dialog engagierten, haben diese Erfahrungen verarbeitet und reflektiert, und sie sind deshalb müde geworden, sich selbst darstellen zu müssen – ein effektives Feedback für den Sprachbeherrschungsdiskurs.

Im Schulalltag wird dieser Mechanismus thematisiert in den Klagen von engagierten Lehrkräften, dass sich gegenüber ihren entgegenkommenden Haltungen und Handlungen die Migrantenjugendlichen zurücknehmen und auf strikter unpersönlicher Behandlung als Erbringer einer Leistung bestehen. Bildungsmotivierte und -erfolgreiche Migranten brauchen die universalistische Gleichbehandlung von Leistungen in der Schule – frei von lebensweltlichen „Eintrübungen" –, weil sie die persönliche Zuwendung zu oft als Übergriff in die eigene Lebenswelt erfahren haben.

Dieser Mechanismus ist nicht total und überall gleichermaßen verbreitet, aber er stellt den *Mainstream* in der gegenwärtigen Phase der gesellschaftlichen Reaktionen auf Einwanderung in Deutschland dar. Wenn die Migrantenjugendlichen erfolgreich sind, dann haben sie ganz stabil gelernt, welches Muster, nämlich das funktional-moderne, die Wahrnehmung der eigenen Interessen sichern kann und dass für die persönlich bedeutsamen Fragen ein privatisierter, „ethnisch unkomplizierter" Lebensraum hilfreich ist. Dies muss gerade nicht ein ethnisch geschlossener Lebensraum sein, aber einer, in dem kulturelle Heterogenität nicht permanent zum Problem stilisiert wird.

Bildung in der Wissensgesellschaft

Von „Bildung“ wird schon immer ganz unterschiedlich gesprochen; die verschiedenen Weisen des Redens über Bildung können hier nicht dargestellt werden. Wichtig ist aber die Unterscheidung einer „Mikroperspektive“, in der Selbstbildungsprozesse von Individuen in den Blick geraten, von einer „Makroperspektive“, die Lern-, Wissens- und Selektionssysteme betrachtet.

In der gegenwärtigen Gesellschaftsformation ist Bildung zum zentralen Bestimmungsfaktor sozialen Lebens geworden. Diese Gesellschaftsformation wird häufig als „Wissensgesellschaft“ bezeichnet – im Unterschied zur Industrie- und zur Informationsgesellschaft, in der die industrielle Produktion im Zentrum der gesellschaftlichen Tätigkeit stand und die Lebenschancen der Menschen in hohem Maße von ihrer Position in der industriegesellschaftlichen Ordnung abhingen. Der im Grunde immer schon wichtige Bildungsstatus wird heute noch wichtiger und das Bildungssystem immer bedeutsamer für die gesellschaftliche Allokation, die Zuweisung sozialer Chancen.

In der Wissensgesellschaft bewegen sich die Menschen in einem globalisierten Markt, der nicht von individuellen Akteuren, sondern von abstrakten Systemprinzipien gesteuert wird. Die einzelnen Staaten haben an Bedeutung verloren, weil sie den ökonomischen Kreislauf nicht mehr im gleichen Ausmaß steuern können wie unter den einstmals nationalstaatlichen Ordnungen der Industriegesellschaft.

Auch die privaten Lebenswelten des Einzelnen oder der Gruppe entziehen sich gewissermaßen der Gesellschaft. Sie immunisieren sich gegen gesellschaftliche Interventionen und koppeln sich von sozialen Zwängen und Bedingungen ab. Die Pluralität von privaten Lebensformen nimmt zu, formelle öffentliche soziale Kontrolle reicht weniger in diese Lebenswelten hinein und nur gelegentlich – wenn in öffentlichen Institutionen Soziale Probleme zutage treten – werden Mechanismen der direkten Kontrolle wirksam. Gleichzeitig sind die Medien zum normativen Steuerungszentrum geworden, Kontrolle wird über höchst unsichtbare Prozeduren institutionalisiert und wirkt deshalb umso stärker.

Vereinzelte Privatheit, reduzierter Staat und globalisierter Markt stehen in einem Dreiecksverhältnis, in dessen Zentrum das Bildungssystem die entscheidende Zuweisungs- und Vermittlungsfunktion übernommen hat. Die einzelnen sozialen Milieus, in denen sich die Menschen bewegen, organisieren sich in Relation zum Bildungssystem. Die gewachsene Pluralität der Wissensgesellschaft bringt es mit sich, dass diese Milieus immer mehr *nebeneinander* existieren. Die heute wahrgenommenen neuen Milieus von Migrantengruppen sind insofern nur ein besonderer Ausdruck dessen, was sich als allgemeines gesellschaftliches Strukturmerkmal durchgesetzt hat.

In diesem System der Wissensgesellschaft, das einer Aussage „Bildung macht reich“ Sinn verleiht, soll nun das Feld genauer betrachtet werden, in dem die Sozialisation von Kindern und Jugendlichen stattfindet.

Besondere Bedeutung für das Aufwachsen von Kindern und Jugendlichen hat zunächst der private Lebenszusammenhang, die Familie. Mit dem Älterwerden von Kindern kommen neue Lebenswelten hinzu, die autonom organisiert sind, wie beispielsweise Freundschaftsgruppen. Dieser Dimension autonom organisierten Lebens stehen öffentlich verantwortete Sozialisationsbereiche gegenüber wie die Kindertagesstätte, der Kindergarten, danach vor allem die Schule – später die Jugendhilfe in jenen Fällen, in denen zusätzliche öffentlich verantwortete Angebote für Kinder und Jugendliche bereitgestellt werden müssen. In der Jugendphase ist die Ausbildung im Betrieb schließlich die zentrale Vermittlungsinstanz zwischen Individuum und Gesellschaft.

Bildung, Ausbildung oder Studium sollen die Integration des Individuums in die Wissensgesellschaft in einer Weise gewährleisten, dass die Bedürfnisse des Einzelnen nach Zugehörigkeit wie auch gleichzeitig der gesellschaftliche Bedarf nach qualifizierten Arbeitskräften und nach demokratiebewussten Bürgern erfüllt werden können. Immer dann, wenn dieses Verhältnis zwischen den Bedürfnissen des Einzelnen und dem Bedarf der Gesellschaft aus dem Gleichgewicht kommt, werden Soziale Probleme definiert, die durch neue Institutionen, Interventionen, Anstrengungen und Veränderungen bewältigt werden sollen.

Bezogen auf die Situation von Migrantenkindern gibt es in diesem Zusammenhang zwei Diskussionsstränge. Der erste Diskussionsstrang hebt darauf ab, dass sich die Familien und unmittelbaren Lebenswelten der Kinder und Jugendlichen auf Integrationsanforderungen einzustellen haben. Daher wird vor allem von den Eltern ein verändertes Verhalten, Orientierung an der deutschen Gesellschaft und zielstrebige Integration der Kinder in diese Gesellschaft verlangt. Die Ursachen für das soziale Problem eines geringen Bildungsstatus ausländischer Kinder werden in den Familien verortet.

Der andere Diskussionsstrang betont die Verantwortung der Bildungs- und Sozialisationsinstitutionen und fokussiert auf dort wirkende Mechanismen, die dafür verantwortlich seien, dass Kinder und Jugendliche mit Migrationshintergrund nicht den gleichen Bildungserfolg erreichen wie einheimische Kinder.

Privat organisierte und öffentlich verantwortete Lebenswelt greifen also in dem hier betrachteten Feld ineinander. Akteure sind die Familie und die selbst definierten Zusammenschlüsse. Die Einrichtungen der Daseinsvorsorge bzw. des Bildungssystems werden in ihrer zeitlichen Dimension betrachtet; in dieser Perspektive kann die gesamte Zeitspanne von der Kindheit bis zum Erwachsenenalter erfasst werden. Neben der „kulturellen“ Dimension verschiedener Sprachen, Traditionen und Staatsangehörigkeiten wird die Struktur der sozialen Ungleichheit zu berücksichtigen sein. Denn

Bildung unter den Bedingungen der Armut ist das Schicksal der Migranten – zumindest eines erheblichen Teils von ihnen.

Normative Überlegungen

Hierbei kommt es ganz wesentlich darauf an, das Kind bzw. den Jugendlichen in den Mittelpunkt der Betrachtung zu stellen. Erforderlich ist also ein genuin pädagogischer Zugang, der danach fragt, wie die gesellschaftlichen Anforderungen umgeformt werden müssen, damit Kinder und Jugendliche sich diese aneignen und in der Auseinandersetzung mit ihnen ihren eigenen Weg finden können. Eine pädagogische Betrachtungsweise wird dabei auch von der Erfahrung bestimmt, dass die Zukunft nicht auf Kosten der Gegenwart gewonnen werden kann, weil diese Zukunft nicht (in der versprochenen Art) erreicht wird, wenn das, was der Zukunft wegen bzw. *nur* der Zukunft wegen getan wird, in der Gegenwart keine Entsprechung hat. Denn Zukunftsorientierung baut immer auf einer sinnerfüllten Gegenwart auf.

Eine pädagogische Akzentuierung hebt auch hervor, dass Kinder in ihrer Gegenwart erleben und erfahren müssen, dass sie um ihrer selbst willen angenommen und nicht als Instrument für gesellschaftliche Zielvorstellungen eingesetzt werden. Bildung ist möglich, wenn sie auf der Unterstützung und pädagogischen Zuwendung zum Kind beruht. Wenn Bildung allerdings darauf reduziert wird, gesellschaftliche Bedarfe zu definieren und die Individuen lediglich auf ihre Funktionserfüllung gegenüber diesen gesellschaftlichen Bedarfen auszurichten, dann können Kinder und Jugendliche ihre subjektive Orientierung nur *gegen* die Gesellschaft realisieren. Wenn Kinder und Jugendliche lediglich unter dem Gesichtspunkt der von ihnen künftig zu erfüllenden Qualifikationsanforderungen betrachtet werden, dann sehen sie keinen subjektiven Sinn darin, sich Bildungsanstrengungen zu unterwerfen, und verhalten sich instrumentell. Sie lernen, was unbedingt notwendig ist, und sie lernen, dass es im Leben genau darauf ankommt.

In der Auseinandersetzung mit den Anforderungen, die Kinder und Jugendliche – und gerade Kinder und Jugendliche mit Migrationshintergrund – tagtäglich erfahren, bilden sie ihre Vorstellung von der Gesellschaft und von sich selbst aus. Auf einer konkreteren Ebene wird das Bild, das sich Kinder und Jugendliche von sich und der Gesellschaft aneignen, durch die Personen geprägt, die sie im alltäglichen Leben erfahren, in erster Linie in ihrer Familie, dann vor allem durch Erzieher und Erzieherinnen, Lehrer und Lehrerinnen, von denen sie in Kindergarten und Schule entweder als Individuum wie alle anderen Individuen akzeptiert oder als etwas Besonderes behandelt werden, obwohl sie gar nichts Besonderes sein wollen. Die Gewissheit, einen anerkannten Platz in der Gesellschaft zu haben, hängt wesentlich von der Erfahrung ab, in der Welt einen selbstverständlichen Platz einnehmen zu können und zu dieser sozialen Welt zu gehören *wie alle anderen Kinder* auch.

Bei Jugendlichen entscheidet zunächst der formelle Bildungsabschluss darüber, welche Linien sozialer Zugehörigkeit für das Erwachsenenleben angelegt werden. Der Bildungsabschluss ist der maßgebliche Faktor für die Systemintegration: für die Integration in das System der weiterführenden Bildung und später in das Berufssystem der Gesellschaft.

Die Gruppe der Gleichaltrigen hat für den Jugendlichen eine besondere Bedeutung, weil nur in ihr die Erfahrung der Anerkennung durch Gleiche gemacht werden kann. Die Erfahrungen in der Gruppe Gleichaltriger sind paradigmatisch für die Sozialintegration in einer demokratischen Gesellschaft, in der es darauf ankommt, dass alle die gleichen Rechte und Pflichten haben und alle die gleiche Anerkennung genießen können.

Nur wenn beide Integrationsprozesse gelingen – die Integration in die Systeme und die soziale Integration in die Lebenswelt der unmittelbaren Beziehungen –, kann der Jugendliche eine Identität entwickeln, die es ihm ermöglicht, die Verschränkung von Sozial- und Systemintegration für sich selbst zu gestalten. Für Migranten stellt sich dabei die zugespitzte Aufgabe, Differenz und Ungleichheit in einer konkreten Erfahrungsform miteinander vermitteln zu müssen. Wenn sie sich als auferlegte Alterität und Armut ausprägen, werden erträgliche Balancierungen der Widersprüche unwahrscheinlich.

Gerade das Jugendalter wird von der ständigen Anforderung begleitet, bestimmte Entwicklungsaufgaben zu bewältigen, die sich im Spannungsfeld von System- und Sozialintegration bewegen. Erfolgt die Integration nur im Hinblick auf eine der beiden Dimensionen, können die individuellen Synthesen aus dem Nebeneinander von System und sozialen Beziehungen nicht oder nur begrenzt hergestellt werden. Damit die Entwicklungsaufgaben in ihren beiden Dimensionen bewältigt werden können, müssen sich Schule, Jugendhilfe und betriebliche Ausbildung in dieser Phase daran orientieren, wie sie die Jugendlichen in dieser Hinsicht unterstützen können. Dies ist ein bedeutsames Kriterium für alle Bildungsprozesse in dieser Altersphase.

Auch für den Erwachsenen lässt sich die gleichzeitige Realisierung von System- und Sozialintegration als Form gelingenden Lebens definieren. Die Systemintegration im Beruf und in den demokratischen Institutionen des modernen Staates, die Teilhabe an allen wesentlichen Gütern der modernen Gesellschaft und die Realisierung von sozialen Rechten durch Inklusion in das demokratische Gemeinwesen sind die Grundlage für alle weiteren Prozesse. Bildungszertifikate und Berechtigungen bilden spezifische Voraussetzungen der Systemintegration. Gleichzeitig muss die Sozialintegration ein ganzes Leben lang gesichert werden, das bedeutet, über soziales Kapital zu verfügen, Solidarität genießen zu können und in jene Gruppen der Gesellschaft integriert zu sein, die einem wichtig sind.

Die gelingende Balance von Sozialintegration und Systemintegration ermöglicht die „Integrität" des Erwachsenen, die sich darin zeigt, dass er eine selbstständige Lebensführungskompetenz erworben hat, seine Zugehörigkeiten reflektieren und akzeptieren kann und sich aufgrund dieser Zugehörigkeiten für das Gemeinwesen einsetzt.

Migrationsbedingungen

Seit 30 Jahren beobachten wir in Deutschland eine zunehmende Verfestigung des Aufenthaltsstatus von Migrantenfamilien, die sich also dauerhaft für einen Lebensmittelpunkt in Deutschland entschieden haben und in der Generationenfolge hier leben. Sie gehören auch dann zur Wohnbevölkerung, wenn sie im rechtlichen Sinne noch nicht eingebürgert sind. Gleichzeitig lässt sich beobachten, dass Migration ein permanentes Geschehen ist und Einzelpersonen sowie Familien ihren Lebensmittelpunkt auch wieder ändern, zurückwandern oder in andere Länder der Welt weiterwandern. Es gibt also zwei parallele, allerdings gegensätzliche Tendenzen, dass nämlich Migrationsprozesse zum Stillstand kommen und sich gleichzeitig Migrationsprozesse dauerhaft fortsetzen. Da nicht nur Einzelpersonen, sondern ebenso Familien weiterwandern oder in das Heimatland zurückkehren, betrifft dieses Phänomen auch Kinder.

Ohne berechenbare Zukunft, ohne die Sicherheit, den Aufenthaltsort selbst bestimmen zu können, ist keine vernünftige Bildungspolitik für ausländische Kinder und Jugendliche möglich. Familien sind nur dann zu einer klaren Zukunftsplanung in der Lage, wenn sie selbst über ihre Zukunft entscheiden können, d.h. Rechtsverhältnisse vorfinden, die ihnen diese Entscheidung ermöglichen. Wer es also ernst meint mit der Bildungsförderung für ausländische Kinder und Jugendliche – um ihrer selbst willen und um der Zukunft der Gesellschaft willen –, der muss eine Einwanderungspolitik betreiben, bei der Ausländer nicht mehr als bürgerliches Schreckbild für Wahlkämpfe instrumentalisiert werden, sondern die Gewährleistung von bürgerlichen Rechten im Vordergrund steht.

Eine zweiter Umstand ist von Bedeutung: die Differenzierung von Migration. Wenn von *der* ausländischen Familie die Rede ist, ist dies eine sehr starke Abstraktion. Ausländische Familien sind unterschiedlich; für sie gelten ähnliche Differenzierungen wie für andere Familien. Im 6. Familienbericht der Bundesregierung ist diese Differenzierung, bezogen auf die letzten 30 Jahre, analysiert worden. Je nach Einwanderungszeitpunkt, je nach Alter der Eltern bei der Einwanderung und je nach Situation der Familie in jenem Moment haben sehr unterschiedliche Konstellationen zu unterschiedlichen Familienformen und Familiengeschichten geführt.

Schließlich ist die Rede von *der* ausländischen Familie missverständlich und irreführend, wenn mit dieser Begrifflichkeit ein grundsätzlicher Unterschied zwischen „der ausländischen" und „der inländischen" Familie suggeriert wird. Der 6. Familienbericht der Bundesregierung hat anhand von zahlreichen Daten und Erläuterungen Korrekturen des vorherrschenden

Bildes vorgenommen. Es kommt beispielsweise nicht darauf an, aus welcher Nation man stammt oder ob man zu den In- oder Ausländern gehört, sondern vielmehr auf die Bedeutung, die Kinder und Familien im Gesamt einer Gesellschaftsordnung haben. Die Migration vor allem verändert Familien und die Art, wie die Integration in moderne Gesellschaften hinein oder aus ihnen heraus strukturiert werden kann.

Soziale Bedingungen der Bildung

Für die Bildungschancen von Kindern ist – gerade in Deutschland – die Position der Eltern in der Einkommens- und Prestigeordnung der Gesellschaft von ausschlaggebender Relevanz. Das öffentlich verantwortete Bildungssystem ist nicht in der Lage, die Ungleichheit der familialen Voraussetzungen aufzuheben und im Sinne eines demokratischen Gemeinwesens annähernd gleiche Bildungschancen zu sichern. Wenn man also die Bedeutung der „Familie" für die Bildungschancen von Kindern beurteilen will, muss man die „Klassenlage" der Familie betrachten.

Die ökonomische Lage von ausländischen Familien unterscheidet sich im Durchschnitt deutlich von der anderer Familien. Ausländische Ehepaare sind unter den Ehepaaren mit niedrigem Einkommen erheblich überrepräsentiert, unter den Ehepaaren mit höherem Einkommen deutlich unterrepräsentiert. Gemischtnationale Ehepaare weisen hingegen eine sehr ähnliche Einkommensverteilung auf wie deutsche Ehepaare. Dieses Muster findet sich auch in der PISA-Untersuchung wieder, insofern sich die Kinder aus deutschen und gemischtnationalen Familien auf annähernd denselben Kompetenzstufen befinden.

Die Einkommensverteilung ist ein erster Hinweis auf die differente Lage von Migrantenfamilien. Für einen erheblichen Anteil von ihnen ist die soziale Situation zudem durch das Schicksal der Arbeitslosigkeit geprägt. Die Arbeitslosigkeit von Ausländern ist über einen langen Zeitraum betrachtet stets doppelt so hoch wie die Arbeitslosigkeit insgesamt. Stellt man die Arbeitslosenquoten von Aus- und Inländern einander gegenüber, kommt dieser Unterschied noch pointierter zum Ausdruck. Die Gründe für dieses Strukturmuster sind vielfältig (Ausbildungsniveau, Rechtsstatus, Einstellungs- und Entlassungsverhalten der Betriebe usw.), die Folgen aber eindeutig: Sie beeinflussen die Bildungschancen der Kinder, das Systemvertrauen der Eltern und die Konstellation der Sozialisation. Die Erfahrung von Arbeitslosigkeit kann zwar auch den Wunsch stärken, dieses Schicksal für die eigenen Kinder vermeiden zu wollen, in erster Linie stellt die Arbeitslosigkeit aber eine systematische Enttäuschung dar und vermindert die Kräfte, den eben genannten Wunsch realisieren zu können.

Die Tatsache, dass Armut zu den typischen Rahmenbedingungen gehört, unter denen Migrantenkinder den Wettbewerb um Schulerfolg aufnehmen und die Schulzeit durchlaufen, hat Folgen. Wenn zum Beispiel ausländische

Eltern ihre Kinder nicht zu Schulfahrten anmelden, wird dies in der Regel mit „kulturellen" Gründen in Verbindung gebracht – auch deshalb, weil ausländische Eltern selbst auf diese Gründe zurückgreifen. Möglicherweise tun sie dies aber nur deshalb, weil sie um die sterotypen Zuschreibungen von kultureller Besonderheit wissen und erfahren haben, dass solche Begründungen „anerkannt" sind. Der Hinweis auf das Interesse an familialer Kontrolle der Mädchen fällt deshalb leichter als der Hinweis auf die Armut der Familie, derer man sich schämt. Qualitative Befragungen von Jugendlichen eröffnen die Einsicht in solche Hintergrundmechanismen. Eine prekäre soziale Situation ist die für ausländische Haushalte typische Konstellation; die „Subkultur der Armut" bestimmt die Startposition beim Wettbewerb um Bildungschancen und begleitet die Schullaufbahn.

Zugänge zum Bildungssystem

Auf der Seite der öffentlich organisierten Erziehung ist der Kindergarten eine für das Aufwachsen von Kindern zentrale Institution. Dabei ist mit dem Begriff „Kindergarten" zunächst nur eine Form der vorschulischen Betreuung von Kindern gemeint. Berücksichtigt man alle Formen der Betreuung von Kindern im Alter bis zu sechs Jahren, ergibt sich folgendes Bild:

Die Betreuung der unter Dreijährigen ist im Vergleich zu den meisten europäischen Staaten wenig ausgebaut. Auch bei den Drei- bis Vierjährigen ist die Betreuungsquote in Deutschland niedrig. Erst in den letzten zwei Jahren vor der Einschulung ist der Besuch des Kindergartens typischerweise verbreitet.

Von den ausländischen Kindern besuchen immerhin 25% (Vier- bis Fünfjährige) bzw. 15% (Fünf- bis Sechsjährige) keine vorschulische Bildungsinstitution. Die „Kultur der Armut" ist hierfür eine hinreichende Erklärung angesichts des Umstands, dass in Deutschland ausgerechnet die vorschulische Bildung von den Eltern mitzufinanzieren ist. Unter diesen Bedingungen ist es höchst unwahrscheinlich, dass die in der „Kultur der Armut" bearbeitete und sich niederschlagende soziale Ausschlusserfahrung aufgehoben werden könnte. Genau dies müsste aber eine öffentlich verantwortete Erziehungs- und Bildungseinrichtung leisten – den Zugang zu ihr also gerade für arme Familien erleichtern –, damit die Bildungsbiografie nicht durch Ausschluss bestimmt wird.

Ein eindeutiges Bild zeichnen die Daten über den formalen Schulerfolg. Noch immer verlässt ein Sechstel der ausländischen Jugendlichen die Schule ohne qualifizierten Abschluss. Zwar haben sich die Verhältnisse verbessert, doch ist das Abschlussniveau zwischen deutschen und ausländischen Jugendlichen insgesamt äußerst unterschiedlich geblieben.

Wenn man allerdings die ökonomischen Rahmenbedingungen der Familie und die vorschulischen Betreuungsrelationen berücksichtigt, dann haben Kinder, Eltern und Lehrer – um in diesem Zusammenhang allen Beteiligten die Verantwortung für den Erfolg zuzuschreiben – auch etwas erreicht. In Relation zur Ausgangssituation – und in deutlichem Gegensatz zum öffentlichen Vorurteil – muss dabei insbesondere das Unterstützungspotenzial der ausländischen Familien beachtet werden.

Interessant ist ein Vergleich der Ergebnisse der IGLU-Studie am Ende der Grundschulzeit mit den Untersuchungsergebnissen der PISA-Studie zu den Kompetenzen der 15-Jährigen: Alle problematischen Zusammenhänge im Verlauf der Schulzeit haben zugenommen. Auch im Hinblick auf die relative Determinierung des Schulerfolgs durch soziale Herkunft und Migrationshintergrund kann das dreigliedrige Schulsystem für die Zehn- bis 15-Jährigen nicht ausgleichend wirken, sondern verstärkt vielmehr die außerschulische Ungleichheit. Die Ursachen für die Persistenz der Ungleichheit werden auch in der Nach-PISA-Diskussion der ausländischen Familie zugewiesen. Die Differenzierung unterschiedlicher Familienformen bei Jugendlichen mit Migrationshintergrund (beide Eltern, ein Elternteil oder kein Elternteil in Deutschland geboren) führt zu recht eindeutigen Korrelationen: Das Kompetenzniveau korreliert konsistent mit der Skala der Familienformen. Damit entsteht (bei der Rezeption der Studie besonders intensiv) der Eindruck, dass die Ursachen für Kompetenzerwerb und Bildungserfolg in den Familien liegen. Doch gleichzeitig ist keine einzige Interaktion zwischen Familie und Schule analysiert worden. Die in diesen Interaktionen zum Ausdruck kommenden Zuschreibungen und die Reaktionen auf diese Zuschreibungen ebenso wie das Wissen der Lehrkräfte über den Familienstatus und die daraus abgeleiteten Prognosen für Bildungschancen (sowie die daraus ebenfalls abgeleiteten Handlungsmuster) bilden einen Zusammenhang, der alternative Erklärungen möglich macht – wenn er untersucht wird.

Chancen des Unterrichts

Die Mechanismen, unter denen Beschulung erfolgt, sind noch wenig erforscht. Lediglich bei der Überweisung in die Sonderschule und bei der Schullaufbahnempfehlung lassen sich stereotype Zuschreibungen nachweisen, die Migrantenkinder im Bildungswettbewerb benachteiligen und die „Nachwuchsprobleme“ von Schularten, die unter dem demografischen Wandel leiden, bewältigen helfen.

Eine stereotype Ansicht besagt, dass die ausländischen Kinder den Lernfortschritt der Klasse beeinträchtigen. Nun ist der Lernprozess einer Klasse ein komplexes Geschehen und lässt sich nicht einfach untersuchen. Nimmt man aber die Aufmerksamkeit in einer Klasse, die eine zentrale Voraussetzung für den Lernprozess darstellt, als „Zielvariable“ und untersucht, wie sich die Zusammensetzung der Klasse auf diese Variable auswirkt (bzw. vorsichtiger: welches Verhältnis zwischen diesen beiden Variablen besteht), dann zeigt sich eine Relation, die das genaue Gegenteil des Stereotyps zum

Ausdruck bringt. Paul Walter hat in seiner Studie über den „interkulturellen Unterricht“ (2001) diesen Zusammenhang aufgedeckt.

Auch ein anderes Ergebnis aus dieser Studie soll erwähnt werden. Walter hat die Bereitschaft von deutschen, marokkanischen, türkischen (und „sonstigen“) Kindern getestet, aggressive Strebungen gegen sich selbst bzw. nach außen zu richten. Dabei hat sich gezeigt, dass sich bei den deutschen Schülern aggressive Impulse eher nach außen als gegen sich selbst richten, während es sich bei den „anderen“ und besonders deutlich bei den türkischen Schülern umgekehrt verhält. In der Wahrnehmung der Lehrer/innen sind dagegen die deutschen Schüler wesentlich weniger auffällig als die türkischen. Nur bei den marokkanischen und den „sonstigen“ Schülern stimmen Lehrerurteil und Testergebnis überein, während bei den türkischen Schülern Lehrerurteil und Testergebnis besonders weit auseinandergehen. Die in der Öffentlichkeit tagtäglich erzeugte und ständig wiederholte Behauptung, das „Ausländerproblem“ (dieser Begriff beinhaltet schon die ganze Verkehrtheit einer Zuschreibung) sei ein „Türkenproblem“, und die verbreitete Lehrerzuschreibung von Schul- und Unterrichtsproblemen hinterlassen tiefe Spuren und behaupten sich gegen die Realität auf bemerkenswerte Weise. Man muss an dieser Stelle aber auch festhalten, dass Lehrkräfte eine differenziertere Wahrnehmung entwickeln.

Entscheidender aber wäre, dass die Wahrnehmung im Unterricht und im Bildungssystem insgesamt in einer Weise *entkategorisiert* würde, dass Individuen wahrgenommen und kollektivierende Zuschreibungen vermieden werden. Vorurteile entstehen nämlich nicht durch ihren Inhalt, über den man lange streiten kann, sondern durch ihre Form der entindividualisierenden und identifizierenden Verallgemeinerung. Doch die stereotypisierende Form allein macht ein Urteil noch nicht zu einem Vorurteil, es bedarf zudem der Funktion für den, der Vorurteile braucht, sei es um seine Angst zu bändigen, seine ungerechten Praktiken zu legitimieren oder seinen aggressiven Impulsen eine Richtung zu geben.

Die Untersuchung von Walter hat über die Einzelergebnisse hinaus ein interessantes Gesamtergebnis: Das allgemeine Unterrichtskonzept der Lehrkräfte ist auch entscheidend für den Lernforschritt der Migrantenkinder. Wenn Lehrer/innen nicht die Verschiedenheit, sondern die Gleichheit aller Schüler/innen in den Vordergrund stellen, wenn in der Klasse mehr Mädchen und ein größerer Anteil von Migranten (30 bis 60%) sind, wenn die soziometrischen Beziehungen „kulturübergreifend“ verlaufen, wenn das Unterrichtskonzept auf Abwechslung Wert legt und verschiedene Unterrichtsmaterialen bereithält, dann findet man erfolgreiche Klassen mit hoher Aufmerksamkeit. Die Grundlage für guten Unterricht bildet eine Lehrerorientierung, die an alle Schüler hohe Erwartungen richtet, auf Gleichheit und Integration achtet. Je mehr Gleichheit tatsächlich besteht, desto mehr Differenz kann man sich leisten.

Die Relevanz der Kooperation

Aus der Perspektive der Kinder sind die Übergänge zwischen den Sozialisationsinstanzen Familie, vorschulische Einrichtung und Schule lebensgeschichtlich bedeutsam und die Art ihrer Erfahrung wirkt sich auf die Bewältigung der institutionenspezifischen Anforderungen aus. Gleichzeitig soll jede Institution auf die Besonderheit ihrer jeweiligen sozialisatorischen Logik achten und sich deutlich, d. h. für das Kind erkennbar, von den anderen Institutionen unterscheiden. Genau dies ist für die De-Zentrierung des beim Kind entstehenden Weltbildes und für das Leben in einer modernen Welt wichtig. Die beteiligten Personen sollen sich deshalb in ihrer Verschiedenheit anerkennen und gleichzeitig – kindbezogen – kooperieren. Kooperation bewegt sich dabei zwischen familialistischer Distanzlosigkeit und institutionalistischer Unpersönlichkeit.

Bei dieser Kooperation kommt es darauf an, die anderen Personen in ihrer Unterschiedlichkeit wahrzunehmen und sie durch Zuschreibungsverzicht zu individualisieren, den Modus der sachlichen Information zu pflegen, die in der gesellschaftlichen Praxis immer schon entstandenen und immer wieder verstärkten Schwellen zu berücksichtigen und sich Offenheit zu bewahren. Anstatt beispielsweise in einen interkulturellen Aktivismus zu verfallen, ist es wichtig, dass Schule und ihre Lehrer/innen allen Eltern gegenüber Anerkennung und eine akzeptierende Haltung zum Ausdruck bringen. Erst wenn die Prinzipien der Gleichheit und Gleichberechtigung wirksam zur Geltung kommen, können Differenzen kultiviert werden. Im anderen Fall stellt sich grundsätzlich die Gefahr ein, dass die Betonung von Differenz die vorhandene Ungleichheit verstärkt. Zur uneingeschränkten Geltung der Gleichheitsprinzipien gehört es aber, alle Personen nach denselben Kriterien wahrzunehmen; dies schließt ein, auch ihre Unterschiede zu erkennen und zu berücksichtigen, wie zum Beispiel in Bezug auf Ein- und Zweisprachigkeit oder auf unterschiedlichen Rechts- und Bürgerstatus. Die Anerkennung der Differenz setzt die Geltung des Gleichheitsprinzips voraus. Dies bedeutet, dass Personen mit ungleichen Ausgangsbedingungen für ihre spezifische Bildungslaufbahn auch ungleich behandelt werden können bzw. ihnen besondere Förderung zuteil werden soll. Diese Förderung wird nicht mit dem Migranten- oder einem anderen Status zu begründen sein, sondern mit dem Ausmaß der tatsächlichen Benachteiligung.

Im Dreiecksverhältnis von Schule, Jugendhilfe und Ausbildungsort hat sich die Förderung für benachteiligte Jugendliche als besonders wichtig und hilfreich erwiesen. Programme werden eingerichtet und Organisationen haben sich entwickelt, die in diesem Zusammenhang unterschiedliche Aufgaben übernehmen.

Die organisierten Aktivitäten zur besseren Bewältigung des langen Übergangs von der Schule in die Position des berufstätigen Erwachsenen setzen in der Sekundarstufe I mit Berufswahlorientierung und Praktika ein und werden mit der Begleitung in den Beruf abgeschlossen. Sowohl die Übergangsstufen und -schwellen wie auch die jeweils möglichen und erforderlichen Handlungsformen haben sich breit ausdifferenziert. Dieses System wurde nicht für Migrantenjugendliche erfunden, sie waren aber immer schon eine große Adressatengruppe für dieses System. Trotz dieser Bemühungen und Programme sind ausländische Jugendliche im Ausbildungssystem bei weitem nicht so vertreten, wie dies zu erwarten wäre. Wenn bei den deutschen Jugendlichen der Anteil derer, die eine berufliche Ausbildung absolvieren, zurückgegangen ist, dann liegt dies daran, dass der Besuch allgemeinbildender Schulen gestiegen ist. Bei den ausländischen Jugendlichen bleibt aber ein großer Anteil ohne jegliche Qualifikation – wahrscheinlich mehr als die Hälfte. Und bei denen, die eine Berufsausbildung beginnen, ist die Abbruchquote sehr hoch.

Die Gesamtbilanz ist ambivalent. Die Reproduktion von Armut und Arbeitslosigkeit durch das Bildungs- und Ausbildungssystem findet statt. Andererseits gibt es einen bescheidenen Bildungserfolg der Migrantenkinder. Je genauer die Sonde angelegt wird, mit der sich die Analysen der Wirklichkeit nähern, umso deutlicher werden Licht- *und* Schattenseiten, Bildungsförderung *und* -verhinderung, biografische Chancen *und* Barrieren. Insbesondere wenn man sich auf die Perspektive der pädagogisch Handelnden einlässt, werden Ambivalenzen deutlich, was in der Konsequenz dann auch Handlungsspielräume eröffnet: für die Bildung der Handelnden und die Entwicklung der Organisationen.

2.3 Kulturelle Produktivität durch komparative Kompetenz

Die Problemlastigkeit der Migrantenforschung

Spätestens seit dem von Erhard Olbrich und Eberhardt Todt 1984 herausgegebenen Band „Probleme des Jugendalters. Neuere Sichtweisen“ wurde die Sichtweise der Jugend als „krisenhafte Übergangsphase“ überwunden, zumindest differenziert. Es hat sich das Verständnis „des Jugendalters als einer Zeit der produktiven Auseinandersetzung mit Entwicklungsaufgaben“ (Olbrich 1984, S. 2) durchgesetzt. In diese Perspektive konnten sowohl neo-analytische Konzeptionen (Coping und Defending), kognitive Theorien in der Piaget-Tradition und kognitionspsychologische Zugänge zum Jugendalter integriert werden. Gerade im Rahmen der zuletzt genannten Ansätze wurde gezeigt, dass Stress nicht einfach „als pathogenes Phänomen zu sehen ist“ (ebd., S. 25), sondern Anlass zur Erprobung produktiver Formen der Anpassung sein kann. Ebenso wurden eindimensionale Krisentheorien modifiziert; kritische Lebensereignisse werden jetzt auch als Gelegenheit zum Wachstum erkannt, ja als Notwendigkeit postuliert.

In vielen Untersuchungen der Migrationsforschung gelten diese Einsichten bis heute nicht. Die gewissermaßen augenscheinlich evidente Problemlage der ausländischen Jugendlichen und die angenommene prinzipielle Begrenztheit der Ressourcen zur Bewältigung dieser Problemlage lassen produktive Bewältigung als ausgeschlossen und verzweifelte Resignation (weiblich) oder blinde Aggression (männlich) als notwendig erscheinen.

Das systematische Problem dieser Untersuchungen besteht darin, dass sie das „Belastungs-Bewältigungs-Paradigma" (Bündel/Hurrelmann 1995, S. 300) negativ kumulativ interpretieren, d.h. sowohl ein Plus an Belastungen als auch ein Minus an Bewältigungsressourcen behaupten.

Auch in neueren Publikationen wird der „Elendsdiskurs" zur Situation ausländischer Kinder und Jugendlicher undifferenziert fortgesetzt. „Entwurzelungssyndrom" und „Verlust der Identität" (ebd., S. 294) bestimmen weiterhin das Bild, ohne empirischen Beleg wird festgestellt: „In spanischen, italienischen, griechischen und türkischen Familien stellt meistens der Vater das uneingeschränkte Familienoberhaupt dar." (S. 294)

Auch wenn die genannte Untersuchung keinen „quantitativen Vergleich" (S. 302) zwischen deutschen und ausländischen Jugendlichen zulässt und die 15 oder 16 in der Untersuchung vertretenen ausländischen Jugendlichen in der Tat keine weitergehenden Aussagen begründen können, heißt es dann an anderer Stelle: Zufriedenheit und Ausgeglichenheit treffen „in der Tendenz eher für die deutschen als für die ausländischen Jugendlichen zu" (S. 303). Um das spezifische Interpretations- und Selektionsmuster zu verdeutlichen, sei folgende Passage zitiert:

> „Dabei ergaben sich – wie bei den deutschen Jugendlichen auch – bei den ausländischen Jugendlichen auffallende geschlechtsspezifische Unterschiede vor allem bezüglich Belastung und Depressivität, d.h. ausländische Mädchen fühlen sich belasteter und depressiver als ausländische Jungen." (S. 304)

Der in der Migrationsforschung bis zum heutigen Tag tradierte Elendsdiskurs steuert die Wahrnehmung und verführt auch kritische und methodenbewusste Sozialforscher zur Ausblendung der Vergleichsperspektive. Kein Mensch würde beispielsweise die Erkenntnisse einer Beratungsstelle für deutsche Familien generalisieren für die deutsche Familie; und wenn er es täte, müsste man ihn wegen des methodischen Fehlschlusses kritisieren. Für ausländische Familien wird genau dies jedoch getan, weil der Schluss Plausibilität im Kontext der Vorannahmen und der lange in der Literatur tradierten Deutungsmuster bekommt (ebd., S. 298). Probleme werden nur noch bei den Ausländern wahrgenommen. In der Rezeption von „Tendenz-Ergebnissen" schließt sich der Kreis des Diskurses und werden „neue" Hypothesen für „neue" Beobachtungen entwickelt. Nach den Fallschilderungen von genau zwei ausländischen Mädchen kann resümiert werden, „dass sie die Ergebnisse der Literatur widerspiegeln" (S. 308).

Am Ende wird die Argumentationskette geschlossen, wenn festgehalten wird, „dass viele ausländische Jugendliche eine hohe emotionale Anspannung empfinden, psychosomatische Störungen entwickeln und oftmals ein Bewältigungsverhalten zeigen, das vor allem, was die Mädchen anbetrifft, als passiv und evasiv-meidend anzusetzen ist.“ (S. 310) Wenn eine solche Formulierung möglich ist nach einer Untersuchung, die aus methodischen Gründen gerade keinen Vergleich zwischen deutschen und ausländischen Jugendlichen zulässt, dann zeigt sich, dass der Elendsdiskurs die Qualität eines stabilen Vorurteils schon überschritten hat.

Obwohl schon vor mehr als zwanzig Jahren Sabine Hebenstreit (1986) die pädagogisierenden Stereotypen der Migrantinnenliteratur überzeugend kritisiert hatte, kann Ursula Boos-Nünning 1995 noch viele Belege dafür bringen, „wie Mädchen türkischer Herkunft zu Außenseiterinnen gemacht werden“. Auch wenn die Forschung inzwischen sich an differenzierten Modellen orientiert, dominiert der „Akkulturationsstress“ (Jerusalem 1992) als orientierender Begriffsrahmen (zur Kritik vgl. auch Schepker/Eberding 1996).

Entwicklung einer Gegenthese

Die Offenheit des Anforderungs-Bewältigungs-Konzepts ist für Migrantenjugendliche faktisch nie hergestellt worden. Eine ganze Generation von Pädagogen und Sozialarbeiterinnen teilt mit der öffentlichen Meinung ein Weltbild, in dem die belasteten und hilflosen Migranten einen festen Platz einnehmen. Theorie- und ausbildungspolitisch scheint es mir deshalb einmal notwendig zu sein, eine Gegenthese zum Identitätsdiffusionsdiskurs zu entwickeln, um die „Waffengleichheit“ der Perspektiven erst einmal herzustellen.

Diese These lautet einfach: Das Leben in zwei Kulturen enthält Entwicklungsanreize, die als Anregungen zum Vergleich zwischen jeweils mindestens zwei Handlungs- und Interpretationsmodellen wahrgenommen werden und die nicht zu einer Unterordnung unter ein Modell, sondern zur reflexiven Wahl einer Alternative veranlassen. Wenn sich dabei zwei Anforderungen kontradiktorisch gegenüberstehen, kann dieses Dilemma zur kreativen Herausbildung einer prinzipienorientierten Synthese provozieren. Migration muss deshalb als Chance des Kulturfortschritts definiert werden, vor allem aber im Hinblick auf die Ermöglichung von Handlungsautonomie untersucht werden. Mit dieser These ist zugleich der Anspruch verbunden, dass sie eine genuin pädagogische Forschungsperspektive enthält. Diese These ist nicht neu, kann vielmehr auf unterschiedliche Überlegungen, Beobachtungen und Untersuchungen zurückgreifen.

Im Bereich der Forschungen über bi-nationale Ehen hat sich am längsten das Modell des Konfliktes der Kulturen erhalten. Der ganz normale Ehekrieg wurde zum „Clash“ der Zivilisationen hochstilisiert und in einer umfangreichen Betroffenenliteratur scheinbar empirisch abgesichert. Die Untersuchung von Brigitte Wießmeier „Das ‚Fremde' als Lebensidee" kann demgegenüber zeigen, dass bikulturelle Ehen ein Ort der persönlichen Auseinandersetzung sind, die „Dynamik und Kreativität" (1993, S. 164) freisetzt. Dabei tritt zunächst einmal ein paradoxer Sachverhalt zutage: Die kulturellen Stereotypen wirken konfliktvermindernd: „Wenn die eigenen unbewussten Anteile aufgrund von fehlenden eigenen Vorbildern aus der Persönlichkeitsstruktur, der familiären Sozialisation und des gesellschaftlichen und kulturellen Kontextes nicht bewusst werden dürfen und damit der Autonomie im Wege stehen, erscheint die Projektion auf den ‚Fremden', den ‚Anderen' als eine sinnvolle Möglichkeit, um dem Individuum innerhalb seines Systems die notwendige Stabilität zu geben." (Wießmeier 1993, S. 157) Das genauere Vergleichen der Verhaltensweisen und das Kennenlernen ihrer Motivierung ermöglicht erst nach einem individuellen Stabilitätszuwachs einen Prozess der reflexiven Aneignung dieser Situation.

Eine noch deutlichere Fundierung findet die These in der biographischen Migrationsforschung. An konkreten Fallrekonstruktionen zeigt Ursula Apitzsch die Kompetenz von Migrantinnen, die Lebenslinien zu unterbrechen, die eine bloße Reproduktion des in der jeweiligen Lage Vorgefundenen bedeuten würden.

„In den Biographien erkennen wir Produktionen des Nichtidentischen in beiden Richtungen: in Richtung der traditionalen Wissensbestände ebenso wie in Richtung auf die in ‚Laufbahnen' einmündenden schichtspezifischen Normalbiographien. Was uns dabei interessiert, ist die Fähigkeit von Individuen, moderne Handlungsdispositionen an biographische Sinnressourcen anzuschließen und traditionale soziale Formen dabei sowohl zu benutzen als auch zu verändern und aufzulösen." (Apitzsch 1996, S. 147) Die genaue biographische Rekonstruktion zeigt also, dass der Lebenslauf von Migranten nicht als Reproduktion festgefahrener Strukturen begriffen werden kann. Die Entscheidung zur Migration und Bearbeitung der Migrationserfahrungen sind vielmehr Ausdruck einer Transformation zu Neuem, das in den vorangegangenen Lebensbedingungen schon angelegt gewesen sein mag, aber in der Krise einer Lebenspraxis innovativ hervorgebracht wird. Sofern das Bild vom „Leben in zwei Kulturen" überhaupt richtig ist, erfordert dieses Leben strukturell die stetige Neuentwicklung von routinisierten Alltagshandlungen. In der Autonomie der Lebenspraxis der Migranten liegen viele Ablaufprozesse in der Nähe des Grenzfalls der Transformation von Strukturen, zumindest so lange, wie über Assimilation und Akkommodation verstärkt Umweltveränderungen bewältigt werden müssen. Das Entstehen von Neuem ist gewissermaßen veralltäglicht (vgl. Oevermann 1991).

Eine dritte Anregung erhält meine These durch Wolfgang Welschs Überlegungen zur Transkulturalität (1992). Zwar gehen diese von einem eher konventionellen und statischen Kulturbegriff aus, der Veränderungen und Selbsttransformationen als Merkmal aller Kulturen unterschätzt oder gar übersieht. Weil diese Überlegungen aber das Verhältnis von Lebensformen und kulturellem Wandel in den Mittelpunkt der Aufmerksamkeit stellen, können sie deutlich machen, dass gesellschaftlicher Wandel in der Gegenwart grundsätzlich mit kulturellem Austausch und der Vermischung von kulturellen Elementen verbunden ist, die man zunächst verschiedenen Kulturen zugewiesen hat. Insbesondere weist Welsch darauf hin, dass Neues jenseits von bestimmten Kulturen und ihren Beziehungen, also auch jenseits von Interkulturalität als Transkulturalität entsteht, indem „cross-culture" keine der beteiligten Kulturen unverändert lässt. Vor allem aber ist die Bindung des Kulturbegriffs an den der Lebensformen (beispielsweise in der Wittgensteinschen Fassung von Sprachspiel und Lebensform, Welsch 1992, S. 12) hilfreich, um die Flüssigkeit von Kultur gegenüber dem „Kultur als Segment"-Aspekt hervorzuheben. Die Vorstellung von Transkulturalität ist – wie gesagt – immer noch verbunden mit einem konventionellen Kulturbegriff. Eine radikalere Fassung dieser Überlegung wird nur noch von Kulturalität sprechen, weil das jenseits der traditionellen Kulturen Liegende ebenfalls nur Kultur ist und die sogenannten Kulturen bloß vergessen haben, dass sie gegenüber früheren Kulturen selbst Transkulturalität gewesen sind und noch sind. Wie weitreichend diese Überlegungen sind, wird daran erkennbar, dass sie auf eine prinzipiell neue Bewertung des „Mischlings" hinauslaufen (ebd., S. 16). Im Begriff und in der Figur des Mischlings kommen nämlich in verdichteter Weise Reinheitsvorstellungen zum Ausdruck, die Rassen-, Volks- und Kulturtheorien miteinander teilen. Es liegt auf der Hand, dass an dieser Stelle das Identitätsdenken, das sich an eine Kultur anhängt, grundsätzlich kritisiert werden muss (vgl. Hamburger 1997b). Denn es gibt nur Mischlinge.

Schließlich muss die dialektische Aufhebung des scheinbaren Gegensatzes von Universalismus und Relativismus in der Kulturdebatte ins Auge gefasst werden. Was Mead für die Sozialpsychologie als Grundfigur zur Überwindung des Gegensatzes von Subjektivismus und Objektivismus entwickelt hat („Die anderen und das Selbst entstehen zusammen im sozialen Handeln." – Mead 1969, S. 222), gilt auch für die Kommunikation der Kulturen, die füreinander im Kontakt erst entstehen. Oswald Schwemmer hat dafür ein Verfahren der Erkenntnisprüfung vorgeschlagen, das eine reflektierende Verständigung erlaubt, im vorliegenden Zusammenhang aber auch als Modell für Lernprozesse von Migrantenjugendlichen gelten kann. „Ohne Perspektive bliebe nur die bloße Gegenüberstellung der kontroversen Positionen und der reine Bericht der Kontroversen – auch wenn diese jeweils im Selbstverständnis wahrer, weil neutraler, Wissenschaftlichkeit verfasst worden wären. Im Perspektivenwechsel soll das Recht einer jeden Position, der in der ihr eigenen Perspektive sichtbar werdende ‚Wahrheitskern' gefunden, aber durchaus nicht jeder Position damit auch Recht gegeben werden. Gerade durch die Entdeckung der ‚perspektivischen' bzw. ‚internen' Wahrheit verschiedener Positionen mag sich ja eine neue Perspektive entwickeln, die etwa zu einer neuen Interpretation alter Theorien oder

Überzeugungen führt, die neue Untersuchungen herausfordert, die bisher als kontrovers verstandene Positionen zu integrieren erlaubt." (Schwemmer 1992, S. 16)

Empirische Illustration

Die These zur kulturellen Produktivität befindet sich – wie man so schön sagt – gegenwärtig noch in der Forschungswerkstatt. Tarek Badawia, der für seine Untersuchung Intensivinterviews mit Migrantenjugendlichen führte, lieferte mir die folgenden Beispiele.

Das Gespräch mit einer 19-jährigen Iranerin, deren Mutter Deutsche ist, wird folgendermaßen eröffnet:

I: „Wie würdest du auf die Frage antworten ‚Wer bist du heute?'"
Z: „Wer ich bin, mh ... Ich weiß ich nicht genau. Ich begreif das nicht ganz."

Diese Gesprächseinleitung ist überraschend und voller Merkwürdigkeiten, andererseits enthält sie viele Versuche, die wechselseitige Verständigung zu befördern. Der Interviewer bietet eine hypothetische Gesprächssituation an, um eine versuchsweise, experimentelle Antwort zu erleichtern, also eine korrigierbare Selbstbezeichnung zum Ausdruck zu bringen.

Überraschend ist allerdings, dass sich die Identitätsaussage auf das „heute" beschränken soll. Darin liegt insoweit ein Widerspruch, als man Identitäten nicht täglich wechselt. Deshalb kann das „heute" nur einen größeren Zeitraum der Gegenwart meinen, die von einer biographischen Vergangenheit zu unterscheiden ist. Der Interviewer geht also von der Annahme aus, dass die Identität seiner Gesprächspartnerin sich entwickelt hat, einen Wandel hinter sich hat, aber heute genau bestimmbar ist. Genau dies weist die Interviewte höflich, aber bestimmt zurück. Die Zurückweisung kleidet sie in eine Selbstbezichtigung, sie verstünde den vom Interviewer gemeinten Sinn nicht. Selbstverständlich kann sie eine Antwort geben, wenn man die Frage simplifizierend versteht, gewissermaßen äußere Merkmale angeben soll. Die Frage, wer sie ist, ist aber eine Frage zum Nachdenken, und zwar deshalb, weil es als schnelle Antworten nur selbstverdinglichende Antworten gibt. Als der Interviewer in der nächsten Sequenz Kriterien nennt, auf die es ihm ankommt, kommt ohne Unterbrechung die folgende Antwort:

Z: „Also ich lebe in Deutschland. Meine Mutter ist Deutsche. Mein Vater ist Ausländer. Und mein ganzer familiärer Kontakt ist auf meinen Vater bezogen. Also ich habe zu Hause fast nur Kontakt zu meiner persischen Familie und somit auch zur persischen Kultur. Und, ja, ich habe von beiden Kulturen was mitgekriegt. Wenn man mich fragen würde, als was ich mich fühlen würde, auch wenn ich mich vielleicht eher – na ok, es ist logisch, wenn ich in Deutschland aufgewachsen bin, fühle ich mich eher als Deutsche, aber wenn man mich fragen würde, würde ich sagen, ich komme aus dem Iran. Z.B. Ja?" (Bezeichnend ist hier lediglich das „Ja?" am Schluss: Mit dieser Antwort hat der Interviewer das Material, auf das er wartet, das der Interviewten aber nicht so wichtig ist.)

Zunächst beantwortet die Interviewte die Frage, wer sie sei, mit der reflektiertesten Möglichkeit: dass sie es nicht genau wisse. Die Sokratische Antwort, dass sie nichts von sich wüsste, wäre auch für sie übertrieben, denn sie weiß etwas von sich und sie hat ein geradezu ausdifferenziertes Selbstbild. Dessen Grenzen und Tiefen lassen sich allerdings – prinzipiell für jede Person – nicht genau bestimmen. Die Interviewte weiß nicht nur um ihre Identität, sondern auch um ihre Nicht-Identität. Die Ausdifferenzierung von Elementen des Selbstbildes ist so weit zuhanden, dass die Frage zurückgewiesen wird bzw. der Interviewer gebeten wird, Dimensionen zu benennen, auf die sich das Gespräch beziehen soll. Zum anderen ist das Nicht-Identische so umfangreich, dass sich die Interviewte mit der Rückfrage schützt. Es ist aber auch nicht bedrohlich, denn es muss nicht durch eine schnelle, identifizierende Antwort zugedeckt werden. Ich interpretiere die Antwort also als Ausdruck einer flexiblen, selbstbewusst-souveränen und zugleich doch offenen, also verletzlichen (weil nicht-instrumentellen) Identitätsdarstellung.

Als der Interviewer kurze Zeit später im Interview der Interviewten „Gewissheit" der Identität zuschreibt, antwortet sie:

Z: „Ja, ich sah das als große Hilfe an, dass ich in zwei Kulturen aufgewachsen bin, weil es mir wirklich geholfen hat, meinen eigenen Weg zu finden auch, ne, um mich selbst als Mensch zu prägen, und ich habe damit keine Probleme gehabt, und ich habe die auch heute nicht. Ich fühle mich sicher, ja."

Diese Selbsterklärung passt oberflächlich gesehen sehr gut zu der entwickelten These. Sie aber als Beleg zu verwenden, würde allerdings nicht nur auf ein subsumtionslogisches Verfahren ohne weitere Bedeutung, weil es ja für jede Behauptung Belege gibt, hinauslaufen, sondern die Struktur der Aussage verfehlen. Dass die Selbsterklärung relativ unverzerrt die Struktur der eigenen Handlungskompetenz widerspiegelt, muss erst strukturanalytisch nachgewiesen werden, wobei auch die Grenzen der Selbsterkenntnis herausgearbeitet werden. Die Selbstvergewisserung am Ende („ja") bringt nämlich nicht nur eine wiederholte Zustimmung zur Frage zum Ausdruck, sie öffnet zugleich das Gespräch für die Grenzen der behaupteten Sicherheit, die in der Bestimmung des Selbst als „Mensch" liegen. Denn in einem trivialen Sinn hat an diesem Merkmal niemand gezweifelt, was aber das Menschsein in und jenseits der beiden Kulturen bedeutet, steht zur Disposition. Zunächst aber werden die formalen Aspekte dieses Menschseins bestimmt, nämlich die Individualität in zwei Kulturen, ihre Prozesshaftigkeit und ihre Selbstbestimmtheit.

Ich schließe die Interpretation an dieser Stelle ab; methodisch korrekt wurde die Interpretation in der Dissertation von Tarek Badawia (2002) durchgeführt. Der Selbstinterpretation folgend, die personale Entwicklungsmöglichkeiten mit dem Leben in zwei Kulturen ursächlich verbindet, sehe ich gute Argumente für ein Modell, in dem differente Anforderungen als Entwicklungschance begriffen werden können und dabei nicht zur wie auch immer produktiven Anpassung an *eine* Anforderung zwingen, sondern die Entwicklung eines eigenen neuen Weges veranlassen. Seine Grenze findet dieser Weg im vorliegenden Fall in der von der Interviewten angenommenen Hyperstabilität und Konfliktfreiheit. Angesichts der dargelegten Reflexivität scheint die Hervorhebung der Problemfreiheit wohl der Erfahrung der Zuschreibung von Diffusität – wie auch im Interview geschehen – geschuldet zu sein.

Reflexivität ergibt sich aus dem Vergleich und aus dem Zwang zur Autonomie. Am Ende eines langen Gesprächs sagt ein 20-jähriger Marokkaner:

> „Ich habe selber meinen Stuhl gezimmert, mit der Möglichkeit, in beiden Welten zu leben; der ist zu beiden Seiten offen."

Dieser Zustand lässt sich nur bewältigen, wenn man sich eine hohe Handlungsautonomie und ein selbständiges Urteilsvermögen zutraut. Das genannte Interview besteht zu einem großen Teil aus einer Auseinandersetzung. Der Interviewer bietet als Folie für die Selbstinterpretation des Befragten immer wieder den „Zwiespalt", den Konflikt zwischen zwei Welten an. Auf dieses Angebot geht der junge Marokkaner auch ein und schildert Konflikte, die aber regelmäßig aus einer ungerechtfertigten Herabsetzung resultieren, sei es die Verweigerung der Gleichbehandlung durch den Schulleiter oder das Unverständnis des Vaters gegenüber den Autonomiewünschen des Sohnes. Bedeutsam in der Schule ist die erzwungene Nichtbeteiligung an Klassenfahrten, wobei der Befragte ausschließlich finanzielle Not als Begründung gelten lässt. Um dies aber nicht eingestehen zu müssen, denn der Befragte schämt sich seiner Armut, hat er in der Schule als Grund für die Nicht-Teilnahme angegeben, dass er an diesen Unternehmungen nicht teilnehmen *wolle*. Ein Konflikt mit dem Schulleiter wird dabei folgendermaßen abgeschlossen:

> P: „Ja ich habe noch gar nix gesagt gehabt, er hat mich rausgeschmissen und die Tür zugeknallt, das war so lustig (lacht sarkastisch; Pause); also ein, also eine Konsequenz hat eigentlich auch das Ganze, was auch erwähnenswert wäre, dadurch, dass man so viele Probleme hat, dass es eigentlich, dass man viel öfter angehalten ist, über Sachen nachzudenken, also dass man sich bewusster wird, dass man über viele Sachen sehr (ää), dass man viel über so … weiß ich nicht Sinn des Lebens oder so Sachen nachdenkt; also durch die … durch die Konflikte ist man halt angehalten, viel nachzudenken (I.: hm, hm).

I: Also es sind doch viele Konflikte, die zum Nachdenken anregen, die Familie, die Schule, die Umwelt; usw.

P: die erzwingen das ja fast, weil man man, am Anfang, denke ich, am Anfang ist man auf jeden Fall zwischen zwei Kulturen, oder man kommt aus der einen Kultur und versucht in der anderen Kultur Fuß zu fassen und hängt halt für eine Weile, oder wenn es halt schiefgeht, für immer dazwischen und … und in dem Moment denke ich halt, fängt man an, nachzudenken, was man will, also was sind meine konkreten Vorstellungen, was will ich erreichen, was ist der Sinn des Lebens und so Sachen halt, und irgendwann trifft man eine Entscheidung, also kommt man zu einem Ergebnis oder auch nicht; ja also wenn man halt dazwischensteht, dann, und die beiden Plattformen auseinandertreiben, wird man halt zerrissen und … das ist halt nicht so gut."

Der Befragte arbeitet zwei Strukturelemente heraus:
Die Diskreditierung der eigenen Person zwingt zur Auseinandersetzung mit den möglichen Gründen für diese Diskreditierung. Im Verlauf des Interviews werden dafür viele Gründe diskutiert, die eine reflektierte Rassismusanalyse dessen, der unter ihm leiden muss, enthalten. Das eigene Handeln wird jedoch nicht als Reaktion auf die Behandlung durch andere entworfen, sondern immer wieder auf die individuelle Perspektive („Gewissen") zurückgeführt. Der Durchgang durch die beiden Kulturen (als zweites Element) wird als prozessuale Notwendigkeit diagnostiziert, die selbst keine Antworten enthält. Das Nachdenken fängt „in dem Moment" erst an und geht über die Kulturen, an denen selbst sich festzumachen erst Probleme hervorruft, hinaus. Es ist nur eine Besonderheit der Verbalisierungsfähigkeit und einer erfolgreichen Gymnasialbildung, dass dabei explizit auf Kants kategorischen Imperativ Bezug genommen wird.

An anderer Stelle heißt es:
„Aber wenn wir hier her, wenn wir hier aufwachsen, da wachsen wir zwischen zwei Fronten auf; und dann muss sich irgendwann entscheiden, für welche Einstellung man jetzt eh, welche Einstellung man annimmt; und dieser aktive Prozess an der Entscheidungsfindung ist ziemlich wichtig." (Der Befragte verwendet im Interview vielfach den Begriff der „Einstellung", um die persönliche Verantwortlichkeit für die eigenen Meinungen hervorzuheben.)

Die interkulturelle Herrschaftsbeziehung ist jene spezifische Entwicklungsbedingung, mit der sich Migrantenjugendliche auseinandersetzen. Es gibt offensichtlich Bedingungen, die unter Umständen eine produktive Bewältigung und den Aufbau reflektierter Autonomie ermöglichen. Selbstverständlich werden in dieser Situation auch andere Erfahrungen möglich, die den Kampf um Anerkennung als vergeblich oder endlos erscheinen lassen. Diese Einsicht liegt aber jenseits des Kulturkonflikts und wird durch die Struktur der Anerkennungsverweigerung verursacht.

Für die Diskussion in einem pädagogischen Reflexionsrahmen ist der Hinweis auf das Verhalten des Schulleiters bedeutsam. Denn dieser sucht die Ursachen für das Handeln des Befragten in dessen Kulturzugehörigkeit und verfehlt damit gerade das, was jener zum Ausdruck bringen will: seinen individuellen Willen. In der Tradition einer schwarzen Pädagogik kann man diesen Willen brechen wollen (was aus Auseinandersetzungen mit Vätern berichtet wird), man kann ihn aber auch akzeptieren. Während das „Brechenwollen“ auch in der Negation das Moment der Anerkennung enthält (was an der verständnisvollen Darstellung der väterlichen Intentionen deutlich wird), stellt die Missachtung des individuellen Wollens, also die Unterstellung fehlender Handlungsautonomie, und die verdinglichende Behandlung als „Kulturträger“ die entscheidende Kränkung dar. Die Zuschreibung von Kulturalität statt Individualität wird damit zur unpädagogischen Handlung *par excellence*.

Die produktiven Leistungen von Migrantenjugendlichen zeigen sich auch und insbesondere dort, wo wie im Falle der Delinquenz auf den ersten Blick das Scheitern von Sozialisationsverläufen konstatiert wird. Die Fallstudie von Hermann Tertilt zu den „Turkish Power Boys“ (1996) kann für diese These gut herangezogen werden. Die Bildung einer Jugendbande wird – auch in sozialwissenschaftlichen Untersuchungen – häufig als kollektives Abwehrverhalten mit eher regressiven Zügen (wie in Schwendters Theorie der Subkultur 1978) interpretiert oder – wie in der bürgerlichen Kriminologie – als verwerflicher Anschlag auf die deutsche Ordnung gebrandmarkt (vgl. Schwind 1995).

Die *Turkish Power Boys* „reagieren“ selbstverständlich auf die ihnen auferlegten Lebensbedingungen und Diskriminierungsstrukturen, aber sie verarbeiten sie auf eine geradezu spielerische Weise. Zwischen Deutschen und Türken erfinden sie etwas Neues, nämlich die „Turkish“. Die Weltkultur der Jugendmusik stellt eine Symbolik bereit, mit der das statische Gegenüber von zwei nationalen Zugehörigkeiten transzendiert wird. Die Starrheit und Sturheit der beiden Nationalstaaten, die mit der Vorenthaltung von doppelter Staatsbürgerschaft und der Verfolgung bzw. Unterdrückung der Kurden völkischen Konformitätszwang durchsetzen, kann natürlich nicht real, aber zumindest symbolisch überwunden werden. Während die sozialen Konstruktionsleistungen der Bornheimer Jugendbande sich auf gemeinschaftliche Unterstützungsleistungen innerhalb der Gruppe und den Schutz des Einzelnen durch die Gruppe in einer feindlichen Umwelt beziehen, zielen die kulturellen Schöpfungen auf die Applikation einer tatsächlichen Weltkultur. Das ganz partikulare Muster der Selbstorganisation bestimmter Jugendlicher enthält universale Elemente, weil sich prinzipiell in der ganzen Welt *Turkish Power Boys* als Gruppen bilden können und weil es – in einem übertragenen Sinn – *Power Boys* überall geben kann, wo Jugendliche benachteiligt sind oder diskriminiert werden.

Die Erfindung der Jugendbande ist ein mehrstufiger Prozess, bei dem die Übernahme eines Themas aus der universalen Jugendkultur zunächst nur als abstrakte Idee vollzogen wird, um die herum dann die soziale Organisation der Gruppe erst stattfindet.

Einer der *Turkish Power Boys* rekonstruiert dies folgermaßen:

> „Damals gab es doch dieses ‚I've got the power' (der Sommer-Hit 1990 der HipHop-Gruppe Snap, H. T.). Das war total ‚in'. Da hat Selim ‚Power Boys' überall hingeschrieben, so aus Spaß. Da hab' ich gesagt: ‚Ey, wie wär' es: Bande. Turkish Power Boys. ' – ‚Ja, wär' ganz gut. ' Der Name ist uns beiden eingefallen, mir und Selim. Bevor die Bande überhaupt gegründet wurde, stand der Name schon überall. Und das war halt ein cooler Name. Jeder konnte verstehen, was das heißt. Das war gut! Und ‚Power' heißt ja auch Stärke, Macht – die Macht heißt das. Damit die anderen auch den Namen verstehen. Wenn wir ‚Türk gücü' genommen hätten, das würden nur wir verstehen und kein anderer. Aber ‚Turkish Power' – das weiß jeder. Und jeder überlegt sich bei dem Namen ‚Power': Was steckt hinter den Jungs?" (Tertilt 1996, S. 19f.)

Die Praktiken der Jugendbande sind als Bewältigungs- und Abwehrverhalten zugleich in die Gegensätze von Familienwelt und öffentlicher Jugendkultur, von Klassenlage der Elterngeneration und diffusen Aufstiegsmöglichkeiten der Zweiten Generation, von Individualisierung durch Schulbesuch und Kollektivierung in der Gruppenkultur und schließlich in die objektiven Widersprüche der Migrationssituation (ebd., S. 162ff.) eingebunden. Als Verteidigungsgemeinschaft erzeugt die Jugendbande Konformitätszwang, ihre Praktiken sind ebenso gewalthaltig wie die erfahrene Diskriminierung. Deshalb ist eine romantisierende Interpretation unbegründet, auch weil der Kreislauf von Gewalt und Gegengewalt nicht unterbrochen wird.

Zugleich aber begreifen die Jugendlichen die Widersprüche ihrer objektiven Lebenslage in der gemeinsamen Reflexion und Aktion, bleiben ihr nicht bewusstlos unterworfen, sondern können sie punktuell und situativ aufheben. In der Differenzierung der weiteren Lebensläufe zeigt sich, dass sowohl die individuellen Ressourcen zur dauerhaften Bewältigung der benachteiligten Lage begrenzt sind als auch die gesellschaftlichen Gelegenheiten. Mit der Bande schaffen sich Migrantenjugendliche einen sozialen Ort, an dem sie die unentrinnbaren Erwartungen von Eltern, Geschwistern, Lehrern, Sozialarbeitern und Polizisten abwehren und bewältigen. Mit dem Namen der Bande erfinden sie eine Bedeutungswelt, in der die Menschen jenseits von Deutschen und Türken die Macht haben, die *Turkish Power Boys*.

Schlussfolgerungen

Schlussfolgerungen für pädagogische Konzepte ergeben sich in zwei Dimensionen:

1. Pädagogisch-konzeptionelle Überlegungen sollen nach dem Modell der komparativen Kompetenz aufgebaut werden. Leonie Herwartz-Emden (1995) hat die Parallelisierung von Forschungsmethoden zu Strukturierungsgrundsätzen von pädagogischen Situationen vorgeschlagen. Dabei orientiert sie sich an Ableitungs- und Übertragungsverfahren, insoweit die im systematischen Vergleich entwickelten Begriffe und Methoden auf praktische Handlungskonzepte übertragen und angewandt werden. Dies dürfte deshalb ergiebig sein, weil das methodisierte Vergleichen dann in praktischen Situationen dazu zwingt, die Bereiche des Vergleichens genauer anzugeben, Differenzen und Übereinstimmungen zu eruieren und kulturspezifische Besonderheiten auch als funktionale Äquivalente im Hinblick auf allgemeinere Ziele und Werte zu begreifen.
   Dieser gut begründete Vorschlag soll hier ergänzt werden um den Gesichtspunkt, dass das methodische Wissen von Pädagogen und Pädagoginnen über die Kategorien des Vergleichs zur Entschlüsselung von alltäglichen Kommunikationsproblemen verwandt werden soll. Dieser Vorschlag zielt weniger auf die curriculare Ebene als auf die Handlungskompetenz von Pädagogen ab. Ihre am Vergleich geschulte Wahrnehmung von Problemen und Missverständnissen soll umgesetzt werden in mäeutisches Fragen, das einen schrittweisen Erkenntnisprozess der in der interkulturellen Kommunikation Verfangenen ermöglicht.
   Zum anderen sind vergleichende Kompetenzen ein Element der Alltagsorientierung. Herwartz-Emden hat auch die Themen, Bezugsgruppen und Dimensionen untersucht, auf die hin sich Gruppen im Akkulturationsprozess vergleichen. Eine solche Analyse kann pädagogische Programme für bestimmte Gruppen (die Untersuchung bezieht sich bei ihr auf Aussiedler und Aussiedlerinnen) vorbereiten und strukturieren.
   Für die Analyse wie für die pädagogische Konzeptentwicklung sind als Rahmen des methodischen Vergleichs zwei Bedingungen bedeutsam: die Machtverhältnisse zwischen den Vergleichseinheiten und die Identifikationen derer, die sich mit anderen vergleichen (Herwartz-Emden 1995, S. 334). Damit bin ich bei der zweiten wichtigen Dimension.

2. Die Konzentration auf die Sozialisation der Migrantenjugendlichen hat in diesem Beitrag das breite Themenspektrum der Interkulturellen Pädagogik im Hintergrund gelassen. Die erziehungswissenschaftliche Diskussion hat in den letzten dreißig Jahren jedoch die schmale Orientierung an den praktischen Problemen von Gastarbeiterkindern verlassen und sich einem breiten Spektrum von Themen und Aufgaben, man könnte auch sagen: allen guten pädagogischen Absichten zugewandt. Die Kritik an der gedanklichen Engführung der alten „Ausländerpädagogik" war not-

wendig gewesen, in ihrem Gefolge aber haben sich spezifische Aufgaben im weiten Feld des allgemeinen Interkulturellen aufgelöst.
Die wirkliche Entfaltung der komparativen Kompetenz von Migrantenjugendlichen wird durch die Vorenthaltung von Gleichberechtigung unterdrückt. In Deutschland ist die Tatsache, dass Menschen zu Ausländern gemacht werden, auch wenn sie im Inland geboren werden, der zentrale Mechanismus zur politischen Abwehr von Teilhabeforderungen.
Die vorgeschlagene Verfeinerung des Vergleichens in interkulturellen Interaktionen findet eine unübersteigbare Barriere an der objektiv gesetzten Ungleichheit. Die kulturelle Erfindung der *Turkish Power Boys* ist eine kreative Leistung und hat „Identität" vermittelt, mit ihrer Selbstbezeichnung haben sie zwar ohnmächtig, aber doch wenigstens hypothetisch die Machtfrage gestellt.
Als Türken wurden sie geboren, und sie haben diese Zufälligkeit mit der Orientierung an einer universalen Jugendmedienkultur – in welcher Warenform diese auch bestehen möge – in gewisser Weise aufgehoben. Zu Ausländern werden sie aber gemacht in einem Herrschaftsverhältnis.
Deshalb plädiere ich in einem ganz bestimmten Sinne für „Ausländerpädagogik". Sie macht den zentralen Punkt der Unterwerfung von Migranten zum Ausgangspunkt ihrer Reflexion und analysiert die Kräfte, die an der Produktion von Ausländern beteiligt sind. „Produktion von Ausländern" meint hier nicht die reale Ausbürgerung von im Inland geborenen Menschen, diese Formel meint auch die Mechanismen, wie gegen die realen sozialen Prozesse der Integration Teilhabeforderungen abgewehrt werden. Zu beachten sind also nicht nur die politischen, rechtlichen und staatlichen Elemente, sondern auch die gesellschaftlichen und individuellen Handlungen und Strukturen, die den Bürger zweiter Klasse hervorbringen.
Der neuzeitliche Humanismus hat als Voraussetzung der Bildung die Idee entwickelt, dass der Mensch weder den übermenschlichen Mächten noch den außermenschlichen Zwecken unterworfen werden darf. Selbstbestimmung ist die Bedingung für die Möglichkeit von Bildung. Solange Selbstbestimmung in den für alle geltenden Grenzen menschlicher Existenz vorenthalten wird, muss sich die Pädagogik als Ausländerpädagogik an der Ungleichheit abarbeiten, bevor interkulturelle Bildung ins Auge gefasst werden kann.

3. Begriffliche Übungen und theoretische Perspektiven

Bei der Fundierung der Interkulturellen Pädagogik wird „schweres Geschütz" aufgefahren. Die verwendeten Begriffe werden vielfach formal definiert und pragmatisch verwendet. Auch bleibt die Beziehung zwischen Bezeichnung und (vermeintlich) Bezeichnetem oft unbedacht. Deshalb ist die grundbegriffliche Klärung und die „Verankerung" der gegenstandsspezifischen Überlegungen in allgemeinen Theorien sehr wohl begründet.

Bei der Betrachtung dieser Umstände zeigt sich, dass es erhebliche Verständigungsprobleme zwischen funktionalistischen und strukturalistischen, zwischen konstruktivistischen und realistischen Theoriemodellen gibt. Einen gewissen Vorteil haben hier interaktionistische, ethnomethodologische Theorien, weil sie in sozialkonstruktivistischer Tradition empirisch verfahren können und gleichzeitig die Konstruktionsprozesse in Kultur und Gesellschaft rekonstruieren können.

Einen zentralen Hintergrund der Auseinandersetzungen im Alltag, der Bezeichnung von Migranten und ihren Lebenswelten als „vormodern" beispielsweise, bilden Annahmen über Modernität. Die Einheimischen, die ja auch Eingeborene sind, halten sich selbst überwiegend für modern im Sinne von vernünftig, aufgeklärt, demokratisch, emanzipiert usw. Vor dieser Folie entstehen die Bilder des Fremden, der traditionell verhaftet erscheint. Und umgekehrt: Die Wahrnehmung eines Anderen als „rückständig" befördert das Selbstbild als „modern".

Das Alltagsbewusstsein zehrt bei diesen gedanklichen Operationen vom Selbstverständnis der Gesellschaft als modern und dieses Selbstbild wird durch die sozialwissenschaftlichen Theorien der Moderne bzw. der modernen Gesellschaft untermauert. Das Amalgam von Alltagsbewusstsein und theoretischer Legitimation von „Modernität" charakterisiert sicherlich auch vielfach das pädagogische Handlungsverständnis und generiert Konflikte. Denn mit seiner praktischen Verwendung in pädagogischen Kommunikationen wird eine soziale Differenz hervorgebracht, die vorhandene Konfliktlinien verdoppelt und damit die Wahrscheinlichkeit von Konfliktlösungen oder der Verständigung über die Quellen von unterschiedlichen Sichtweisen verringert. Deshalb haben Übungen am Begriff auch praktische Bedeutung.

3.1 Modernisierung, Migration und Ethnisierung

Problemstellungen einer pädagogischen Debatte

Ausgangspunkt meiner Überlegungen ist eine Auseinandersetzung, die in der Zeitschrift für Pädagogik 1995/96 zwischen Frank-Olaf Radtke und Georg Auernheimer stattgefunden hat. Dieser hatte in einem Praxisbericht darauf hingewiesen, dass LehrerInnen nicht über das notwendige interkulturelle Problembewusstsein verfügten. Radtke eröffnete die Debatte mit einer heftigen Polemik gegen die Pädagogisierung sozialer und politischer Probleme durch die interkulturelle Erziehung. Die Zuwendung zu sozialpsychologischen Konzepten und Begriffen in der Fundierung pädagogischer Programme berge die Gefahr eines „pädagogisch halbierten Anti-Rassismus“ in sich, und da er wirkungslos bleibe, führe er am Ende nur Resignation oder oberflächliche Betriebsamkeit herbei. So seine These. Ihre Begründung sieht folgendermaßen aus: „In modernen, funktional differenzierten Gesellschaften wird ein Steuerungsdefizit wahrgenommen. Seit die Erfahrung sich verbreitete, dass es ein die Gesellschaft repräsentierendes Zentrum nicht mehr gibt, soll häufig organisierte Erziehung die Leerstelle füllen. Die Pädagogisierung eines gesellschaftlichen Problems setzt regelmäßig dann ein, wenn für politisches Handeln kein Ansatz gefunden oder kein Konsens zu erreichen ist. Das galt und gilt für die Friedenserziehung, die Umweltpädagogik und für den Multikulturalismus, die alle volkspädagogische Umerziehungsprogramme sind und ihren curricularen Niederschlag in der Schule gefunden haben. Am Ende stehen gemeinschaftsstiftende Rituale, die bisweilen an Beschwörungen oder Exorzismus erinnern – man denke an die Menschen- und Lichterketten und ihre Vorbereitung im Projektunterricht. Die damit verbundene Subjektivierung der Probleme Frieden, Umwelt oder ethnische Diskriminierung verdeckt und verdunkelt allzu leicht ihre strukturellen Ursachen. Die Erziehungswissenschaft hat in einer Gesellschaft, die dazu tendiert, Erziehung als Ersatzhandlung misszuverstehen, auch die Aufgabe, der Funktionalisierung der öffentlichen Erziehung in gegebenen sozialen Konstellationen nachzugehen. Das gilt dringlich auch für das Programm der Interkulturellen Erziehung zu Toleranz und kulturellem Respekt“ (Radtke 1995, S. 856).

Diese Warnung vor Pädagogisierung gehört nun sicherlich zum Argumentationsfundus seit 1968. Doch will es Radtke nicht bei der Kritik belassen, er skizziert eine alternative Betrachtungsweise, die ihre Aufmerksamkeit auf die Mechanismen in den Organisationen und Institutionen richtet. Die Schule als Organisation legt dabei Wert auf Differenzierung und Homogenisierung. Die Differenzierung wird nach Leistungskriterien vorgenommen. Die Schule benutzt aber auch soziale und ethnische Differenzierungen bei ihren allfälligen Selektions- und Allokationsentscheidungen, die dadurch zu Diskriminierungen werden können. Solches zu beobachten wird zur vorrangigen Aufgabe der Erziehungswissenschaft. „Durch Beobachtung der

Effekte der Diskriminierung und die Aufklärung der Mechanismen könnte sie die Schule zumindest in ihren Selbstbeschreibungen, vielleicht auch in ihrer Praxis irritieren. Die Beobachtung der Organisation Schule und die Aufklärung der in ihr wirkenden Mechanismen der Diskriminierung, die sich hinter dem Rücken der Akteure und ohne Absicht vollziehen, erinnerte die Organisation an ihre politischen Ziele in einer demokratischen Gesellschaft" (ebd., S. 864).

Das Problem, das sich aus dieser Aufgabenzuweisung ergibt, ist die Frage, was mit den Ergebnissen der Beobachtungen geschehen soll. Was soll vor allem passieren, wenn die Organisationen, aufgeschreckt durch das ihnen im wissenschaftlichen Spiegel erscheinende Diskriminiererbild, gerade nicht die ethnische Selektion aufgeben, sondern Theorien zu ihrer Legitimation verfeinern? Sollen dann Quotierungen die Defekte funktional differenzierter Gesellschaften beseitigen? Doch weil eine solche Quotierung gleichzeitig die Gerechtigkeitsprinzipien demokratischer Leistungsgesellschaften verletzen kann, werden auch solche Versuche, den Teufel mit Beelzebub auszutreiben, verworfen, oder aber – und das bleibt in diesem Beitrag offen – ein „ethnic monitoring" wirkt durch seine bloße Existenz.

In seiner Replik geht Auernheimer (1996) unter anderem genau auf diese Frage ein und arbeitet die Schwachstelle von Radtkes Argumentation heraus. Denn der muss systemtheoretisch feststellen, dass Schulen an ethnischer Differenz „zunächst uninteressiert" seien. Sie hätten es nur mit „Differenzen des Lernverhaltens" zu tun (vgl. Radtke 1995, S. 861). Wenn dies aber richtig ist, dann sind die Selektionsleistungen der Schule, die Ausländerkinder systematisch benachteiligen, aber doch wesentlich fundierter, als Radtke es wahrhaben will. Er folgt der Norm eines farbenblinden Liberalismus, der sich an dem Anspruch demokratischer Gesellschaften orientiert bzw. konstatiert, dass die Schule nicht nach dem ihr zugrundeliegenden Modell funktioniert, dies aber nicht mehr für bearbeitbar ansieht.

Die Auseinandersetzung, die zwischen Radtke und Auernheimer stattfindet, dreht sich also um Thematisierung und Dethematisierung von Differenzen. Radtke wirft der Interkulturellen Pädagogik vor, dass sie durch die Thematisierung kultureller Differenzen die Rechtfertigungsideologie für Selektionen liefere, bei denen Ausländerkinder diskriminiert werden. Auernheimer wirft Radtke vor, dass seine Perspektive praktisch folgenlos bleibe oder aber, wenn die Korrektur der Diskriminierung praktisch angegangen werden sollte, in einem Programm der ‚political correctness' enden müsse. Genau dieses Programm verschärft aber, wie sich an Entwicklungen in den USA gut zeigen lässt, die Funktion ethnischer Grenzziehungen.

Zwischen dem Kulturtheoretiker Auernheimer und dem Systemtheoretiker Radtke möchte ich meine eigene These interaktionistisch und herrschaftstheoretisch begründen. Ich will diese These vom Ende her, nämlich den Vorstellungen zu interkultureller Erziehung aufbauen. Deren Institutionalisierung halte ich mit Radtke gegen Auernheimer für problematisch, weil sie Differenz ontologisiert. Die Orientierung Radtkes an einem reinen Modell funktional differenzierter Gesellschaften dagegen erscheint mir mit Auernheimer als blind gegenüber der Bedeutung von Kulturen für Selbstdefinitionen von Menschen und Gesellschaften. Deshalb vertrete ich die Auffassung, dass interkulturelles Lernen ein notwendiges Lernen in kritischen Situationen oder in „Situationen der alarmierenden Entdeckung" ist, jedoch nicht dauerhaft institutionalisiert werden soll. Das Bewusstwerden eines gesellschaftlichen Wandels, von neuen Formen der religiösen und kulturellen Selbstdefinition, von erweiterten Bandbreiten gesellschaftlicher Vielfalt und der Pluralisierung von Lebensformen macht situativ interkulturelles Lernen erforderlich. Will man es aber auf Dauer stellen, dann muss es ständig die kulturellen oder anderen Differenzen betonen, hervorheben, wiederholen, die durch interkulturelle Verständigung überwunden werden sollen. Interkulturelles Lernen übersieht die jeweils schon erreichten Grade der Übereinstimmung und die übergreifenden Gemeinsamkeiten. Für Migrantenkinder wird interkulturelles Lernen zur Dauerbelastung, weil ihre Fremdheit als seine Voraussetzung auch dann thematisiert wird, wenn sie verschwunden ist oder in der privaten Lebensführung gehalten werden soll. Gerade in den Schulen ist die Anwesenheit von Migrantenkindern zur Selbstverständlichkeit geworden. Soweit dies der Fall ist, gefährdet interkulturelles Lernen durch die Thematisierung der Differenz eine wünschenswerte Selbstverständlichkeit. Sofern diese Selbstverständlichkeit als zwanglose Anerkennung und als Verhältnis der Gleichberechtigung allerdings nicht gegeben ist, muss auch hier nach dem Prinzip der Gegenwirkung (interkulturelles) Lernen auf die Erweiterung von Toleranz und Solidarität abzielen, das heißt, zeitlich begrenzt die kritische Situation bearbeiten, die durch Vorenthaltung von Gleichberechtigung eingetreten ist oder immer wieder eintritt.

Zur Verwendung des Kulturbegriffs

Diese Auffassung lässt sich mit einem bestimmten Kulturbegriff begründen. Kultur ist ein in Bewegung befindliches, adaptionsfähiges System. Es ist nicht hierarchisch aufgebaut, sondern reflexiv, heterogen und besteht aus mehreren, lose miteinander verkoppelten Systemebenen. Es enthält unterschiedliche Organisationsmuster und seine Grenzen sind nicht genau angebbar. Kultur ist immer die menschliche Kultur, in einer anthropologischen Perspektive abgrenzbar nur gegen die Natur; innerhalb von Gesellschaften überschneidet sich Kultur mit Technologie, Politik, Ökonomie und Sozialisation. Gegenüber diesem systematischen Kulturbegriff sind alle Einteilungen und Grenzziehungen innerhalb von Kultur nachgeordnet, sekundär. Die Unterscheidung von Kulturen verschiedener Gruppen und Sozialschichten, Milieus und Klassen, Nationen und Völker, Religionen und Sprachen entsteht immer erst in der Entgegensetzung und Abgrenzung –

mit dem pragmatischen Zweck der Selbstdefinition. Das Verhängnis der gegenwärtig weit verbreiteten Gewohnheit, den Kulturbegriff als identisch mit Nationalkultur zu verwenden, besteht darin, dass die pragmatische Implikation der Verwendung des Kulturbegriffs zur ontologischen Qualität hochgespielt wird.

Ich will wenigstens am Rande auf die Vorstellungen von Samuel Huntington eingehen, auch wenn diese weniger interessant sind als der Umstand, dass sein Buch über den „Kampf der Kulturen" zur Bibel der außenpolitischen Berater im Bundeskanzleramt der früheren Bundesregierung und Pflichtlektüre in der Deutschen Bank wurde. Diese „Analyse" ist ein Paradebeispiel einer sich selbst erfüllenden Prophezeiung, die strategische Aufrüstung für den Kampf gegen China und den Islam betreibt. Huntington geht davon aus, dass nach dem Ende des Kalten Krieges die zukünftige Welt(un)ordnung vom Krieg der sieben oder acht großen Kulturen bestimmt wird. Doch hinter dieser Unentschiedenheit, ob sieben oder acht Kulturen vorliegen, wird bald die strategische Quintessenz erkennbar: „Die wichtigste Achse der Weltpolitik wird jedoch das Verhältnis des Westens zum Rest der Welt sein, wobei der Westen versucht, anderen Gesellschaften seine Werte und seine Zivilisation aufzuzwingen, obwohl er hierzu immer weniger imstande ist. In dieser neuen Welt wird oder könnte der ‚Kampf der Kulturen' zwei verschiedene Formen der Gewaltsamkeit annehmen. Die verbreitetsten Kriege sind Bruchlinienkriege zwischen lokalen Gruppen aus unterschiedlichen Kulturen. Die gefährlichste Form des Krieges wären Kernstaatenkriege zwischen den großen Staaten unterschiedlicher Kulturen. Die Hauptursachen für diese beiden Formen des Konflikts und damit für die politische Instabilität im nächsten Vierteljahrhundert werden die Resurgenz des Islams und der Aufstieg Chinas sein. Die Beziehungen des Westens zu diesen Herausforderer-Kulturen – Islam und China – werden sich besonders schwierig und feindselig gestalten." (Huntington 1997, S. 20)

Das Weltbild, aus dem diese Perspektiven entstehen, ist auf eine bemerkenswerte Weise archaisch und fundamentalistisch zugleich. „Menschen sind immer versucht, die Menschen einzuteilen in ‚wir' und ‚die', in die Ingroup und die anderen, in unsere Zivilisation hier und die Barbaren dort" (ebd., S. 36). Die Dichotomie wird zugespitzt: „Hassen ist menschlich. Die Menschen brauchen Feinde zu ihrer Selbstdefinition und Motivation: Konkurrenten in der Wirtschaft, Gegner in der Politik. Von Natur aus misstrauen sie und fühlen sich bedroht von jenen, die anders sind und die Fähigkeit haben, ihnen zu schaden" (ebd., S. 202). Dieses Strickmuster ist nun doch vertraut; die anthropologische Ambivalenz wird halbiert und die verbleibende Hälfte wird naturalisiert. Denn den Kulturen kann eine Unveränderlichkeit nicht so zugeschrieben werden wie einer scheinbaren Menschennatur. Natürlich sieht Huntington auch „Gemeinsamkeiten" in Kulturen, am Ende ist die Botschaft aber wieder einfach und klar. „Im Kampf der Kulturen werde Europa und Amerika vereint marschieren müssen, oder sie werden getrennt geschlagen. In dem größeren Kampf, dem globalen ‚eigentlichen Kampf' zwischen Zivilisation und Barbarei sind es die großen Weltkulturen mit ihren großen Leistungen auf dem Gebiet der Religion, Kunst und Literatur, der Philosophie, Wissenschaft und Technik, der Moral und des Mitgefühls, die ebenfalls vereint marschieren müssen, da auch sie sonst getrennt geschlagen werden" (ebd., S. 53).

Das einflussreiche Buch von Samuel Huntington, das ich nun keineswegs erschöpfend behandeln konnte, soll nur als Beispiel dienen für die prinzipiell strategische Verwendung des Kulturbegriffs. Das pragmatische Element der Abgrenzung setzt sich in der tatsächlichen Verwendung durch und zerreißt die Allgemeinheit der Kultur. Auf eine Formel gebracht: Der Multikulturalismus ist mit dem Kulturbegriff nicht vereinbar. Und wer anfängt, Unterscheidungen vorzunehmen, muss sie auch fortsetzen und vervollständigen. Noch einmal ein Beispiel aus dem „Kampf der Kulturen": „Die Kultur eines süditalienischen Dorfes mag sich von der eines norditalienischen Dorfes unterscheiden, aber beiden wird eine gemeinsame italienische Kultur eigen sein, die sie von deutschen Dörfern unterscheidet" (ebd., S. 53). Hat man mit dieser Zuordnung etwas verstanden? Oder müssen nicht Dörfer nach vielen Merkmalen sortiert werden, ob sie z. B. im Gebirge oder am Meer liegen, und müssen sie nicht von anderen Agglomerationen unterschieden werden, so dass wir am Ende für das süditalienische Dorf nur die Teilhabe an mehreren Kulturen festhalten können? Und wie sieht die Analyse erst aus, wenn wir die Differenz zwischen Dorf und Stadt hinzunehmen und sie systematisch ausbauen!

Die jeweils spezifische Selektivität bei der Verwendung des Kulturbegriffs und der mit ihm möglichen Unterscheidungen erweist sich als das zentrale Problem. Bei Huntington wird durch die eindimensionale Konstruktion der Welt das alte Muster vom Islam als dem „entsubjektivierten Feind" schlechthin oder vom Konfuzianismus als der „subjektivierten Konkurrenz" (Terkessidis 1995, S. 138) vitalisiert, sonst nichts. Die Titelschlagzeile der Süddeutschen Zeitung vom 15./16.11.1997 bringt den Sachverhalt direkt und treffend zum Ausdruck: „Der Westen rüstet zum Einsatz am Golf".

Jedes Individuum partizipiert an mehreren Rollen und Kulturen; es auf eine bestimmte reduzieren zu wollen, ist der Grenzfall, den der Ethnologe Devereux am Rande des Abgrunds sieht, weil beim Verlust der einen Identität nur das Nichts bleibt.

Mit dieser eher grundsätzlichen Überlegung sind aber die mit Migration verbundenen Modernisierungsprozesse noch nicht erfasst. Auf sie will ich in einer eher sozialpsychologischen Perspektive eingehen.

Modernisierung

Migration ist ein Mechanismus der Modernisierung: Personen lösen sich aus der traditionellen Immobilität von Agrargesellschaften, werden in die moderne Industrie integriert und dabei sozialisiert und induzieren im Falle der Rückkehr in den Herkunftskontext dessen Modernisierung. Objektive Modernisierung bezieht sich auf die materielle Produktion und die Struktur von Gesellschaft. Individuelle Modernität kann als Zustand des unter diesen Bedingungen handelnden Menschen definiert werden. Eine grundsätzliche Prämisse sozialwissenschaftlicher Forschung ist nun, dass das Verhältnis zwischen individuellen Eigenschaften und sozial-strukturellen Bedingungen prekär ist. Dies liegt daran, dass modernisierte Strukturen gerade individuelles und zugleich strukturkonformes Verhalten erwarten (vgl. Luckmann/ Berger 1980).

Die Herausbildung von modernen Persönlichkeitsstrukturen wird in hohem Maße durch die Rationalität bestimmt, mit der es die Personen überwiegend zu tun haben; Persönlichkeitsmerkmale können als „Attribute analog zu- oder abgeleitet von Organisationsmerkmalen der Institutionen und Rollen" (Inkeles 1984, S. 357) bestimmt werden.

Für die Sozialisation von Migrantenkindern und deren Modernisierung ist deshalb die Rationalität der Schule das Bezugsfeld zur Interpretation individueller Merkmale. Die schulische Rationalität kann charakterisiert werden als Selektion durch Bewertung eines positiven Wissens und einer universellen Leistungsbereitschaft (vgl. Edelstein 1984). Das Vertrauen auf positivistisch fassbares Wissen, die Orientierung an Leistung, eine hohe Relevanz von Leistung im Selbstbild sowie der Glaube an die Legitimation einer Selektion nach Leistung werden als Persönlichkeitsmerkmale nach erfolgreicher schulischer Sozialisation erwartet. Für Migranten stellt sich die Diskrepanz zwischen Anspruch und Wirklichkeit der Rationalität des Bildungswesens dar, wenn nicht nur Leistung, sondern auch Geschlecht, Nationalität, Hautfarbe und Schicht Selektionskriterien werden und anhand dieser Merkmale Marginalisierungsprozesse in Gang gesetzt werden bzw. den erreichten Erfolg bedrohen.

Jene nichtuniversalistischen Kriterien verweisen jedoch gleichzeitig auf zugeschriebene Zugehörigkeiten, mit denen teilweise ein ethnischer Gemeinschaftsglauben verbunden werden kann. Migration bedeutet jedoch ein Herausgehen aus Gemeinschaftsbedingungen bzw. kann die letzte Stufe deren faktischer Auflösung darstellen. Damit verbunden ist Individualisierung sowohl der Lebenslage als auch deren Interpretation und der Selbstdefinition. Schon mit der Auflösung der Hausgemeinschaften segmentär gegliederter Gesellschaften ist ein Individualisierungsprozess verbunden. Individualisierung ist zunächst in einem allgemeinen Sinn definiert als Zurechnung von Handlungsfolgen zu individueller Verursachung und als Entscheidungsfähigkeit über Handlungsalternativen. Die umfassende Durchsetzung eines utilitaristischen Handlungskalküls muss demgegenüber als spezifische Pathologie der kapitalistischen Moderne festgehalten werden. Erfolgreiche Sozialisation heißt deshalb, eine Balance von individueller Orientierung und Identifikation mit kollektiven Bindungen zu finden. „Balance" meint dabei eine Position zwischen den Extremen des „Bewusstseins der vollständigen Einbindung in eine Gemeinschaft" und der Verhaltensregulierung nach den Regeln dieses Kollektivs einerseits und einem Bewusstsein auf der anderen Seite, in dem das Selbst als das allen anderen Personen der Gesellschaft Entgegengesetzte begriffen wird (kollektivistische vs. partikularistische Orientierung).

Ist dies auch als Anspruch immer Utopie, so kann man dennoch feststellen, dass die Frage „Wer bin ich" schwierig zu beantworten ist, vor allem gerade auch in Richtung der „Übereinstimmung mit sich selbst". Dieser Prozess verschärft sich insbesondere dann, wenn man aufgrund von Geschlecht, Nationalität, Hautfarbe oder Schichtzugehörigkeit nicht zu denjenigen gehört, auf die die kulturelle Selbstverständlichkeit der freien Wahl auch selbstverständlich zutrifft. Kulturelle Identität wird zum Zwang, gerade dann, wenn eigentlich gar nicht klar ist, zu welcher Kultur man gehört und gehören will (vgl. Bausinger 1987, S. 83 ff.). Gleichzeitig ist sie ein Potential, auf das zur Definition und Bearbeitung von Problemen und Belastungen zurückgegriffen werden kann.

Ethnische Identifikationen sind nun prinzipiell als ambivalent zu betrachten im Hinblick auf ihren Einsatz sowohl als Abwehr- wie auch als Bewältigungsressourcen. Ethnische Identifikation und Kulturkonfliktthese sind Ich-Funktionen im Zusammenhang von Stigmamanagement. Damit wird an das Ethnizitätsverständnis von Barth (1969) angeknüpft, das als „formalistisches" Konzept von den funktionalen Bedeutungen ethnischer Definitionen ausgeht im Gegensatz zu einem „substantivistischen" Konzept von primordialer Ethnizität (vgl. Lentz 1988). Die unterschiedlichen empirischen Befunde der Migrationsforschung über Ethnizität sind so lange nicht überraschend, als der spezifische Kontext der Genese von Ethnizität nicht analysiert werden kann. So beschreibt Furtner-Kallmünzer das Identitätskonzept von ausländischen Kindern und Jugendlichen als über „die 0rientierung an der Eigengruppe der ethnischen Minderheit stabilisiert" (Furtner-Kallmünzer 1987, S. 506). Dies hat zur Voraussetzung, dass Vorurteile von Deutschen über die Eigengruppe abgewiesen werden müssen, was wiederum mit Gegenvorurteilsbildung verbunden ist (die Deutschen haben keine Relevanz für das eigene Bezugssystem); von den Jugendlichen wird ein „normales" Verhältnis zwischen Deutschen und Ausländern nicht mehr erwartet, und es wird auch nicht der Versuch unternommen, ein solches herzustellen.

Zu einem anderen Ergebnis kommen hingegen Mühlfeld u. a., die feststellen: „Jenseits dieser individuellen Besonderheiten kann allgemein festgehalten werden, dass die faktische Anpassung der zweiten Generation an die Lebensumstände in Deutschland sehr viel weiter gediehen ist, als das eine teilweise dramatisierende Debatte über Ausgrenzungen vermuten lässt“ (Mühlfeld u.a. 1987, S. 16). Insbesondere im Falle struktureller Integration mit daraus resultierender sozialer Assimilation entstehen Zugehörigkeitsgefühle gegenüber der Gesellschaft, in der Jugendliche leben (Schultze 1991).

Ethnizität und Moderne

Die Herausbildung von Ethnizität ist nun freilich nicht nur eine Frage der Sozialisation von Migrantenjugendlichen, sondern auch der Gesellschaftstheorie. Sie wird als ethnische Differenzierung in modernen Gesellschaften gefasst (vgl. Esser 1988). Deren Modernisierung wird als funktionale Differenzierung verstanden, die sich in konkreten Prozessen der Arbeitsteilung, Industrialisierung und Technologisierung, Verstädterung und allgemeinen Alphabetisierung ausdrückt. „Formalisierung, Rationalisierung und Generalisierung der Beziehungen und Positionszuweisungen sind das andere zentrale Charakteristikum“ (ebd., S. 236). Säkularisierung, Herausbildung von Nationalstaaten und schließlich Demokratisierung sind weitere Elemente der Modernisierung.

Ethnische Differenzierung wird zunächst als Gegenbild zu diesen Prozessen zu definieren sein. Sie ist als Vergemeinschaftung zu begreifen, die auf dem Gemeinsamkeitsglauben bestimmter Personengruppen beruht. Das Material für diesen Glauben kann aus ganz verschiedenen Quellen stammen: Abstammung, Verwandtschaft, Rasse, Sprache, Religion, gemeinsames Schicksal und andere äußere oder angenommene innere Merkmale. Der Gemeinsamkeitsglaube ist subjektiver Natur und ergibt sich „als eine Reaktion auf besondere Erfahrungen, Zielsetzungen und erlebte Regelhaftigkeiten“ (ebd., S. 237). Nach innen sichert er wechselseitige Verpflichtung und Integration, nach außen Abgrenzung und als Verschränkung dieser beiden Perspektiven Ethnozentrismus: Die eigene Kultur ist besser als die der anderen. Diese Auffassung von ethnischer Differenzierung, die schon auf Distanz geht zu Begriffen wie Ethnizität und Volk, setzt sich zugleich ab von dem Begriff einer primordialen Ethnizität. In diesem ist die Vorstellung enthalten, dass Stammes- oder Volksbewusstsein irgendwann (der Anfang ist oft in einem Mythos gefasst) entstanden ist und kontinuierlich fortdauert. Dieser Begriff folgt aber ganz dem Selbstverständnis eines ursprünglichen Volksbewusstseins und seiner ideologischen Legitimation. Ethnische Differenzierung kann verbunden sein mit materieller Ungleichheit und sich in ethnischer Schichtung konkretisieren. Insbesondere in diesen Fällen ist dann ethnische Mobilisierung möglich, bei der es um Organisation von Interessen beim Kampf um kollektive Güter geht, also um ein typisches Problem moderner Gesellschaften.

Die Theorien der modernen Gesellschaft hatten dies aber zunächst nicht mehr vorgesehen. Max Weber hatte den Prozess der Rationalisierung als unaufhaltsam diagnostiziert, so dass alle Gemeinschaften von innen her durch Individualisierung und von außen durch das koloniale Muster der „Rechenhaftigkeit" aufgelöst würden. Die klassische Formulierung hatte allerdings das Kommunistische Manifest geliefert: „Die fortwährende Umwälzung der Produktion, die ununterbrochene Erschütterung aller gesellschaftlichen Zustände, die ewige Unsicherheit und Bewegung zeichnet die Bourgeoisieepoche vor allen anderen aus. Alle festen, eingerosteten Verhältnisse mit ihrem Gefolge von altehrwürdigen Vorstellungen und Anschauungen werden aufgelöst, alle neugebildeten veralten, ehe sie verknöchern können. Alles Ständische und Stehende verdampft, alles Heilige wird entweiht und die Menschen sind endlich gezwungen, ihre Lebensstellung, ihre gegenseitigen Beziehungen mit nüchternen Augen anzusehen" (Marx 1953, S. 528f., zit. n. Esser 1988, S. 238). In der strukturfunktionalistischen Entwicklungstheorie schließlich wird Ethnizität zum Relikt und Anhängsel von funktionalen Systemprozessen – eine Perspektive, die auch Radtke übernommen hat. In der für die Entwicklungsländer konzipierten Modernisierungstheorie wird Ethnizität zum Inbegriff der Rückständigkeit; dieses Modell hat auch in den pädagogischen Konzepten für den Umgang mit Migrationsfolgen tiefe Spuren hinterlassen.

Es gibt nun aber hinreichend viele Alltagsbeobachtungen und empirische Studien, die zeigen, dass die traditionellen Theorien der modernen Gesellschaft nicht stimmen. Wahrscheinlich liegt dies daran, dass auch diese Theorien sich an das programmatische Selbstverständnis der Moderne angeschmiegt und die Nebenfolgen der Modernisierung übersehen haben. Für diese Einsicht werden regelmäßig Theorien der Postmoderne ausgearbeitet, die häufig wiederum die dunkle Seite der Moderne überbetonen. Will man dieses bloße Hin und Her überwinden, muss man die Vorstellung einer prinzipiellen Ambivalenz von Modernisierung in ihre Theorie aufnehmen. Im Hinblick auf Ethnizität heißt dies, dass die mit Modernisierung verbundene Mobilisierung, z. B. Migration, nicht nur universalistischen Differenzierungskriterien folgt (z. B. Leistung), sondern auch Handlungsroutinen und gleichzeitig Bedürfnisse nach neuen Routinen, Sicherheiten in Gemeinschaftsbeziehungen weckt. Ethnizität ist in dieser Perspektive das Ergebnis von Modernität. Diese entsteht auch nicht in der .Form traditionaler Kontinuität, sondern in der Form moderner Organisiertheit, die sich nur der Staffage der Traditionalität bedient. Diese auf Entmythologisierung bedachte Formulierung bezieht sich dabei nicht auf den subjektiven Aspekt des Gemeinsamkeitsglaubens, dessen Undurchschaubarkeit freilich auch für die „gute alte Zeit" anzusetzen ist.

Die im Titel des Beitrags angesprochene Ethnisierung ist also eine moderne Strategie der Interessenartikulation und -durchsetzung, die im Falle der Migration auch und vor allem dazu dient, die Privilegien der Einheimischen gegen die Beteiligungsforderungen der Zugewanderten zu verteidigen. Der Volksmund bringt dies wie gewohnt auf den Begriff: „Deutschland den

Deutschen". Diese Re-Ethnisierung ist offensichtlich, wie Hoffmann-Nowotny (1973) für die Schweiz zeigte, bei den Einheimischen mit ihrem hohen Anomiepotenzial weitaus größer als bei den Migranten. Denn diese sind als solche ja zunächst „Modernisierungsfans", sonst würden sie nicht auswandern. Selbstethnisierung kann für sie viele Funktionen haben: Instrument zur Selbstorganisation im Kampf um kollektive Güter, aber auch Schutzreaktion auf kränkende Diskriminierung und Verarbeitung von Misserfolg gerade bei der Orientierung an modernen Mustern und Werten. „Insoweit Migrationen, aber auch Kolonisationen, insbesondere jedoch Nationalstaatenentwicklung und eine weltweite ‚Durchkapitalisierung' als Teile oder Folgen von Prozessen der Modernisierung anzusehen sind, kann man in der Tat festhalten, dass Modernisierung statt zu einer Einebnung ethnischer Unterschiede geradezu im Gegenteil zu ihrer Verschärfung und zu einer um den Stratifikationsprozess erweiterten Dramatisierung beigetragen hat" (Esser 1988, S. 241).

Eingetretene ethnische Schichtung entwickelt Selbststabilisierungsstrategien: soziale Distanz, räumliche Segregation und kulturelle Legitimation – gelegentlich mit Religion vermischt. Eine der komplizierteren Fragen ist es nun, ob Ethnisierung nur eine Reaktion auf die unvollständige und ihrer feudalen Reste nicht bereinigten Moderne darstellt, wie Hartmut Esser und Frank-Olaf Radtke annehmen. Sie gehen davon aus, dass funktionale, von Askription freie Differenzierung möglich ist und dabei zugleich die andere Problemdimension, nämlich soziale Ungleichheit, mit erledigt. Die reine, wirkliche Modernisierung, die „endgültig" moderne Gesellschaft (ebd., S. 246) lässt nach diesem Glauben nicht nur die Traditionalität, sondern auch die Ungleichheit hinter sich. Dass der verbleibende Rest an Ungleichheit dann nur noch biologisch erklärt werden kann, hatte Hartmut Titze schon früher im Zusammenhang mit der Bildungsreform herausgearbeitet (vgl. Titze 1975).

Der Glaube an eine endgültig modernisierte Gesellschaft wird auch durch die Argumente von Reinhard Kreckel (1989) gegen Essers Modell erschüttert. Er weist zunächst darauf hin, dass moderne Gesellschaften bisher nur im Rahmen des Nationalstaats entstanden sind, also einem ganz unmodernen Gebilde. Nationalismus und Funktionalismus sind und bleiben Geschwister. Dies zeigt sich gerade in der gegenwärtigen Globalisierungskrise, dass nämlich der Nationalstaat durch Schließung den Import ethnischer Konfliktpotentiale verhindert, die von den modernsten Staaten ausgehende Marktglobalisierung jedoch weltweit Konflikte verschärft. Die ökonomische Modernisierung durch den Markt treibt also auf neuem Niveau die Ethnisierung von Abschließung einerseits, von Mobilisierung ethnischer Bewegungen andererseits voran.

Schließlich ist ein grundsätzlicher Einwand möglich: „Der teleologische Begriff der modernen Gesellschaft als Endpunkt eines Prozesses zunehmender funktionaler Differenzierung" (Kreckel 1989, S. 166) ist eine ganz unhistorische Orientierungsgröße und muss deshalb gänzlich neu gefasst werden. Eine Alternative ist grundbegrifflich anzusetzen und fasst Gesellschaftsentwicklung als ambivalenten, wenn nicht widersprüchlichen Prozess auf. Dieser kann mit den Begriffspaaren Kultur und Struktur oder System und Lebenswelt besser beschrieben werden als durch ein teleologisches Modell eindimensionaler Modernisierung. Zwischen „Kultur“ und „Ethnizität“ bieten sich gleichzeitig Begriffsalternativen an, beispielsweise mit dem der Mentalität, der eine „formlos fließende Geistesverfassung“ (Lepenies 1995, S. 677) meint und Kontinuität wie Wandel und Brüche gleichermaßen erfassen kann.

3.2 „Ethnizität“ und „Kultur“ im erziehungswissenschaftlichen Diskurs

Pädagogische Theorie und Praxis, die als Reaktion auf die neuere Einwanderung in die europäischen Staaten entstanden sind, waren von Anfang an von einer Diskussion über die angemessenen Begriffe begleitet. „Eignen sich die Kategorien ‚Kultur‘ und ‚Identität‘ zur Beschreibung der Migrationssituation?“, fragte beispielsweise Czock im Jahr 1988. Das mögliche Spektrum unterschiedlicher Zugangsweisen hatte auch Ruhloff (1986) im Auge mit der Frage „Ausländersozialisation oder kulturüberschreitende Bildung?“. Die Diskussion über diese Fragen hat sich mit der Etablierung einer Interkulturellen Pädagogik keineswegs als abgeschlossen erwiesen und soll in diesem Beitrag fortgesetzt werden. Mit der Selbstbezeichnung „Interkulturelle Pädagogik“ ist unmittelbar die Frage verbunden, welcher Begriff von Kultur ein solches Konzept anzuleiten vermag.

Nachdem der Begriff „Volk“ so verwendet wurde und wird, dass man bestenfalls noch diese Verwendungssituationen analysieren kann, hat sich vielfach die Bezeichnung „Ethnie“ durchgesetzt. Im pädagogischen Zusammenhang wurde jedoch stärker von „Ethnizität“ gesprochen, insbesondere nachdem die amerikanische Diskussion, die durch das Buch „Ethnicity“ von Glazer und Moynihan eine Wende erfahren hatte, rezipiert worden war. „Ethnizität“ wird seitdem verwendet als Bezeichnung für eine Bindung bzw. Identifikation mit einem kulturell definierten Kollektiv, dem vergemeinschaftende Qualität zugeschrieben wird.

Im Folgenden geht es darum, einige Diskussionen über die Angemessenheit dieser Begriffe nachzuzeichnen, ihre Verwendung in der empirischen Forschung zu untersuchen und einen Vorschlag zur Fortsetzung der Diskussion zu unterbreiten.

Ethnizität als Restkategorie in der Moderne?

Dieser Vorschlag schließt an die interaktionistische Verwendung des Ethnizitätsbegriffs an, der in dieser Weise – aber auch in anderen Theoriekonzepten (Esser 1988) – Ethnizität als Mittel und Ergebnis gesellschaftlicher Mobilisierung begreift. Ethnizität als Konstruktion bleibt in diesem Verständnis auf die Verwendungssituation bezogen und hebt nicht in erster Linie ab auf die Bedeutung für die handelnden Individuen und Kollektive, erst recht nicht auf die Persistenz „primordialer" Ethnizität.

Mit dieser Begriffsverwendung ist eine neuere soziologische Kontroverse verbunden gewesen. Dabei hatte H. Esser zunächst ethnische Schichtung in funktional differenzierten modernen Gesellschaften konstatiert und als Resultat einer unzureichenden Modernisierung analysiert. In diesem Zusammenhang entstehe Ethnizität wesentlich als Ergebnis von Mobilisierung zur Überwindung solcher Schichtungen und ihrer Folgen. Diese Modernisierungstheorie orientiert sich an einem Modell der Moderne, in dem Ethnizität, genauer: Vergemeinschaftung keinen Platz mehr hat: „Und in der Tat: möglicherweise füllen die Arbeitsmigranten in den westeuropäischen Gesellschaften die Restbereiche der traditionellen industriegesellschaftlichen Produktionsweise mit den Bestandteilen feudaler Orientierung und Rollenkonformität, die dafür noch erforderlich ist, die jedoch von den in funktionaler Differenzierung individualisierten und anomisierten autochthonen Teilen der Bevölkerung nicht mehr erbracht werden können. Für diesen Typus tatsächlich funktional differenzierter, nun endgültig ‚moderner' Gesellschaft entfallen indessen die objektiven Grundlagen für dauerhafte ethnische Vergemeinschaftungen und für systematische ethnische Mobilisierungen letztendlich." (Esser 1988, S. 246 f.) In der von Esser hier entwickelten Theorie wird Gesellschaft grundbegrifflich nur als System, d.h. als funktional differenziert, gefasst und nicht gleichzeitig als Herrschaftszusammenhang und als Lebenswelt verstanden. Deshalb erscheinen Ethnizität und Vergemeinschaftung als Restgrößen, die nur vorläufig noch zu erwarten sind. Auch diese Theorie lehnt sich also, obwohl Esser gerade Theorien dieses Typus kritisiert hatte, an das spezifische Selbstverständnis moderner Gesellschaften an und theoretisiert dieses Selbstverständnis. Eine Folge dieses Modells ist, dass der Sozialisationsprozess nicht als Enkulturation, sondern als abstrakter Rollenerwerb aufgefasst werden kann. Genau dies hatte aber schon der Interaktionismus am Strukturfunktionalismus hinreichend kritisiert (vgl. Krappmann 1969).

Die Gegenposition zum Esser'schen Modernisierungsmodell hat R. Kreckel (1989) formuliert und darauf hingewiesen, dass Modernisierung als historischer Prozess zu verstehen sei, der bisher immer im Rahmen von Nationalstaaten abgelaufen sei. Der Nationalstaat ist Bezugspunkt für „neue askriptive und partikularistische Loyalitäten" (Kreckel 1989, S. 164), trägt also ganz antimoderne Strukturmerkmale. Die Nationalstaaten mit kapitalistischer Gesellschaft verkörpern das Modell exklusiver Gesellschaften, die ihre Konfliktpotentiale systematisch ausschließen, beispielsweise in die „Dritte Welt" exportieren.

Unter Rekurs auf Max Weber argumentiert Kreckel – und ich halte dieses Argument für zentral – dann weiter, dass moderne Gesellschaften sich nicht nur durch rationale Vergesellschaftung auszeichnen, sondern auch askriptiv-partikularistische Vergemeinschaftungen hervorbringen. Modernisierung wird in diesem Verständnis nicht als eindimensionale Entwicklung von Vergemeinschaftung zur Vergesellschaftung verstanden, sondern als Wandel der Mischungsverhältnisse dieser beiden. Offen bleibt hier zunächst, was der Grund für einen gewissermaßen dauerhaften Bedarf an Vergemeinschaftung ist. Jedenfalls ist schon mit dem Begriff der Postmoderne die Gegenthese zu einem eindimensionalen Fortschrittsmodell der Moderne gesetzt. Entscheidend ist jedoch für unseren Diskussionszusammenhang, dass ethnische Vergemeinschaftung nur eine Variante von Vergemeinschaftungen darstellt. Sie nur als Friktionen einer „kalten Modernisierungslogik" (S. 166) zu begreifen, würde ihnen aber immer noch einen reaktiven Reststatus zuweisen. Insoweit folgt auch Kreckel der Annahme, dass es moderne Gesellschaften geben kann, in denen Vergemeinschaftung umstandslos verschwindet. Solange jedoch die kapitalistische Produktionsweise mit Modernität verbunden sei, lasse sich eine „reine" Modernität nicht vorstellen. Die kapitalistische Vergesellschaftung ist hier also diejenige Formbestimmung, die reaktive Vergemeinschaftung nach sich ziehe. Für diese Auffassung gibt es zweifellos gute Argumente, allerdings hat man damit noch nicht die teleologischen Prämissen des theoretischen Modells überwunden. Dieses verfängt sich in der soziologistischen Vereinfachung, Gesellschaft nur als System definieren zu wollen.

Schon der Versuch, die Funktion ethnischer und nationaler Semantiken als Wertkonsens für die Inklusion der Individuen in den modernen Nationalstaat zu interpretieren, greift auf ein vorgesellschaftliches Bedürfnis nach „Identität" zurück (vgl. Nassehi 1990). Dieses kann sich nach Nassehi „nur auf der Basis eines schon vorhandenen, sich in der kulturellen Wertstruktur erhaltenden Bewusstseins für ethnische und nationale Selbstidentifikationsfolien" (S. 276) entfalten. Identitätsbedürfnis und persistierende, kulturell objektivierte Ethnizität werden von ihm als zusätzliche Bedingungen von ethnischer Identifizierung in funktional differenzierten Gesellschaften eingeführt.

Der Soziologismus der Systemtheorie ergibt sich ja daraus, dass sie die Person zur Umwelt der Gesellschaft erklärt und Inklusionsverhältnisse nur differenzierungstheoretisch, nicht aber als Rechtsverhältnis versteht. Der Kampf um Anerkennung solcher Rechte, wie er im Kontext von Migration zentral wird, kann dann nicht mehr gesellschafts- und herrschaftstheoretisch, sondern nur als ethnische Mobilisierung gedeutet werden. Im Begriff der „neofeudalen Absetzung" hatte die frühere systemtheoretische Migrationstheorie (Hoffmann-Nowotny) noch eine Vorstellung von Entrechtungsbeziehungen.

Es muss aber bezweifelt werden, ob jede Verwendung von Kultur- und Ethnizitätskategorien in einem praktischen Zusammenhang ideologische Funktion hat. Wer in welcher Situation welche Kategorie verwendet, erweist sich deshalb immer mehr als die zentrale Forschungsfrage für eine erziehungswissenschaftliche Untersuchung. Welche Kategorien diese Untersuchung verwendet und in welchem Verhältnis diese Kategorien zueinander stehen, lässt sich nicht vorab entscheiden. Dies betrifft in der Interkulturalismusdiskussion das Verhältnis von Struktur und Kultur, Vergemeinschaftung und Vergesellschaftung sowie die Dreiteilung von politischer, gesellschaftlicher und privater Sphäre, auf die sich Steiner-Khamsi und Radtke (1992) unter Rekurs auf Hannah Arendt beziehen.

Im Hinblick auf Struktur und Kultur ist zu analysieren, worauf ihre jeweilige Verwendung beruht. Als empirisch verbreitete Situation hat sich die durch Kulturbegriffe und Rechtsverhältnisse instrumentierte Rechtfertigung der „Sperrung von Statuslinien“ erwiesen (Hoffmann-Nowotny 1973).

Auch in Bezug auf Vergemeinschaftung und Vergesellschaftung wird zunächst die Notwendigkeit von beiden Kategorien zur Analyse gerade moderner Gesellschaften behauptet, wobei die Elemente, auf die sie sich beziehen, und die Mischungsverhältnisse, die sie eingehen, ebenso empirisch zu analysieren sind. Dass diese Verhältnisse einem enormen Wandel ausgesetzt sind, ist evident. Dass Vergemeinschaftungen gänzlich verschwinden können, wird mit dem Hinweis auf die anthropologischen Notwendigkeiten für unbedingte Zuwendung und Pflege in der Kindheit bezweifelt. Vielmehr müssen Individualisierung, Vergemeinschaftung und Vergesellschaftung in einem wechselseitigen Bedingungsverhältnis gedacht werden, wobei auch hier die Unterscheidung von logischen und empirischen Beziehungen die Analyse differenter Fälle und Muster ermöglicht.

Moderne Gesellschaften haben nicht nur *ein* Handlungsmodell institutionalisiert, sondern Alternativen; dies zeichnet sie gegenüber traditionalen Gesellschaften aus, nicht die Etablierung eines einzigen als modern geltenden Handlungsmodells. Ihre Komplexität ermöglicht, „dass in ihnen die *Alternativen* zwischen modern und vormodern verfügbaren Handlungsmustern in verschiedenen Kombinationen von Rollen institutionalisiert sind“ (Brunkhorst 1997, S. 77). Mit seiner Parsons-Interpretation zeigt Brunkhorst, wie durch Vergesellschaftung Solidarität unter Fremden möglich ist, gleichzeitig wird aber auch die Unmöglichkeit, Gesellschaft nur auf *einen* Institutionalisierungstypus gründen zu wollen, nachgewiesen. Am Ende kann nämlich im Strukturfunktionalismus das Individuum mit seiner Unberechenbarkeit nur mehr als Störfaktor betrachtet und – als System – der Ordnung von Systemen eingefügt werden (Brunkhorst 1997, S. 94). Andererseits muss gegenüber dem Rorty'schen Partikularismus, für den nur die Solidarität unter Freunden realisierbar scheint, auf der Möglichkeit eines moralischen Fortschritts insistiert werden, den moderne Gesellschaften mit der Solidarität unter Fremden erreicht haben.

Im Hinblick auf das Dreisphärenmodell von Arendt (Privatheit, die dem Ausschließungsprinzip folgt – willkürliche Marktbeziehungen – staatliche Regulierung nach dem Gleichheitsprinzip) kritisiert Steiner-Khamsi unter Rekurs auf Benhabib den Universalitätsanspruch der politisch-staatlichen Sphäre und weist auf seine historische Formgebundenheit, zumindest bei Arendt, hin. Aus dieser (feministischen) Kritik möchte ich aber eine andere Schlussfolgerung ziehen: Es kommt auf einen allgemeineren, eben die Frauen oder Minderheiten *einbeziehenden* Begriff der Gleichheit an. Ein solcher, tatsächlich Universalität beanspruchender Gleichheitsbegriff ist möglich, wenn er durch die feministische Kritik hindurchgegangen ist (vgl. auch Stenke 1994).

Das analytisch schwierige Problem ist das der Interdependenz und wechselseitigen Durchdringung der drei Sphären (Steiner-Khamsi 1996, S. 367). Gerade am Beispiel der Erziehung kann man zeigen, dass sie in allen drei Sphären stattfindet, wobei diese einander nicht äußerlich bleiben. Die Benachteiligung von Migrantenkindern in der öffentlichen Schule, die eben ein sehr begrenztes allgemeines Prinzip der Selektion nach Leistung anwendet, ist ein gutes Beispiel für diese Interferenz. Die Kritik von Steiner-Khamsi an Radtke geht von der Feststellung aus, „dass Ethnizität losgelöst von Fragen der Identität behandelt wird" (ebd., S. 369). Diese Identitätsfragen werden aber in der Verschränkung der drei Sphären, beispielsweise von Sozialen Bewegungen bei der öffentlichen Thematisierung vormals privater Erfahrungen oder wenn sie staatlich zu sichernde Rechte einklagen, angesprochen.

Die Identitätsfragen ergeben sich bei Steiner-Khamsi jedoch auch als „Restgröße", als Reaktion auf (noch) nicht eingelöste Versprechen auf Gleichheit und Gerechtigkeit. Wie bei Esser und Radtke erscheint hinter der Argumentation ein „reines" Modell der Modernisierung, das die Annahme einer „unvollendeten" Moderne nur mit dem Glauben an die Möglichkeit einer „vollendeten" Moderne begründen kann. Demgegenüber möchte ich auf eine anthropologische Begründung der Identitätsfragen verweisen, in der partikularistische Zugehörigkeiten und universalistische Ansprüche dialektisch aufgehoben sind und im Kampf um Anerkennung *nicht* zum Stillstand kommen.

Kulturalisierung im Forschungsprozess

Die Einwände von Radtke gegen die Selbstverständlichkeit, mit der im pädagogischen Zusammenhang über Multi- und Interkulturalität gesprochen wird, müssen noch einmal aufgegriffen werden. Sie richten sich ja mit guten Argumenten nicht nur gegen die Kulturalisierung und Pädagogisierung, d.h. die reduktive Definition komplexer Problemlagen und die Entgesellschaftlichung, sondern auch gegen den unbedachten erziehungswissenschaftlichen Nachvollzug eines praktischen Problem- und Handlungsverständnisses. Die migrationstheoretische Spezialdisziplin der Interkulturellen Pädagogik hat sich zwar munter entfaltet, wurde aber außerhalb dieses Kreises selten und systematisch rezipiert. Vor allem aber fehlt die kritische Rezeption, die für die Spezialdisziplin auch Anregungen vermitteln kann. Dennoch hat sich die unausgesprochene Übereinstimmung und Selbstverständlichkeit herausgebildet, dass Migration und Migrationsfolgen (nebenbei erwähnt: auch die fortschreitende europäische Integration, ohne dass die beiden Diskurse mehr als gelegentlich aufeinander bezogen würden [Colin/Müller 1998]) „irgendwie" zu den Bedingungen der Erziehung heute dazugehören, und es hat sich die Thematisierung unter dem Label „Interkulturalität" eingelebt.

So wird von Mollenhauer (1996) mit großer Selbstverständlichkeit „Interkulturalität" als eine von vier zentralen theoretischen Problemlagen benannt, wobei das Problem lediglich als „Verschiedenheit kultureller Herkünfte" (Mollenhauer 1996, S. 880) bestimmt wird. Als Beleg, um die Zentralität des Themas als theoretische Aufgabe zu begründen, wird auf den Jahresbericht der Deutschen Forschungsgemeinschaft 1995 hingewiesen, in dem fünf zurechenbare Projekte aufgeführt sind. Der Beleg ist für eine Satire gut – angesichts der Reichweite des programmatischen Anspruchs.

Das Problem ist nun nicht die Zuschreibung von Relevanzen, sondern die Selbstverständlichkeit der Definition als „Kulturproblem". Die von Mollenhauer beschriebene Untersuchungsaufgabe, die „Situation eines 16-jährigen türkischen Mädchens, in Berlin-Kreuzberg lebend und Besucherin einer Jugendfreizeiteinrichtung" (Mollenhauer 1996, S. 881), kann zwar auch kulturelle Dimensionen erfassen, müsste aber zugleich und vordringlich prüfen, ob und inwiefern sich die Zuordnung des Problems zu „Interkulturalität" überhaupt begründen lässt.

Ganz im Mollenhauer'schen methodischen Sinne wären hier also Fallstudien – und es gibt ja nun einige empirische Arbeiten auf diesem Gebiet (vgl. beispielsweise Gogolin/Nauck 1997) – hilfreich, um explorativ die Angemessenheit von Kategorien zu prüfen. Die Arbeiten, die es genau dazu gibt, zeigen schon deutlich die Problematik eindimensionaler Kategorisierungen (vgl. Dannenbeck/Lösch 1997 und 2000). Im Anschluss an Hörster (1998) möchte ich deshalb vorschlagen, die Berichte über Fallstudien als „Fälle zweiter Ordnung" zu betrachten und sie als „Konstruktionen über einen Text" zu begreifen, sie also als Interpretation zu rekonstruieren und die in sie einfließenden Vorverständnisse herauszuarbeiten. Eine solche kritische Rekonstruktion legt sich für die besten empirischen Fallstudien nahe, von denen eine hier ausgewählt wird.

E. Nölke (1996) untersucht in seiner Studie (vgl. auch Nölke 1994 und Helsper u. a. 1991) die Erfahrungen einer türkischen Jugendlichen (Esra), die in einer Jugendwohngemeinschaft untergebracht ist. Diese berichtet im Interview von Konflikten mit den Mitbewohnerinnen: „... so Kleinigkeiten so – soll ich sagen, dass ich halt – äh nicht ... koch – kochen konnte und so weiter, weil ich kann echt nich – deutsche Sachen kann ich nicht kochen, weil ich hab bisher immer nur türkisch gekocht und türkisch haben die Mädchen da gar nicht gegessen – und das war immer Streit und so – und ich hab mich äh – wie soll ich sagen – wenn ich kochen habe, dann war die Küche nicht sauber und so weiter und so weiter – und solchen Kleinigkeiten halt ..." (Nölke 1996, S. 657).

Diese Passage des Interviews mit Esra wird im Kommentar mit „die im Alltag sichtbar werdenden kulturellen Divergenzen zwischen ihr und den anderen deutschen Mädchen" (S. 658) zusammengefasst.

Für diese Interpretation wäre eine Alternative zu entwickeln. Grob skizziert könnte sie lauten:

Es handelt sich um einen interpersonellen Konflikt, der nicht auf kulturellen Divergenzen, sondern auf persönlicher und/oder rassistischer Ablehnung einer Person durch andere beruht. Die beteiligten Personen greifen zur Legitimation dieses Konflikts auf die zur Verfügung stehenden Instrumente der Deutung zurück. Kochen ist in Wohngemeinschaften eine Konfliktsituation, die im beschriebenen Fall aus mehreren von Esra genannten Gründen zum Konflikt führt. Nach *ihrer* Darstellung ist ihre „türkische Art" zu kochen einer der Gründe. Dies kann aber für die deutschen Mädchen, über deren Handeln wir nichts wissen, nur ein leicht formulierbarer Ausdruck gewesen sein, eine Ablehnung zu begründen. (In welcher Weise es möglich ist, in einer WG türkisch zu kochen und was darunter verstanden wird, sei hier unberücksichtigt gelassen.) Für Esra wiederum ist die Selbstinterpretation, dass sie wegen ihres „türkischen" Kochens abgelehnt werde, auch eine Chance, persönlich zurechenbare Defizite zu neutralisieren und sie auf ein „unverschuldetes" Merkmal zurückzuführen (zu solchen entlastenden Prozessen in interkulturellen Partnerschaften vgl. Wießmeier 1993). Schließlich kann es tatsächlich um die Sauberkeit der Küche gegangen sein – also nicht um eine „türkische" Frage.

Die Interpretation, dass Esra „aufgrund der an den ‚Kleinigkeiten' der alltäglichen Verrichtungen sichtbar werdenden kulturellen Differenzen *in ihrer Andersartigkeit* [Hervorhebung von mir, F. H.] von den Jugendlichen ausgegrenzt" (Nölke 1996, S. 659) wurde, müsste deshalb in der Weise differenziert werden, dass nicht mehr von kulturellen Differenzen als vielmehr von sozialen Tatsachen die Rede sein könnte.

Der Fall enthält ein zweites Element, das zu diskutieren ist. Esra hat die Familie verlassen, „um den gewalttätigen Zugriffen ihres Vaters zu entgehen". (S. 657) Die zuständige Sozialarbeiterin begründet ihre Anweisung, dass Esra nicht so spät heimkommen dürfe wie die deutschen Mädchen, mit der angeblichen Notwendigkeit, sie „türkisch" erziehen zu müssen – nach einem Gespräch mit dem Vater. Schon diese Vorgehensweise der Sozialarbeiterin ist nicht nur ungewöhnlich, sondern führt zu verschärften Konflikten. Esra kann die „türkische Erziehung“, operationalisiert in einer verkürzten Ausgangszeit, nicht verstehen („weil das war ne deutsche Wohngemeinschaft – deutsche Mädchen, deutsche Erzieher und überhaupt deutsche Umgebung – und da konnte ich nicht türkisch erzogen werden – ich wollte auch gar nicht türkisch erzogen werden“, S. 659), und dem kann man umstandslos folgen, weil sie nicht als Individuum, sondern als Trägerin des Merkmals „türkische Kultur“ behandelt wird. Diese Verdinglichung in der Interaktion durch die pädagogische Bezugsperson ist – vermutlich – auf die von dieser in einer interkulturellen Ausbildung verinnerlichten Stereotypen zurückzuführen, denn dass die Ursache für das Verhalten der Sozialarbeiterin mit dem individuellen Wunsch eines Vaters, vor dessen Gewalttätigkeit die Tochter geflohen ist, zusammenhängt, könnte überhaupt nicht nachvollzogen werden. Das in kulturalistischen Stereotypen verhaftete Handeln der Sozialarbeiterin wird zur zentralen Konfliktursache.

Mit dieser Re-Interpretation sollte zweierlei gezeigt werden: 1. „Interkulturelle“ Interaktionssituationen enthalten komplexe Prozesse, die in der Regel auf mehreren Ebenen analysiert werden können. Die in der Selbst- und Fremdinterpretation der Handelnden zur Verfügung stehenden Deutungsmuster „Kultur(-konflikt)“ werden verwendet, können dabei aber verschiedene Funktionen und Bedeutungen haben. Die naheliegende Übernahme der authentisch geäußerten Kategorien in das Interpretationsschema kann aber die problematischste Konstruktion sein. 2. Die Fixierung auf (Inter-) Kulturalität, die an vielen Ausbildungsstätten von Pädagogen und Pädagoginnen zu beobachten ist und die durch wissenschaftliche Kommunikation stabilisiert wird, ist konfliktgenerierend, weil die Einsicht in die tatsächlichen Handlungsparadoxien, die beispielsweise Nölke herausarbeitet, durch Kulturstereotypen verhindert wird (vgl. auch Hamburger 1997 a).

Die Identifizierung der kulturellen Differenz als einer national-ethnischen („türkischen“) erleichtert lediglich die stereotype Zuschreibung, verhilft aber bei der Analyse zu keiner weiterführenden Erkenntnis. „Ethnizität“ kann auch in diesem Fall als ein fragiles Produkt von Zuschreibungen und Selbstinterpetationen mit unterschiedlichen Funktionen und Bedeutungen in verschiedenen Situationen analysiert werden. „Ethnizität“ ist Gegenstand und nicht Instrument der wissenschaftlichen Untersuchung; die mit dem *Migrationsprozess* zusammenhängende Raum-, Zeit- und Sozialerfahrung bildet die Strukturfolie für eine angemessene Interpretation, die dann auch die Verwendung von ethnischen Zuschreibungen berücksichtigt (vgl. Helsper u. a. 1991, S. 73 ff.).

Erziehung und Kultur

Während Struktur und Kultur, Vergemeinschaftung und Vergesellschaftung, Partikularismus und Universalismus nützliche Begriffspaare für eine erziehungswissenschaftliche Analyse von Gleichheit und Differenz sind, ist

„Ethnizität“ als zu respektierende Selbstbeschreibung von Individuen, als Reaktion auf Kränkung oder als Mobilisierung von Ressourcen zu betrachten. Für einen Bildungsdiskurs scheint sie nicht geeignet, worauf Ruhloff schon vor längerer Zeit hingewiesen hat (Ruhloff 1982). Es bleibt Aufgabe einer kritischen Erziehungswissenschaft, falsche Verallgemeinerungen, in denen sich Nationalismen verstecken, aufzuspüren, nicht um Besonderes aufzulösen, sondern nur, um ihm einen begründbaren Status zuzuordnen (vgl. Gogolin/Krüger-Potratz/Meyer 1998). Dass Menschen sich als Individuen different wahrnehmen und diese Differenz unterschiedliche und sich ausschließende Zugehörigkeiten einschließt, ist konstitutiv für Menschsein und Sozialität. Sofern Differenz als Ausdruck der Individualität beansprucht wird, kann sie insbesondere in pädagogischen Interaktionen mit Anerkennung rechnen. Ansprüche auf intersubjektive Geltung haben sich jedoch dem Diskurs zu stellen. Dieser kann immer nur zu vorläufigen Ergebnissen kommen, so dass wir universalistische Vorstellungen mit einem eher schwachen Anspruch ausstatten sollten. Es sind nämlich die starken Ansprüche, hinter denen sich die falschen Verallgemeinerungen verstecken.

Während Ethnizität als bindende Zugehörigkeit sich im Begriff der Menschheit auflöst (folgt man einem normativen Modell), so ist der Kulturbegriff für die erziehungswissenschaftliche Analyse erst richtig interessant geworden. W. Welsch (1992) kritisiert überzeugend den „klassischen“ Kulturbegriff und entwickelt die Vorstellung von „Transkulturalität“, um die Gegenwart der Kultur in einer Welt des Austausches und der Vernetzung, der Mobilisierung und Globalisierung angemessen erfassen zu können. Der Vorteil dieses Begriffs ist seine historische Verortung; darin besteht aber auch sein Nachteil. Denn er orientiert sich immer noch an „den“ Kulturen und bleibt ihnen insoweit verhaftet. H.-R. Wicker (1996) dagegen spricht von „kultureller Komplexität“, um die traditionellen Vorstellungen eines homogenen Ganzen endgültig zu verabschieden. Dieser Begriff ist geeignet, Enkulturations- und Sozialisationsprozesse zu beschreiben, müsste sich doch schon lange die Persönlichkeits- wie auch die Sozialisationstheorie von den Hypostasierungen der „kulturellen Basispersönlichkeit“ verabschieden. Identifikationen im Sozialisationsprozess verschwinden deshalb nicht; sie werden aber – unter günstigen Voraussetzungen (!) – „früher als früher“ mit Individualisierungsanforderungen konfrontiert und auf ein postkonventionelles Niveau gehoben.

Für den Kulturbegriff schlage ich die Unterscheidung von „Kultur“ und „Kulturen“ vor (Hamburger 1998). Kultur kann angesichts der von Welsch und Wicker geführten Kritik nur noch abstrakt gefasst werden. Während „die Kulturen“ den ganzen Reichtum und die Last ihrer Tradition behalten und das Individuum in seiner Genese sich mit ihr auseinandersetzen muss, um seine subjektive Kultur zu entwickeln, wandern die universalisierbaren Geltungsansprüche in das Reich der Kultur ab. Sie enthält das Recht und den Anspruch auf Differenz und zugleich das Recht und den Anspruch auf

Gleichheit und Menschenwürde. Außerhalb des wechselseitigen Sich-aneinander-Abarbeitens von Gleichheit und Differenz gibt es kein Kriterium in einer Kultur, diese Dialektik stillzustellen. „Der *Satz* soll ausdrücken, *was* das Wahre ist, aber wesentlich ist das Subjekt; als dieses ist es nur die dialektische Bewegung, dieser sich selbst erzeugende, fortleitende und in sich zurückkehrende Gang." (Hegel ^{6}1952, S. 53)

Zu ähnlichen Ergebnissen kommen die Überlegungen, das Eigene im Fremden und das Fremde im Eigenen verstehen zu wollen (Kristeva 1990), Mehrsprachigkeit und Einsprachigkeit in der Schule zu denken (Gogolin 1994) oder Identität von der Nicht-Identität her zu begreifen (Guzzoni 1981). Das Prinzip der Diskursivität verbleibt aber keineswegs in der Abstraktheit des Begriffs; es lässt sich – gerade pädagogisch – konkreter fassen (Prengel ^{2}1995).

3.3 Reflexive Interkulturalität

Problemstellung

„Interkulturalität" ist zu einer anerkannten und alltäglich verwendeten Kategorie avanciert. Dies verdankt sie nicht zuletzt ihrer Unklarheit. In der europäischen Diskussion hat sie sich eingebürgert in der Folge von Einwanderungsprozessen, wobei die Aufforderung an die europäischen Gesellschaften, sich als multikulturelle zu verstehen, mit dem Postulat verbunden wurde, die Beziehungen zwischen Einwanderern und Einheimischen bewusster, eben als „interkulturelle", zu gestalten. Diese Vorstellung hat sich in Erziehung und Pädagogik besonders rasch und stark ausgebreitet. In manchen Ländern (wie Österreich beispielsweise) ist Interkulturalität zu einem förmlichen Unterrichtsprinzip der staatlichen Schulpolitik geworden. Innerhalb der europäischen Entwicklung sind Unterschiede zu beobachten (vgl. Reich 1994), dabei sind Differenzen zum amerikanischen Multikulturalismus-Diskurs noch deutlich erkennbar (vgl. Steiner-Khamsi 1992). In konzeptioneller Hinsicht haben sich Formen ausgeprägt, die auf der Entwicklungslinie „Ausländerpädagogik – Interkulturelle Erziehung – Antirassistische Erziehung" abgebildet werden können (vgl. Hamburger 1994). Die Ausbildung dieser Programmatiken war weniger ein theoretisch-systematischer Ableitungsvorgang, vielmehr haben sich praktische Erfordernisse der Problembewältigung, bildungspolitische Regulierungen, pädagogische Programmformulierungen und erziehungswissenschaftliche Reflexionen und Untersuchungen verschränkt.

Der Ausbildung von „Ansätzen", oft mehr implizit erkennbar als explizit durchformuliert, folgend hat sich eine „kritische" Diskussionslinie ergeben, die die Pädagogisierung von gesellschaftlichen Problemen, die reduzierende Kulturalisierung von komplexen Sachverhalten und den naiven Habitus des Antirassismus anprangerte (vgl. beispielsweise Radtke 1995). Einige dieser

Einwände lassen sich in der Frage zusammenfassen, ob die Definition einer Konfliktlage als multikulturell und die einer Bewältigungsstrategie als interkulturell begrifflich-analytisch zutreffend sei und ob die vorgeschlagene interkulturelle Erziehung nicht mehr unerwünschte Nebenfolgen habe, als dass sie die – allseits geteilten – Absichten realisiere. Dieser Frage will ich im Folgenden mit einigen Überlegungen nachgehen; sie laufen darauf hinaus, das etablierte Programm „Interkulturalität!" kleiner zu formatieren, es in seinem Anspruch erheblich zurückzunehmen und es pädagogisch gewendet auf jene Umstände zu begrenzen, bei denen es situativ begründet werden kann.

Reflexivität

Die Begriffskombination „reflexive Interkulturalität" wurde in Analogie zu der Formel von der „reflexiven Modernisierung" gebildet. Wie die „Moderne" hat sich das Programm „Interkulturalität!" nach einem einfachen Schema durchgesetzt: Fortschritt legitimiert sich mit den Übeln der Tradition, der Vergangenheit, und mit den Versprechungen und Visionen der Zukunft. Ihre Durchsetzungsdynamik verdankt die Interkulturalität der Kritik am alten Nationalstaat und seiner Fiktion von einer homogenen Bevölkerung auf der einen Seite, den Verheißungen einer offenen multikulturellen Zukunft, in der die menschlichen Beziehungen auf Verständigung und Verstehen beruhen, auf der anderen Seite. Beide Bezugspunkte von Interkulturalität haben, auch wenn sie zwischenzeitlich hinreichend kritisiert worden sind, nicht nur eine gewisse pragmatische Plausibilität, sondern auch analytische Schärfe. Der Prozess aber, mit dem sich die „moderne" Forderung nach Interkulturalität durchgesetzt hat, wird mit den Folgen der eigenen Institutionalisierung konfrontiert. Reflexion heißt nun „Selbst-Konfrontation mit den nicht-intendierten negativen Nebenfolgen" (Merten 1997, S. 63); es handelt sich also weniger um einen Vorrang im Denken, den die Reflexive Interkulturalität beansprucht und den auch Bauman (1992) für Reflexive Modernisierung nahegelegt hat, als vielmehr um eine reale Konfrontation. Reflexive Interkulturalität meint zunächst einmal, dass, nachdem sich das interkulturelle Denken durchgesetzt hat, nicht mehr nur nach dem „Mehr desselben" gerufen wird. Dies bedeutet, dass die Dichotomisierung des Denkens durch das Entgegensetzen zweier oder mehr Kulturen wahrgenommen wird und die Verschärfung des Gegensatzes durch die Konzentration auf den Zwischenraum zwischen zwei oder mehr Kulturen als Folge der Interkulturalisierung verstanden werden kann. Aus dem interkulturellen Unterricht beispielsweise gehen Kinder nicht nur mit mehr Wissen über eine andere Kultur/Religion heraus, sondern in den wechselseitig sich entgegentretenden Selbstdefinitionen sind sie zugleich differenter geworden, als sie es vorher waren. Die Prinzipien aber, die Unterschiedlichkeit begründen und insofern ein „Zwischen" erforderlich machen, beispielsweise das Prinzip der Zugehörigkeit zu einer einzigen Religion, die die Zugehörigkeit zu anderen Religionen ausschließt, sind mit Prinzipien zu vergleichen, die als übereinstimmende in den verschiedenen Kulturen oder Religionen enthalten sind. Reflexive Interkulturalität meint insoweit „Kulturalität".

Reflexive Interkulturalität meint gleichzeitig nicht Trans-Kulturalität (Welsch 1992) als einfache Aufhebung von Differenzen in einem Neuen – in Analogie dazu, dass Reflexive Modernisierung nicht als Postmoderne verstanden werden kann (Beck 1996). In der Reflexiven Interkulturalität werden Differenzen und Gegensätze nicht zum Verschwinden gebracht, die Unterschiedlich- und Gegensätzlichkeit von menschlichen Selbstdefinitionen wird nicht aufgehoben. Indem sowohl die neuen (Misch-)Formen wahrgenommen werden (insofern Transkulturalität) als auch die Selbstveränderung durch Abgrenzung vom Anderen reflektiert (hier im Sinne des Nachdenkens verstanden) wird, stellt sich eine Kultivierung der Unterschiedlichkeit ein, und diese wiederum ist Kulturalität. In den neuen transnationalen Formen der Jugendkultur beispielsweise entsteht einerseits etwas Neues im Vergleich zu dem, was vorher als Jugendkultur eines Landes verstanden worden war. Gleichzeitig entsteht aber auch „typische Kultur", die ja gerade als flüssiges, reflexives und ständig in Bewegung befindliches, seine Grenzen überschreitendes Gebilde verstanden werden muss. Innerhalb dieser Gesamtheit gibt es feste Elemente, Strukturierungen und Grenzziehungen, zu denen auch die Abgrenzungen ethnischer und nationaler Selbstverständnisse gehören. Schließlich meint der Begriff Reflexive Interkulturalität nicht Anti-Interkulturalität, würde er damit doch nur die dogmatische Abschließung einer bestimmten Kultur rehabilitieren oder die Relevanz von Kultur und kulturellen Selbstdefinitionen gänzlich leugnen. Eine solche Möglichkeit ist durchaus konkret realisiert worden, wenn der farbenblinde Liberalismus seine wohlbegründete Normativität mit einer empirischen Beschreibung von sozialen Realitäten verwechselt. (Vgl. Hahn 1996)

Reflexion heißt im Zusammenhang mit Interkulturalität also Nachdenken über das Rationalitätsmodell, das die Forderung nach Interkulturalität in Gang gebracht hat. Reflexivität wendet sich nicht nur den Intentionen, sondern auch den Folgen der Realisierung von Intentionen zu und kann zu einer „bescheideneren Formatierung" des ursprünglichen Programms führen, indem die stereotype Forderung nach Inter-Kulturalisierung begrenzt und Alternativen wie Ent-Kulturalisierung oder die Nicht-Thematisierung von kulturellen Differenzen begründet und rehabilitiert werden.

Fremdheit der Normalität

Interkulturelle Pädagogik ist angetreten zur Überwindung von Fremdheit. Ernsthaft taucht der Begriff der Fremdheit erst in den 1990er Jahren im interkulturellen Pädagogikdiskurs auf, parallel zu Entwicklungen in der öffentlichen Diskussion. Bis zum Ende der 1960er Jahre war die Fremdheit der „Gastarbeiter" eine selbstverständliche Gewissheit gewesen, zunächst in übereinstimmender Komplementarität der Selbst- und Fremddefinition. Die Integrationsdiskussion der 1970er Jahre hatte Fremdheit als zu überwindende und die Multikulturalismusdebatte der 1980er Jahre hatte sie als zu kultivierende Kategorie aufgefasst, bis dann in den 1990er Jahren vor dem Hintergrund neuer Wanderungsbewegungen und nationalstaatlicher Einigung die Fremdheit der schon vertraut gewordenen Einwanderer neu produziert wird. Die politische Blockierung von tatsächlicher Zugehörigkeit lässt Fremdheit zu einem Zeitpunkt in Deutschland wieder virulent werden, da die nationale Identifikation auf neuem Niveau „zusammenwächst".

Fremdheit kann als „Definition einer Beziehung" (Hahn 1997, S. 134) verstanden werden. Eine Analyse des Begriffs schließt deshalb die Untersuchung seiner Verwendungssituationen mit ein, geht sogar weitgehend in dieser auf. Dennoch lassen sich die Dimensionen der Nichtzugehörigkeit und der lebensweltlichen Fremdheit unterscheiden (vgl. Münkler/Ladwig 1997). Die moderne Gesellschaft zeichnet sich nun dadurch aus, dass lebensweltliche Fremdheit universell wird. „Die Voraussetzung dafür ist allerdings, dass eine allgemeine Anerkennung aller Bürger als Bürger gegeben ist, dass also auch Schutz und Rechtszugang universal zugänglich sind. Die moderne Gesellschaft kann nur deshalb Fremdheit generalisieren, weil sie gleichzeitig Fremdheit als Sonderstatus dadurch aufhebt, dass alle Fremde sind." (Hahn 1997, S. 154) Funktional spezifisch begrenzte Kommunikation und im Übrigen Indifferenz lassen Fremdheit latent werden, sie wird allgegenwärtig und unsichtbar zugleich. Angst vor Fremdheit wird ebenso obsolet wie die Verpflichtung zur Gastfreundschaft. „An die Stelle der Gastfreundschaft als eines symbolisch und religiös überhöhten Status, der nur in dieser sorgfältig bearbeiteten kulturellen Überhöhung überhaupt als ein dritter Status [zwischen Freund und Feind, F. H.] legitimierbar ist, tritt also die Figur der Indifferenz als Beschreibung unserer Normaleinstellung gegenüber fast allen anderen Menschen." (Stichweh 1997, S. 59)

Das Problem der interkulturellen Erziehung besteht nun darin, dass sie sich ausschließlich auf der Ebene der lebensweltlichen Fremdheitsdefinitionen, zu denen in erster Linie die kulturellen zählen, bewegt. Die Ebene der rechtlichen Zugehörigkeit, die den Ausländern als den besonderen Fremden vorenthalten wird, kann sie nicht bearbeiten. Sie bearbeitet kulturelle Fremdheit, und zwar auch dann, wenn sie von den Ausländern, sofern sich diese als allgemeine Fremde, d.h. als Mitglieder einer modernen Gesellschaft mit lebensweltlicher Privatsphäre verstehen, nicht mehr gewünscht wird. Beispielsweise gehört zu einer interkulturellen Woche im Kindergarten selbstverständlich der Besuch in einer Moschee oder in einer türkischen Familie dazu, während keine deutsche Familie auf die Idee käme, ihre Wohnung zum Kennenlernen ihrer „deutschen Sitten" zu öffnen.

Der Besuch in einer türkischen Familie wird dann noch mit deren besonderer Gastfreundlichkeit begründet, was – nach den Spielregeln der modernen Gesellschaft – den Eindruck von deren Fremdheit verstärkt. Die mit den

Kategorien der Gastfreundschaft operierende Verständigungsprogrammatik ermöglicht auch hier, „dass solche Fremdheit gegen jede Plausibilität konstruiert werden kann" (Hahn 1997, S. 143). Fremdheitsdefinitionen zielen in diesem Fall auf betonte Eigenschaften ab, die Andersartigkeit konstruieren. Diese Fremdheit ist eine „sekundäre", nachdem die primäre nach dem Wechsel von einer Gesellschaft in die andere als Wissens- und Orientierungsdefizit schon behoben war. Werden Personen insbesondere und vorrangig unter dem Gesichtspunkt ihrer Andersartigkeit definiert, entsteht eine Kultur der Aufdringlichkeit, sofern ein interkulturelles Verständigungsinteresse in die lebensweltliche Fremdheit eindringt, statt sie als normale Modernität zu respektieren. Ein triviales Beispiel ist der Umstand, dass ausländische Jugendliche, wenn sie als solche identifiziert werden, selbstverständlich gefragt werden, „woher sie kämen", auch wenn sie z. B. in Frankfurt geboren und aufgewachsen sind. Ein vergleichbar ebenfalls in Frankfurt geborener und aufgewachsener Jugendlicher, der nicht als ausländischer identifiziert wird, kann erst nach einer Weile in funktional spezifizierten Kommunikationssituationen, z. B. bei der Beratung von Studierenden, nach diesem seinem persönlichen Merkmal gefragt werden. Gerade ausländische Jugendliche haben ein genaues Gespür gegenüber der Nicht-Respektierung ihrer normalen Fremdheit entwickelt. Die Problematik dieser Unterscheidungen liegt „in ihrer Verwendbarkeit für die Ausgrenzung von Sündenböcken" (Hahn 1997, S. 143). Die nicht beabsichtigte Folge einer generalisierten „interkulturellen Aufmerksamkeit" ist die „Identifikation mit einem Fremdheitsstatus, der durch das Verfahren selbst konstruiert wird" (ebd.).

Kultur als Interkulturalität

Kultur ist eine offene Ganzheit. Eine bestimmte Kultur ist einerseits bezogen auf eine bestimmte Gesellschaft und insofern begrenzt, historisch geworden und prinzipiell relativ. Andererseits bezieht sich Kultur auf die Welt und muss für diese offen sein (Stagl 1992, S. 155). Ohne diese Offenheit kann sie nicht mehr zur Entwicklung der Gesellschaft beitragen. Die im gesellschaftlichen Wissen objektivierte Kultur ist zugleich offen zum Individuum hin, das in seiner „persönlichen Kultur" (ebd.) eine besondere Ausprägung der Kultur hervorbringt und auch dadurch zum Wandel der Gesellschaft und der Kultur beiträgt. Indem Kultur sich auf die Idee der Welt bezieht und eine Ordnung zu bilden versucht für die Welt an sich, geht sie über sich selbst hinaus; und insofern enthält auch die bestimmte Kultur einen universalistischen Anspruch. In der Offenheit der Kultur zu ihrer Umwelt, zum Individuum und zur „Welt als solcher" besteht ihre Plastizität (ebd., S. 157). Diese Offenheiten müssen auch als Transzendierungen verstanden werden. Die Linie, an der entlang die eine Kultur von der anderen unterschieden wird, kann deshalb einerseits als „Grenze" markiert werden, sie ist aber zugleich, weil die eine Kultur der anderen „Umwelt" ist, Überschneidungsbereich.

Wenn Kulturen die eigenen Grenzen transzendieren können, und dies tun sie in dem Maße, wie sie andere Kulturen verstehen können, d.h. zumindest Übersetzungsregeln entwickeln, schaffen sie diesen Überschneidungsbereich. „Inter-Kulturalität" ist also nicht ein Zwischenbereich zwischen zwei Kulturgrenzen, weil ein solcher Zwischenbereich ohne Verstehen der Grenzen der je anderen Kultur nicht gedacht werden kann, sondern Überschneidungsbereich zwischen zwei sich zunächst berührenden Kulturen. Indem diese Berührungsstelle kulturell bearbeitet wird – unabhängig von der Form, in der eigenes und fremdes Wissen verknüpft werden –, wird die zunächst vorgestellte Grenze transzendiert. Interkulturalität ist deshalb prinzipiell Bi-Kulturalität. Die eine Kultur ist durch den „Kulturkontakt" nicht mehr das, was sie war, und sei es auch in der Weise, dass sie sich von der anderen Kultur abzusetzen versucht. In der Beziehung auf die andere Kultur ist sie interkulturell.

In einer ähnlichen Weise wirkt sich die Unterscheidung von allgemeiner und persönlicher Kultur (objektivierter und subjektivierter Kultur) auf die Konstitution des Interkulturellen aus. Die persönliche Kultur ist je einmalig und insoweit sind interindividuelle Beziehungen interkulturell (Hamburger 1994, S. 42ff.). Diese Interkulturalität wird lediglich gesteigert, aber nicht neu konstituiert, wenn zwei Individuen interagieren, die sich in zwei verschiedenen Kulturen herausgebildet haben, also unterschiedlich enkulturiert worden sind. Insoweit ihre Interaktion einen weiteren Schritt in ihrer Sozialisation und Enkulturation darstellt – und das können sie nach der Regel, dass man nicht nicht kommunizieren kann, nicht vermeiden –, repräsentieren sie Interkulturalität auf dem je erreichten Enkulturationsniveau. Schließlich ist die Transzendierung von Kultur im Hinblick auf die eine Welt in der Kulturbegegnung ein Austausch von universalisierten Geltungsansprüchen. Sie arbeiten diese Ansprüche aneinander ab und müssen, wenn sie der Logik eines allgemeinen Geltungsanspruches folgen wollen, ihre je verschiedene Ausgangsposition durch Veränderung verallgemeinern. Dies ist beispielsweise bei der Formulierung der Allgemeinen Menschenrechte geschehen, insoweit diese ja keine allgemeine Geltung *haben* oder gar unabhängig von bestimmten Kulturen und Gesellschaften entstanden sind, jedoch einen universalen Anspruch entfalten. Insofern ist Interkulturalität immer zugleich Transkulturalität oder eben reflektierte Kulturalität. Interkulturelle Erziehung kann nun insoweit und in jenem Falle erforderlich sein, dass Personen ihre Kommunikation missverstehen als Austausch zwischen Repräsentanten von sich abgrenzenden Kulturen, aber die Absicht verfolgen, Missverständnisse aufzuklären. Interkulturelle Erziehung verhilft also dazu, die Mehrdimensionalität einer interpersonellen Kommunikation als einer allgemein interkulturellen zu erschließen.

Pädagogische Überlegungen

In der Wahrnehmung von Besonderheiten, die ja als solche erst erkannt werden müssen, gibt es häufig das folgende Muster: Zunächst wird eine Besonderheit nur als geringfügige Auffälligkeit registriert, deretwegen das eigene Handeln nicht verändert werden muss, vielmehr in Routine weitergeführt wird. Wenn diese Routine jedoch fortgesetzt „beeinträchtigt" ist, wird das Besondere der Auffälligkeit betont und hervorgehoben. Erst in einem dritten Schritt kann in der Regel die Schlichtheit der beiden ersten Handlungsformen überwunden und eine reflektierte „Aufhebung" erreicht werden (vgl. Schepker u. a. 1997). Auch in der Konzeptdiskussion zur Interkulturellen Pädagogik und Sozialarbeit mit Migranten lassen sich solche Phasen identifizieren, ebenso im praktischen Umgang. Diese Abfolge ist auch nicht im Sinne eines zeitgeschichtlichen Wandels zu verstehen, sondern kann von Person zu Person und von Organisation zu Organisation variieren.

Aus der Analyse und Reflexion dieser Phasen, die nach dem beschriebenen Ablauf strukturiert waren, ergeben sich die folgenden Maximen für die Begründung eines neuen Konzepts:

- Sonderformen von Erziehungsarrangements werden situativ begründet und nicht ontologisiert.
- Differenzen sollen nicht hervorgehoben werden, allgemeine Grundsätze (Achtung vor jeder Person, gleiche Rechte) werden verstärkt.
- Solange eine spezifische Benachteiligung und Belastung besteht, soll auf sie eingegangen werden.
- Das Recht auf Differenz wird ermöglicht durch die Verständigung auf einen allgemein anerkannten Verfassungsrahmen.

Diese Maximen legen nicht ein bestimmtes Handlungskonzept fest, sie lassen vielmehr einen breiten Konkretisierungsspielraum.

Die Interkulturelle Pädagogik kann dabei – wieder einmal – Exemplarisches lernen bei der Koedukationsdebatte. Eine wesentliche Erkenntnis einer „reflexiven Koedukation" besagt, „dass eine zu häufige Thematisierung der Geschlechterproblematik im Unterricht eher kontraproduktiv wird. Zu leicht können Schülerinnen und vor allem Schüler sich ‚missioniert' oder auch ‚in die Ecke gestellt' fühlen. Das polarisiert und mobilisiert Abwehr, nicht Nachdenklichkeit und Offenheit. Eher muss es darum gehen, im alltäglichen Umgang miteinander Formen zu finden, die eine Loslösung von Rollenfixierungen ermöglichen und individuelle Entwicklungsprozesse fördern, die auch zu Grenzüberschreitungen ermutigen." (Faulstich-Wieland/ Horstkemper 1995, S. 259)

Im Anschluss an solche Einsichten stellt sich auch für den Interkulturalismus die Anforderung, die Fixierung auf eine Dimension der sozialen Beziehungen zu überwinden, den Habitus des „richtigen Bewusstseins" aufzugeben, flexibel unterschiedliche Konzepte anzuwenden und Interkulturalität nur dort, aber auch genau dort zu thematisieren, wo dies notwendig ist. Dies theoretisch zu analysieren und praktisch zu realisieren erfordert reflexive Interkulturalität.

Eine reflexive interkulturelle Pädagogik kann dabei zurückgreifen auf empirische Untersuchungen ihrer eigenen Konstitutionsphase. Dabei wurde nämlich u.a. festgestellt, dass soziale Ängstlichkeit das entscheidende Problem für Ausländerkinder darstellt (Schwarzer/Lange/Jerusalem 1981, S. 118). Dass Personen in sozialen Kontexten leben, die sie immer wieder auf sich selbst aufmerksam machen, erhöht Selbstaufmerksamkeit. „Die Schüler fragen sich, was andere wohl von ihnen denken könnten und wie andere sie wohl einschätzen würden. In sozialen Umwelten die Aufmerksamkeit auf sich selbst zu richten, ist eine Voraussetzung für die Erfahrung von Selbstwertbedrohung, welche schließlich in sozialer Angst resultiert." (Ebd.)

Auch aus diesem Zusammenhang kann die Folgerung abgeleitet werden, dass ein bildungs- und in diesem Sinne nicht beziehungsorientierter Unterricht Etikettierungs- und Selbstetikettierungsprozesse vermeiden hilft. Diese Schlussfolgerung ist umso überzeugender, als gleichzeitig empirisch gezeigt werden konnte, dass die Segregation in nationalen Klassen die Selbstwertbedrohung nicht vermeidet, sondern sogar noch erhöht. Denn die mechanistische Annahme, die Beschulung in (in diesem Fall) spanischen Klassen könne die Belastungen des Selbstwertgefühls vermeiden, erwies sich als unzutreffend (Schwarzer/Arzoz 1980). Individuelle Besonderung hat offensichtlich die gleichen Folgen wie die kollektive.

Eine reflexive Wendung kann dem interkulturellen Denken auch seine eigene Entstehungsgeschichte und die dabei verlorengegangenen Einsichten wieder zugänglich machen. Gleichzeitig muss es anschließen an die üblicherweise getrennten, auf pragmatische Aufgaben relativ borniert fixierte Teildiskurse der Friedenspädagogik, der Europaerziehung, der internationalen Verständigung und Begegnung und der „Dritte-Welt-Pädagogik". Eine diese Teilbereiche übersteigende Allgemeinheit hat die Menschenrechtspädagogik erreicht. Aber erst die systematische Einbeziehung in den Denkhorizont einer „kritischen internationalen Erziehungswissenschaft" (Lenhart 1999) ermöglicht eine angemessene Einordnung sowohl der kritischen Auseinandersetzung mit „ethnisch-kulturellen Selbstdeutungen" und deren Balancierung bzw. Korrektur durch universalistische Orientierungen (Lenhart 1999, S. 213).

3.4 Kritik des Interkulturalismus

Einleitung

Eine der großen Verirrungen unserer Zeit ist der „Solitarismus". Mit diesem Begriff bezeichnet Amartya Sen (2007) eine bestimmte, weit verbreitete Verwendung des Begriffs der Identität. Menschen haben – immer und überall – viele soziale Identitäten, verstanden als Zugehörigkeiten zu transindividuellen Kategorien. Diese Zugehörigkeiten sind zugeschrieben oder nicht, gewählt oder schicksalhaft, veränderlich oder nicht, willkommen oder auferlegt usw.

Das Entscheidende ist die Bedeutung, die wir einer unserer Identitäten geben oder die sie von Anderen zugeschrieben bekommt. Je nach Situation und Kontext, Etappe im Lebenslauf und Generationenlagerung verschiebt sich das Gefüge der individuellen Identitäten. Vom neugeborenen Säugling, dessen eine Identität sich aus der Beziehung zu der Frau ergibt, die ihn geboren hat, bis hin zum alten Menschen, der seine Zugehörigkeiten reflektiert, ist der Wandel der Identität unübersehbar. Und es handelt sich bei dieser biografischen Betrachtung nur um *eine* Dimension der Anforderung von Identitäten.

In der „solitaristischen Deutung" des Menschen, wonach Personen nur einer Gruppe zugeordnet werden, wird der Reichtum menschlicher Existenz auf eine Zugehörigkeit reduziert. Diese Form der Reduktion könnte man als Dummheit bezeichnen, wäre sie nicht mit fatalen Konsequenzen verbunden. Der Mechanismus der solitaristischen Zuordnung hat nämlich identitätsstiftende Kraft und ist ideal für den Aufbau von Fronten.

Sowohl im Umgang mit Anderen, die als Fremde, Terroristen, Kommunisten o. Ä. ihr Gesicht verlieren, wie auch im Umgang einer Gruppe mit sich selbst, die sich als starke Gemeinschaft, als auserwähltes Volk oder privilegierte Rasse versteht, ist die solitaristische Umdefinition der Welt mit klaren Fronten verbunden. Wenn der Wunsch nach Reinheit hinzukommt, kann sich die Forderung nach Säuberung oder militanter Missionierung, d.h. der Aufhebung des einen Identitätsmerkmals des Anderen, ergeben.

Solitaristische Deutungen sind geeignet, logisch geordnete Strategien zu begründen. Eine der verbreiteten ist die These vom „Clash", dem Kampf der Kulturen, wie sie Samuel P. Huntington formuliert hat (1997). Er hat zwei bedeutungsschwere Kategorien, die die im Kalten Krieg vorherrschenden Muster abgelöst haben, zur Ordnung einer unübersichtlichen Welt miteinander verknüpft: Religion und Kultur. Beide Kategorien können umstandslos mit den besten menschlichen Strebungen assoziiert werden, der Sinninterpretation des Lebens und Kultivierung des Zusammenlebens. Da die Religion (noch) einigermaßen unmodern erscheint, ist insbesondere der Kulturbegriff inflationär verbreitet (Henscheid 2001).

Mit der Verwendung des Kulturbegriffs sind bestimmte Vorteile verbunden. Es ist nicht erforderlich, über konkretes Handeln von Individuen in bestimmten Situationen zu sprechen und dieses Handeln empirisch differenziert zu beschreiben, sondern das Handeln wird ent-individualisiert und einer scheinbar in ihm selbst liegenden Typik zugeordnet. Die Zuschreibung einer Handlung zu einem „Wesen" geschieht in der rhetorischen Figur der „diffusen Genauigkeit" oder auch der „präzisen Anonymisierung".

Wie immer das einzelne Handeln beschaffen sein mag, wie reichhaltig die Ausstattung eines Individuums mit Zugehörigkeiten auch immer sein mag, die Zuordnung selbst wird in solitaristischer Manier genau zu einer Kultur und nur zu einer Kultur vorgenommen. Nach der gedanklichen Operation der Zuordnung – sei es Zuschreibung an mich selbst oder andere – kann die weitere Redeweise noch einmal ent-individualisiert werden. Es finden nicht mehr Kriege – oder Dialoge, je nachdem, wozu die Fronten geklärt werden – zwischen Personen, die für ihr Handeln verantwortlich sind, statt, sondern zwischen zwei Zugehörigkeiten, die von Menschen nur ausagiert werden können.

Die solitaristische Deutung führt zum Kulturalismus als einer Weise, wie die Welt in mindestens zwei Sphären aufgeteilt und das Handeln der Menschen nur im Rahmen ihrer Kultur interpretiert wird. Ist diese Aufteilung vorgenommen worden, dann treten an die Stelle der Reflexion schlichte Reflexe auf die andere Kultur als quasi-instruktives Reaktionsmuster. Allerdings muss hier auch noch ein entgegengesetztes Muster beachtet werden: nämlich die Leugnung von Kultur und kulturellem Einfluss auf das Handeln. In modernistischen Theorien tritt an die Stelle multipler Einflüsse das Konzept der egozentrischen Rationalität – selbst auch eine solitaristische Deutung. Im zwischenmenschlichen Umgang kann dies zur Missachtung der besonderen Identität des Anderen führen und mit gravierenden Kränkungen verbunden sein. Wenn eine Person ihre Wahlfreiheit nicht mehr realisieren kann, und dies meint in unserem Zusammenhang: über die Bedeutung einer Zugehörigkeit in einem Kontext ohne Opportunismus entscheiden zu können, dann werden die Folgen des Kulturalismus und seines Gegenteils sichtbar.

Politischer Interkulturalismus

Einwanderungsprozesse sind mit Veränderungen einer Gesellschaft verbunden und stellen insofern eine Provokation dar. Das Bild der Gesellschaft von sich selbst gerät unter Veränderungsdruck gerade dadurch, dass sie die Migranten als fremd wahrnimmt. Würden die Migranten nicht als fremd erscheinen, könnte sich das gewohnte Bild der Gesellschaft von sich selbst unbefragt reproduzieren. Mit dem Erscheinen des Fremden wird – wenn dieser bleiben will und nicht als Gast nur ein vorübergehendes Phänomen ist – die vermeintliche Homogenität der Gesellschaft zum Thema. Allein der Umstand, dass die Homogenität beschworen werden muss, wirft auch die Frage nach ihren Grenzen auf. In den Zeiten des Nationalstaats werden unter Migrationsbedingungen auch die unterdrückten Minderheiten, die „vergessenen" Sprachen und die multiplen Zugehörigkeiten aller Individuen thematisch. Die für die Migranten engagierten Gruppen konnten im Stil einer Sozialen Bewegung – und teilweise auch im eigenen Interesse einer politisch-kulturellen Minderheit – auf die tatsächliche Multikulturalität der Gesellschaft hinweisen. Diese Entdeckung der Diversität war eine Folge des Bewusstwerdens der Einwanderung. In diesem Moment war der Multikulturalismus eine emanzipatorische Forderung. Als Handlungsform, die sich aus ihm ergab, war Interkulturalität evident. Die Verleugnung des Multikulturalismus war gerade für diejenigen nicht mehr möglich, die die Migranten als besonders fremd wahrgenommen haben – also die monokulturell Einheimischen. Auch wenn die Vertreibung – als Alternative zur Anerkennung der Multikulturalität – im Alltagsleben vielfach praktiziert wird, ist sie ökonomisch nicht möglich und deshalb politisch inakzeptabel.

Will man das Gesellschaftsbild der national verfassten Gesellschaft aufrechterhalten, obwohl sie real verändert ist, muss man eine Definition der Kultur der Migranten so vornehmen, dass ihre Anerkennung keinen Änderungsdruck mehr mit sich bringt. Die damit verbundenen ideologischen Eiertänze kommen beispielsweise in dem Wort „Integrationsland" zum Ausdruck, das die CDU in Deutschland im Entwurf eines Grundsatzprogramms (Entwurf des Bundesvorstands vom 1./2.7.2007) untergebracht hat.

Kulturelle Differenz wird anerkannt, nachdem zwei Aspekte der Kultur der Migranten festgelegt worden sind: die Aspekte, die akzeptiert sind, einerseits, diejenigen, die nicht akzeptiert sind, andererseits. Auf der einen Seite gibt es die Kultur „von gut ausgebildeten, leistungsbereiten und integrationswilligen Menschen, die bei uns leben, arbeiten und unser Land als Heimat annehmen wollen" (Nr. 301 des Grundsatzprogramms), die „Verantwortung übernehmen", die „unser Land geistig, kulturell und sozial befruchten und weiter voranbringen" (Nr. 303).

Unschwer ist zu erkennen, dass mit diesen Charakterisierungen nicht eine fremde Kultur bezeichnet wird, sondern die eigene. Es ist die Kultur der Deutschen, denen die politische Rhetorik ihr Ich-Ideal vorbuchstabiert und die sie damit in ihrem Gesellschaftsbild bestärkt.

Die andere Seite der Migrantenkultur ist „unverbundenes Nebeneinander" – also Asozialität, Missachtung der Rechtsordnung, also Kriminalität; Infragestellung der Menschenrechte und Demokratie, also Menschenverachtung und Selbstausschluss aus der politischen Gemeinschaft. Diejenigen, die im Besitz der freiheitlich-demokratischen Grundordnung sind („unsere"), ziehen eine scharfe Trennungslinie, die zu überschreiten politische Unterwerfung bedeutet. Kulturelle Verschiedenheit kann umstandslos anerkannt werden, ist sie doch beim Überschreiten der Demarkationslinie verschwunden. Wer diese Linie nicht überschreitet, hat mit unbestimmten Folgen zu rechnen – ihm gilt eine unbestimmte Drohung.

Die politische Usurpation des Interkulturalismus bringt zum Ausdruck, was Volkes Stimme immer schon verkündet. Und sie kann sich einer breiten Mehrheit sicher sein. So ist auch im „Bremer Entwurf" für ein neues Grundsatzprogramm der SPD die Rede davon, „dass unterschiedliche Kulturen aufeinander zugehen und sich nicht abkapseln" (S. 31), und es werden die „klaren Grenzen" der Verfassung in Erinnerung gebracht, „die niemand unter Hinweis auf Herkunft oder religiöse Überzeugung außer Kraft setzen darf“ (S. 31). Die Erwähnung dieser Grenzziehungen wäre nicht erforderlich, wenn nicht die Prämisse Geltung hätte, dass sie gegen typische Erscheinungen der Migrantenkultur notwendig wären.

In der politischen Rhetorik wird kulturelle Diversität in der Weise aufgenommen, dass sie assimiliert werden kann. Das Besitz anzeigende „unser Land“ oder „unsere Rechtsordnung“ oder „unsere Grundordnung“ setzt einen Rahmen, in dem das „wir“, das spricht, die interkulturelle Beziehung definiert und dem Anderen nur die Möglichkeit einräumt, diese Definition zu akzeptieren oder ihr zu widersprechen. Der Widerspruch wird nicht folgenlos bleiben. „‚Dialog‘ in diesem Sinn ist ein scheinheiliger Begriff; er verschleiert bestehende Machtverhältnisse und unterstellt eine Egalität der Partner, die so nur selten existiert“ (Kohl 2002, S. 217).

Verstrickungen in der pädagogischen Praxis

Die Verwendung des Kulturbegriffs hat im praktischen Handlungszusammenhang beschreibende, analytische und orientierende Funktion. Beschreibend werden Personen und Handlungen als kulturzugehörig bezeichnet. Dabei kommt die Perspektive dessen, der die Bezeichnung verwendet, zum Ausdruck. In der Perspektive wird eine Differenz formuliert – abgesehen von dem Fall, dass die Berufung auf eine gemeinsame Kultur der reflexiven Sicherung von kollektiver Identität dient. Im Kontext von Migration geht es aber vor allem um die Situation, dass autochthone Personen die allochthonen Personen als kulturell verschieden identifizieren.

Der analytische Aspekt kommt dann zum Ausdruck, wenn eine Verbindung zwischen einem Phänomen oder einer Handlung hergestellt wird. Die kausale Zuordnung einer Handlung zu einem „kulturellen Hintergrund“ spielt in der Pragmatik des Alltagslebens eine zentrale Rolle, denn sie ist eine ideale Abkürzung für möglicherweise aufwendige Abklärungen. Insbesondere in Konflikten, bei der Wahrnehmung von Fremdheit und bei der Legitimation von Interventionen spielt die Zuschreibung von Kulturalität eine große Rolle. Diese Zuschreibung ist auch orientierend, weil in der zugeschriebenen Kulturalität auch Muster vermutet werden, wie mit Handlungsproblemen umzugehen sei.

In pädagogischen Handlungssituationen nehmen die genannten Funktionen eine besondere Form an. Dabei geht es auch hier vor allem darum, dass autochthone Pädagogen im Umgang mit allochthonen Kindern und Jugendlichen die interkulturelle Differenz hervorbringen. Aus den vielen Möglichkeiten der Deskription wird die Zuordnung der Kulturdifferenz ausgewählt und überdeckt dabei vor allem die pädagogische Generationendifferenz. Die Legitimation des pädagogischen Beeinflussungsanspruchs wird also verdoppelt durch den Anspruch beispielsweise der „Integration“, weil das geforderte Lernen als notwendig für selbstbestimmtes Leben im Einwanderungskontext erscheint.

Der analytische Charakter der Behauptung, dass sich zwei Kulturen in zwei – oder mehr – Personen begegnen, wird an der Zuschreibung von Ursachen für das Verhalten in der pädagogischen Situation sichtbar. Ein stereotypes Beispiel: Migrantenjugendliche erklären das autoritative Handeln von Pädagoginnen in Einrichtungen des Bildungssystems als Angriff auf ihre vermeintliche Männerehre und greifen dabei auf eigenkulturelle Stereotypen zurück, von denen sie wissen, dass sie allgemein bekannt sind. Die Pädagoginnen interpretieren widerständiges Handeln als Bestätigung ihres Bildes über patriarchalische Migrantenkulturen. Die wechselseitige Zuschreibung stabilisiert das Fremdbild der Beteiligten und die Blockierung der interpersonalen Kommunikation. Gerade weil die interkulturellen Zuschreibungen sich bestätigen und analytisch richtig zu sein scheinen, kommt eine interpersonale Kommunikation nicht in Gang. Denn auch die Implikationen für die Handlungsorientierung stärken wechselseitige Widerständigkeit und die Ablehnung der wahrgenommenen Zumutung, sich verändern zu sollen.

Ein Aspekt, der die interkulturelle Zuschreibung zur Fehlkommunikation werden lässt, ist die reale Sozialisation. Barbara Schramkowski (2007, S. 200) berichtet über das Interview mit einem „türkischen" Jugendlichen:

> „So kann Ümit sich, wenn sie sich in die Situation von Neuzuwanderern hineinversetzt, ‚vorstellen, dass ich integriert werden muss, weil ich ja ganz von einer anderen Kultur herkomme. Und dass ich hier Hilfe brauche, damit ich verstehen kann, wie hier das System läuft. Aber dann einen Ausländer, […], die so genannten, hier ein Ausländer integrieren zu wollen, der hier geboren ist, das versteh ich nicht.'"

Als „Ausländer" wurde der Befragte in Deutschland sozialisiert. Auch dieser Status erlaubt eine subtile Kenntnis der deutschen Kultur und eine Akkulturation in ihr. Weil die Sozialisation aus der Differenz des Ausländers reflektiert werden kann, ist die Kenntnis des Deutschen differenzierter als im Falle der nicht distanzierten Sozialisation. Wenn Integrationsforderungen mit der kulturellen Ausgangsdifferenz begründet werden – und sie können grundsätzlich nicht anders begründet werden, weil sonst die Aufforderung zur Integration sinnlos wird –, dann sind diese Forderungen paradox und für den schon Einsozialisierten befremdlich.

Die Vorstellung, es müsse eine Integration, also eine Veränderung stattfinden, geht implizit oder explizit von der Feststellung einer Differenz aus, die es zu beheben gilt. Weil für den Autochthonen fraglos die Integration in die eigene Kultur richtig – und für ihn selbst realisiert – erscheint, muss sich der Träger der anderen Kultur verändern. Die aufzuhebende Differenz wird als interkulturelle Kommunikation definiert.

In pädagogischen Interaktionen verdoppelt sich also der Dominanzanspruch. Widerspruch ist ohnehin begründet, weil der Pädagoge beansprucht, den Zögling in eine bestimmte Richtung lenken zu dürfen. Diese Konfliktkonstellation ergibt sich ohnehin beim Übergang von Sozialisation zu Erziehung. Die Kulturalisierung legt über diese Beziehungsstruktur eine zweite Ebene von Intentionalität. Wird dabei Widerstand durch die wechselseitige Zurückweisung der pädagogischen und kulturellen Intentionalität aktiviert, stellt sich am Ende eine bestärkte kulturelle Fremdheit ein. Im schulischen Kontext kommt es – trotz hoher Bildungsaspirationen der Migranten – zu Motivationsverlust und Misserfolg.

Der springende Punkt des Interkulturalismus ist die Aktivierung einer nicht weiter reflektierten Setzung des kulturellen Unterschieds. Er wird intuitiv an der Grenze zwischen nationalstaatlich vergesellschafteten Zugehörigkeiten verortet. Es ist so selbstverständlich, dass die Grenze zwischen Deutschen und Türken, Italienern und Russen, zwischen Polinnen und Spanierinnen usw. gezogen wird, dass genau diese Grenzziehung ganz außerhalb des Bewusstseins liegt. Und auch dann, wenn die Art und der Ort der Grenzziehung einmal ins Bewusstsein gehoben werden, setzt sich nach kurzer Reflexion das kollektive Unbewusste wieder durch. Es macht ja gerade die Stärke der für jeden Menschen ethnozentrischen Sozialisation aus, dass ihre Strukturen ins Unbewusste absinken. Erst so können wir Handlungssicherheit gewinnen, um uns in der sozialen Welt einigermaßen angstfrei orientieren und bewegen zu können. In der Reflexion auf den Interkulturalismus kommt es also vor allem darauf an, die jeweilige Verwendung des Kulturbegriffs und die dabei vollzogene Grenzziehung bewusst zu machen. Dann kann man „leichter" mit der Grenze umgehen.

Der Interkulturalismus meint mit den Kulturen, auf die er sich dialogisch beziehen will, immer schon die nationalen oder ethnischen Kulturen, die er aktiviert. Ob dabei mehr passiert als diese Aktivierung, muss offen bleiben.

Die Trübung des wissenschaftlichen Blicks

Interkulturalität wird auch als Forschungskonzept gehandelt. Inzwischen sind diese Vorstellungen jedoch so weit kritisiert worden, dass epistemologisch nur noch die Selbsterfahrung in der vermeintlichen Fremderfahrung begründet werden kann (Därmann 2002). In der Fremdheit des Anderen spiegelt sich die Perspektivität der eigenen Position. Kann die Vorstellung der „Beziehung", die Untersuchung dessen, was durch ein „Zwischen" den Kulturen definiert wird, weiterhelfen? Oder ist der unbedingte Verzicht auf die Kategorie der Kultur als Instrument der Analyse weiterführend? Für beides gibt es Beispiele.

Das mehrfach aufgelegte und vielfach übersetzte Buch von G. und G. J. Hofstede (2006) versteht unter Kultur in „Analogie zur Art und Weise, wie Computer programmiert sind, ‚mentale Programme' – Software of the mind" (S. 3). Programmiert zu sein wird zum Modell, wie Kultur verstanden werden kann im Hinblick auf ihre Wirksamkeit. Ebenso bedeutsam wie das Modell der Begriffsbildung ist die Begründung für die Anordnung der empirischen Datensammlung und -interpretation:

„Ein gewichtiger Grund für die Sammlung von Daten auf der Ebene von Ländern (Nationalstaaten) besteht darin, dass eines der Ziele der Kultur vergleichenden Forschung die Förderung der Zusammenarbeit zwischen den Ländern ist. Wie schon zu Beginn dieses Kapitels festgestellt, leben die (über 200) heute existierenden Länder in einer einzigen Welt, und entweder überleben wir zusammen, oder wir gehen zusammen unter. Es hat also einen ganz praktischen Sinn, auf solche kulturellen Faktoren abzuzielen, die Länder trennen oder vereinen" (S. 23 f.).

Die politisch und pädagogisch korrekte Intention dient als pragmatische Begründung für eine Zusammenstellung von Daten, die – ohne Angabe von Zusammenhangsmaßen – die Welt nach Nationalkulturen ordnet. Das, was wir schon immer über lateinamerikanische, asiatische, europäische oder muslimische Geschlechterbeziehungen wussten, wird gut statistisch nachgewiesen. Die *vor* den empirischen Untersuchungen eingeführten Definitionen und Intentionen und die *nach* Vorlage der Forschung eingeleitete Pragmatik liegen dann auf einer Linie.

Eine geradezu entgegengesetzte Sichtweise nimmt Hartmut Esser (2004) ein. Seine theoretisch orientierte These ist, dass ethnische und kulturelle Schichtungen und Ungleichheiten mit dem Typ funktional differenzierter Gesellschaften *unvereinbar* sind. Zwar sind horizontale, ethnische und kulturelle Pluralisierungen denkbar, doch *dürfen* sie für den vertikalen Aufbau der Gesellschaft keine Bedeutung haben. Dies gilt für die modernen funktional differenzierten Gesellschaften, die mit den kapitalistischen Marktgesellschaften identisch sind. Die globale kapitalistische Gesellschaftsordnung sieht dann folgendermaßen aus:

> „Der zunehmende internationale Wettbewerb verdrängt beispielsweise, wenigstens in der Tendenz, alle ‚irrationalen' und unproduktiven askriptiven Hemmnisse, Distanzen und Diskriminierungen und damit eine zentrale weitere Barriere der (längerfristigen) Assimilation und Absorption. Ethnische Schichtungen oder gar ein ethnischer (Neo-)Feudalismus und der globale Kapitalismus sind, weil der auch ein Teil der funktionalen Differenzierung dann der ganzen Welt ist, strukturell *nicht* miteinander vereinbar. Die so vorangetriebene weltweite Assimilation an die Vorgaben der liberal-kapitalistischen Ordnung lässt ferner, ebenfalls wieder auf der Grundlage seiner strukturellen Besonderheiten, *jede* Art der kulturellen und ethnischen Pluralisierung zu, das aber nur als eine im Grunde individualisierte Angelegenheit eines privat gepflegten Lebensstils und des Auslebens bestimmter individueller Präferenzen: als *horizontale* ethnische (oder sonstige) *Ungleichheit*, etwa in der freiwilligen Wahl des Wohnortes in einer Stadt nach ethnischen Vorlieben." (Ebd., S. 59)

Die systemtheoretische Reduktion von Gesellschaft auf *eine* konstitutive Dimension verliert die Kultur zwar nicht ganz aus dem Blick, erklärt sie aber für die Strukturierung des Systems für irrelevant; Bedeutung soll sie nur für die private Lebensführung haben. Schon ein Blick auf das Recht der Gesellschaft zeigt, dass Gesellschaften gerade nicht eindimensional funktional differenziert sind.

Die begrifflichen Vorentscheidungen zum Konzept der Kultur oder zum Konzept der Gesellschaft und ihrer Strukturierungsprinzipien erweisen sich als relevant für die mit ihnen erarbeiteten Erkenntnisse. Noch bedeutsamer sind sie für die mit ihnen begründeten Handlungskonzepte. Wer die kulturelle Programmierung behauptet, kann strategisch auf die Software Einfluss nehmen und kulturelles Management planen. Wer die Möglichkeit der Legitimation von Ungleichheit durch kulturelle Differenz vergisst, steht in Gefahr, naiv die kulturellen Identifikationen zu fördern ohne Beachtung der sozialstrukturellen Folgen. Insoweit sind dann auch die Fragen des Interkulturalismus in der Forschung mit denen der pädagogischen Praxis und der gesellschaftspolitischen Programmatik verbunden.

Was bedeutet dies für das Konzept der Sozialen Arbeit?

1. Vielfach wird ihr die Orientierung an *race*, *class* und *gender* als den zentralen Dimensionen der Konstitution ihres Handlungsfeldes anempfohlen. Wie aber soll sie damit umgehen? Nach dem vorliegenden Gedankengang entscheiden über kulturelle Zugehörigkeit, geschlechtliche Identifikation und soziale Orientierung ihre Adressaten selbst. Insofern aber deren Verwirklichungsmöglichkeiten durch Rassismus, Sexismus und soziale Benachteiligung eingeschränkt werden, hat die Soziale Arbeit etwas zu tun.

2. Wenn hier gegen „Kulturalismus“ und den auf ihm aufruhenden und ihn voraussetzenden „Interkulturalismus“ argumentiert wurde, dann nicht deshalb, weil „Kultur“ keine Bedeutung hätte – im Gegenteil. Gerade weil sie – als Gesamtheit des Wissens – alles, was wir tun, denken und sprechen, beeinflusst, ist die Reflexion auf die Befangenheit in ihr, zum Beispiel in nationalkulturellen Traditionen, von großer Bedeutung. Diese Reflexion muss aber von Anfang an in eine Struktur von Entgegensetzungen eingebettet werden, wie sie beispielsweise Jacques Demorgon (2006) entwickelt hat. Die „interkulturelle Erfindung“ besteht darin, die ganze Tiefe einer – beispielsweise nationalen – Tradition zu erfassen und gleichzeitig – in einer „antagonistischen Adaption“ – dem Reichtum einer konkreten menschlichen Begegnungssituation Rechnung zu tragen. Die Fülle der Aspekte, die im Hier und Jetzt präsent sind, und die Gesamtheit der Muster, die sich aus kollektiven Problemlösungen der Vergangenheit ergeben hat, stehen sich immer in einer bestimmten Konkretheit gegenüber. Pädagogisches Handeln kann als „auflockerndes“ Handeln beschrieben werden, das immer dann notwendig wird, wenn eine der beiden Seiten verdinglicht wird.

3. Der Interkulturalismus ist mit Fremdheitserfahrungen verknüpft. Die Rede von Interkulturalität hat nur dann Sinn, wenn die andere Kultur als fremd gegenüber der eigenen erscheint. Einen Verstehensprozess in Gang setzen zu wollen, der das Fremde als Fremdes im Verstehen auflösen will, ist nicht möglich; denn sonst wäre das Fremde nur scheinbar fremd gewesen und wird, nachdem es verstanden ist, in die eigene Sinnwelt eingegliedert. Dies wiederum würde implizieren, dass das Eigene so absolut gesetzt wird, dass es außerhalb von ihm nur vorläufig Fremdes gibt.
   Auch der Versuch, das Fremde als Fremdes durch Nichtverstehenwollen zu belassen, scheitert; denn das Fremde erscheint als solches im Eigenen und gehört als Fremderscheinendes zum Eigenen. Dies zu akzeptieren und sich selbst als Antwort zu begreifen auf etwas, was wir nicht vollständig begreifen können und das uns fremd bleibt, obwohl das Eigene eine Reaktion auf dieses ist, scheint der mögliche Weg der Interkulturalität zu sein. Ohne diese Paradoxie wird sie kolonialistisch oder ignorant. „Fremderfahrung und Fremddarstellung zeichnen sich eben dadurch aus, dass unsere eigenen Erfahrungen und Darstellungen anderswo beginnen. Das Fremde holen wir so wenig ein wie die Urvergangenheit der eigenen Geburt, die von vornherein durch Fremdheit gezeichnet ist. Ein solches Sehen, Hören, Begehren, Reden und Tun, das anderswo beginnt, bezeichne ich als Antworten. Das, worauf wir antworten, ist immerzu unendlich mehr als das, was wir ‚mit eigenen Mitteln' zur Antwort geben. Das Fremde konstituiert sich als Fremdes, indem wir darauf antworten; das Fremde als Fremdes erweist sich damit als das Unvorstellbare und Undarstellbare in allen Vorstellungen und Darstellungen. Ebendies ist uns schon als das fruchtbare, ‚gute' Paradox des Ausdrucks und der Darstellung begegnet." (Waldenfels 2002, S. 181)

4. Eine Alternative zur aggressiven Politisierung von Fremdheitserfahrungen ist die demokratische Kultivierung des *ethnos*. Erst durch *Demokratie* wird die völkische Begründung des Staatsvolks transformiert in eine Ordnung, in der sich alle den Regeln der Verfassung unterwerfen. Wer also etwas über andere Kulturen und deren „Integration" in die Demokratie (schon die Terminologie „unser Land", „unsere Ordnung", „unsere Gesellschaft" ist verräterisch für die Perspektive des jeweiligen Sprechers) sagen will, kann dies genau im Habitus dessen tun, der die Verbindlichkeit der demokratischen Normen für sich selbst an den Anfang seiner Rede stellt und genau daran auch gemessen werden will. Auf dieser Grundlage entfällt die Aufforderung an den Anderen, sich zu „integrieren". Denn seine Reaktion auf diese Aufforderung kann als Unterwerfung unter den Impetus der Aufforderung verstanden werden. Genau dies ist aber in der demokratischen Ordnung nicht vorgesehen. Und noch weniger in der pädagogischen Interaktion.

5. In den vielfältigen Zugehörigkeiten eines Einwanderungslandes oder einer Migrationsgesellschaft werden die Zuordnungen zum „Migrationshintergrund“ noch problematischer, als sie es ohnehin schon sind. Da hilft es nur, den Weg zu gehen, den Demorgon vorgezeichnet hat, nämlich sich am Individuum zu orientieren. Darüber hinaus geht es darum, die Zugehörigkeiten, die ihm wichtig sind, zu respektieren oder sich mit ihnen auseinanderzusetzen. Anerkennung und Zumutung sind untrennbar aufeinander bezogen (Mecheril 2005).

6. „Interkulturalität“ als Forschungsbegriff bleibt fragil. Während die Beobachter-Forschung relativ blind bleibt und die vorgefassten Standpunkte reproduziert, muss man sich für weiterführende Erkenntnisse ins Gewühl begeben. Schon die Ethnografen beschreiben, dass die eigenen Gefühle ein sensibles und höchst ungewisses Forschungsinstrument sind. Die Gefühle scheinen eher eine kulturübergreifende Erkenntnisquelle zu sein als die kulturell formierten Wahrnehmungen und insofern auch näher am „Allgemein-Menschlichen“. Doch bleiben sie höchst fragil und müssen in eine Vielzahl von Wahrnehmungen und Beschreibungen des Objektivierbaren integriert werden.
   Noch bedeutsamer werden die verschiedenen Erkenntnisquellen im pädagogischen Kontext. Hier ist eine „experimentierende Praxis“ hilfreich, die die eigene Person des Pädagogen und des Wissenschaftlers schonungslos in einen Erfahrungsprozess einbezieht (Müller 2003 und 2006). Weil aber die wissenschaftliche Wahrnehmung so weit von ihren üblichen methodischen Filtern befreit wird, muss sowohl das professionelle Nachdenken wie die wissenschaftlich-methodische Prüfung „rigoros reflexiv“ sein (Mecheril 2005, S. 325).

4. Soziale Arbeit und Jugendhilfe

Von dem Wandel der Gesellschaft durch Einwanderung sind die Institute des Bildungssystems und der sozialen Infrastruktur unmittelbar betroffen. Im *Bildungssystem* stellt sich auf neue Weise die Frage, wie Qualifizierung und Sozialisation, Legitimierung und Homogenisierung sowie Selektion miteinander vereinbar sind bzw. balanciert werden können. Die *Soziale Arbeit* war mit den Beratungsstellen der Wohlfahrtsverbände für ausländische Arbeiter in die Bearbeitung von Migrationsfolgen einbezogen. Grundlage für ihre Einrichtung waren die einschlägigen Bestimmungen des EWG-Gründungsvertrages von 1957 zu den „Wanderarbeitnehmern" und zur Verpflichtung, sie so zu unterstützen, dass aus dem Wohnortwechsel über Staatsgrenzen hinweg keine Nachteile resultierten.

Die *Jugendhilfe* wurde sich als letzte der drei Institutionen der Einwanderung und der Veränderung ihrer Klientel bewusst. Sie hatte die reichen Erfahrungen mit wohnsitzlosen und in Deutschland „herumziehenden", vertriebenen und flüchtigen Jugendlichen, die vor allem von der Fremdenlegion ferngehalten werden sollten, in den ersten 10 Jahren nach dem Ende des 2. Weltkrieges vergessen (vgl. Hamburger 2006). Die Jugendarbeit erwies sich zunächst als Seismograph (Hamburger 1991), hat dann in wechselnden Konjunkturen das Thema in den Vorder- oder den Hintergrund geschoben. Hier wurde die Konzeptdiskussion besonders intensiv geführt und wurden Modelle einer antirassistischen Arbeit ausgearbeitet. Die Offene Jugendarbeit ist vielfach zum einzigen Ort für Migrantenjugendliche geworden, an dem sie sich legitimerweise im (halb-)öffentlichen Raum aufhalten können. Gegenwärtig werden Kinder und Jugendliche „mit Migrationshintergrund" in allen Handlungsfeldern der Jugendhilfe wahrgenommen, und der Deutsche Kinder- und Jugendhilfetag 2008 in Essen hat ihrer Integration einen programmatischen Stellenwert gewidmet.

4.1 Lebensweltorientierte Sozialarbeit mit Migranten

Der Zugang zur Lebenswelt von Migranten wird in der Regel systematisch verstellt. Zwar ist die Differenz zwischen der Lebenswelt Sozialer Berufe und der Lebenswelt ihrer Adressaten strukturell begründet und bewusst, doch scheint es im Zugang zu Migranten ein zusätzliches Hindernis zu geben. Die „normale" Differenz zur Lebenswelt der Adressaten wird schon immer in den Professionslehren abgehandelt und als situative, strukturelle und kulturelle Differenz zwischen Sozialarbeiter und Klient reflektiert. Dass allerdings der Weg in die Obdachlosensiedlung eine Wanderung zwischen Welten bedeutet, wird nur reflexiv bewusst. Die Unterstellung einer gemeinsamen Sprache überspielt die Stärke der Differenz.

Im Hinblick auf die Migranten scheint alles anders zu sein. Ihre Sprache und Kultur machen sie zu Fremden – im intuitiven und naiven Bewusstsein der Einheimischen, auch der Professionellen. Und wenn die Sprachhürde überwunden ist, glaubt der Eingeborene umso stärker an die Fremdheit der Kultur. Politischer Diskurs und mediale Eindrücklichkeit sichern diesen Glauben hermetisch ab, auch wenn die Alltagserfahrungen Normalität in der Kommunikation mit den konkreten „Fremden" signalisieren.

Eine wissenschaftliche Betrachtung muss sich immer wieder mit dem Dickicht der gesellschaftlich produzierten Wahrnehmungsmuster auseinandersetzen, wenn sie sie – wie in der Interkulturellen Pädagogik beispielsweise – nicht einfach reproduzieren und damit unangreifbar machen will. Deshalb steht eine Klärung des Unterschieds von lebensweltlicher und struktureller Fremdheit an. Danach wird die Alltagspraxis der Arbeit mit Migranten auf der Grundlage von umfangreichen Daten dargestellt. Diese Daten werden zwar in den zahlreichen programmatischen Schriften zur Interkulturellen Sozialarbeit praktisch ignoriert, sie bilden aber eine brauchbare Grundlage für eine solche Darstellung.

Zur Auseinandersetzung mit der Produktion von Fremdheit

Seit Anfang der 1990er Jahre hat sich die Kategorie der Fremdheit in der Rede über Migranten breitgemacht. Dies lässt sich relativ umstandslos mit der Erkenntnis Georg Simmels erklären, dass derjenige fremd ist, der heute kommt und morgen bleibt (Simmel 1995). Fremdheit ist nicht die Evidenz der ersten Begegnung, sondern das Ergebnis des Vertrautwerdens mit dem neuen Bürger. Der Gastarbeiter war kein Fremdheits*problem*, er war „natürlich" fremd. Die Hervorhebung von Fremdheit hat eine einfache Funktion: Sie legitimiert Abwehr von Partizipationswünschen und Integrationsforderungen der Fremden. Und im Falle der Integration sichert sie Überlegenheit. Das lässt sich am praktischen Umgang mit der Fremdheit zeigen.

Es ist inzwischen im Kindergarten selbstverständlich geworden, eine türkische Familie in ihrem „anderen" Zuhause oder eine islamische Moschee zu besuchen. Besonders gelungen ist dieser Besuch, wenn die Lokalpresse berichtet. Spätestens an ihrem Bildbericht sieht man dann, wie „anders" die fremde Wohnung und die Moschee sind. Mit den besten Absichten hat man sich der Fremdheit bemächtigt, sie jedoch nicht „näher gebracht", sondern hergestellt. Niemand käme auf die Idee, deutsche Familien zu besuchen, die Presse einzuladen und in der Zeitung Bilder zu veröffentlichen, beispielsweise über die Pluralität und Fremdheit der privaten Lebenswelten oder das längst unbekannte Innere von christlichen Kirchen. Solche Aktivitäten produzieren also lebensweltliche Fremdheit, wo es um die Reflexion struktureller Fremdheit geht.

Fremdheit ist Folge von Entfremdung. Identität entsteht durch Zugehörigkeit und Zugehörigkeitsgefühl; die Selbstthematisierung hat eine Innen- und eine Außenseite. Die Teilhabe an einem Kollektiv schafft partizipative Identität. Vor allen inhaltlichen Konkretisierungen, warum man selbst dazu gehört und andere nicht, sorgt das Gefühl oder die Behauptung der Partizipation für Identität. Gerade bei regionalen oder lokalen Identitäten kann keine inhaltliche Besonderheit mehr in Anspruch genommen werden. Es wäre lächerlich, wenn die Mainzer, die sich sehr genau von den Wiesbadenern unterschieden wissen, als kulturell verschieden darstellen wollten. Vernünftigerweise versuchen sie es nur in der fünften Jahreszeit. Identität als Zugehörigkeit wird hergestellt durch die Nicht-Zugehörigkeit der Anderen, durch Nicht-Identität. Dieses Modell folgt der Logik segmentärer Differenzierung. Nur die territorialen Grenzen trennen zwei Gebilde, die wie Mainz und Wiesbaden kulturell gleich strukturiert sein mögen.

Die regionalen und lokalen Identitäten stehen zunächst, auch wenn sie heute eine Renaissance erleben, für Identitätsbildungen der vormodernen Vergangenheit. Die moderne Gesellschaft hat ihre funktionale Differenzierung zunächst ohne territoriale Begründung entfaltet. Aber sie hat sich im Rahmen des Nationalstaats entwickelt, der eine andauernde Aufteilung der Welt nach Segmenten impliziert. Die Personen und die Nationalstaaten sind die physikalisch-territorialen Einheiten, an denen die funktionale Differenzierung vorbeigegangen ist. Der Individualismus und der Nationalismus sind die Konstruktionen, die eine unerschütterliche und unverlierbare Identität in der Moderne zum Ausdruck zu bringen scheinen.

Zwischen dieser Mikro- und Makroebene gibt es viele Zugehörigkeiten, die mehr oder weniger bedeutsam sind und vor allem in bestimmten Kombinationen identitätsrelevant werden. Segmentär differenziert sind aber auch die Religionen. Weil sie zur sozialen Integration nicht mehr geeignet waren, wurden sie funktional ausdifferenziert und haben die territoriale Integration dem Nationalstaat überlassen. Das gilt aber nur eingeschränkt. Beim Zerfall Jugoslawiens haben Religionen eine starke Differenzierungsmacht erhalten.

In modernen Gesellschaften sind sich alle Menschen fremd. Es ist die große Leistung des Nationalstaats, dass er mit seiner Abgrenzung nach *außen* die Fiktion schuf, dass *innen* sich alle vertraut und ähnlich seien. Als Basislegitimation dient irgendeine Form der „Volksgemeinschaft“. Innerhalb des nationalstaatlichen Rahmens setzte sich funktionale Differenzierung durch, so dass sich die Personen als Funktionsträger und nicht als persönlich Vertraute begegnen. Die Stabilität moderner Gesellschaften beruht gerade darauf, „dass Fremdheit kein besonderer Status mehr ist, sondern allgemeines Los“ (Hahn 1997, S. 154).

Innerhalb von Nationalstaaten kommt die Paradoxie vorläufig zum Stillstand. Die Fiktion von innerer Homogenität wird durch die Bürgerrechte für alle Volksgenossen abgesichert. Die Staatsangehörigkeit ist die Objektivation, auf die hin sich Identifikationen entfalten können. Weil es tatsächlich keine wirkliche Homogenität gibt, sondern die Vielfalt und Gegensätzlichkeit der funktionalen Interessen regiert, sind Objektivationen besonders wichtig. Auf sie können sich Sicherheits- und Orientierungsbedürfnisse richten. Mit ihnen sind Identifikationen verbunden, weil die Zugehörigkeit als Bürger Identität verbürgt. Denn Identitäten entstehen nicht aus sich selbst, sondern aus Partizipation (– „partizipative" Identitäten, Hahn 1997).

Der Kampf um Zugehörigkeit ist deshalb grundlegend für Gesellschaften, die sich durch Migration verändern. Wer wird in die Solidarität der Staatsbürger einbezogen? Wer soll die Rechte bekommen, die den Einheimischen durch Geburt zugefallen sind und die sie sich durch Loyalität verdient haben? Gibt es Abstufungen der Zugehörigkeit, die einen Prozess der zunehmenden Identifizierung ermöglichen? Die modernen Gesellschaften unterscheiden sich ja lediglich dadurch, dass die einen als Einwanderungsländer sich verstehen und den Prozess des Zugehörigwerdens kurz halten. Die anderen schützen das Anspruchsdenken der Einheimischen stärker und sehen einen längeren Prozess bis zur Einbürgerung vor. Teilweise ist diese Verzögerungspolitik so pervers ausgeprägt, dass jemand als Ausländer geboren wird und als Ausländer auch stirbt.

In jedem Fall spielen die Bildungsinstitutionen eine zentrale Rolle. In ihnen kann Zugehörigkeit deshalb entstehen, weil die Kriterien der Anerkennung und des Erfolgs universalistisch auf Leistung beruhen. Zumindest theoretisch ist das so. Und auch praktisch bedarf es *verdeckter* Strategien und *unbewusster* Mechanismen, um Gleichbehandlung zu unterlaufen. Die Schule als zentrale Bildungsinstitution und Agentur zur Verteilung von Sozialchancen hatte dieses Problem schon immer zu bearbeiten, nämlich die Ungleichbehandlung der Ungleichen zu sichern. Sie kann dies durch starke Selektion tun, wobei sie sich auf die Herstellung und Durchsetzung von Rechtfertigungstheorien konzentriert. Sie kann auf Ungleichheit auch durch Förderpädagogik und Kompensation reagieren, um Begabungen und Leistungen hervorzulocken und Selektion abzumildern.

Der gleichberechtigte Zugang von Migranten zu den Bildungsinstitutionen ist ein zentrales Element ihres Bürgerstatus. Auch der Zugang zu den Leistungen der Sozialen Sicherheit ist praktisch und strukturell ein zentrales Merkmal ihrer Lebenslage. Die universalistischen Leistungskriterien moderner Arbeitsgesellschaften sichern funktional die Risiken der Lohnarbeiterexistenz ab. Erst die neuere Zeit, da von drei Millionen beschäftigten Ausländern nur zwei Millionen *sozialversicherungspflichtig* beschäftigt sind (Beauftragte der Bundesregierung 2002), markiert die Rückkehr zur Sklavenhaltergesellschaft, in der die Reproduktion der *working poor* vollständig privatisiert ist.

Auch der ungehinderte Zugang zu Sozialen Diensten und Leistungen außerhalb des Arbeitnehmerverhältnisses stellt ein wichtiges Element der Integration in den Bürgerstatus dar. Die Veränderung vom JWG zum KJHG, dass jedes Kind mit Lebensmittelpunkt in Deutschland die Leistungen der Jugendhilfe in Anspruch nehmen darf, trägt dem Umstand Rechnung, dass auch Ausländer in die Solidarität der in Deutschland lebenden Wohnbevölkerung aufgenommen sind. Aber die Grenzen dieser Solidarität werden scharf markiert: Die Inanspruchnahme von Sozialhilfe ist ein Hinderungsgrund für Einbürgerung und dauerhaften Verbleib. Und mit dem Asylbewerberleistungsgesetz ist eine ebenso scharfe Grenze zur relativen Menschenwürde dieser Personengruppe gezogen.

Die Ursachen für Konflikte liegen nun nicht in Verschiedenheit und Fremdheit, sondern in der Angst vor dieser Verschiedenheit. Bei diesem kleinen Unterschied geht es ums Ganze. Gerade bei den Gewalttaten und Aggressionen gegen Fremde lässt sich eine Angst vor Alterität als Ursache ermitteln. Weil man sich selbst nicht sicher ist und befürchtet, dass das eigene Weltbild der Konfrontation mit einem anderen nicht standhält, gerade deshalb entsteht aus der Angst der Hass auf Andere. Wie sozialpsychologische Studien zeigen, ist damit eine generelle soziale Ängstlichkeit, die schon vor Kontaktaufnahme in jeder Situation vorhanden ist, verbunden (Wahl u.a. 2001). In einer solchen Situation das Loblied der Verschiedenheit zu singen kann gefährlich sein. Das Fremde wird als gleichwertig dargestellt und damit zu einer noch größeren Bedrohung des Schwachen selbst. Im Vergleich zu einer vordergründigen Interkulturellen Pädagogik kann es also darauf ankommen, Selbstsicherheit und Selbstvertrauen in die eigene Kultur aufzubauen und zu stärken, damit eine gewisse Souveränität entsteht, aus der heraus Toleranz ohne Chauvinismus möglich ist.

Die Praxis der Sozialen Arbeit

Soziale Dienste für Migranten gehören schon immer zur Sozialen Arbeit dazu. Der Deutsche Caritasverband ist wesentlich aus der Beratung italienischer Arbeiter um die Jahrhundertwende 1900 entstanden. Mit der Anwerbung von Gastarbeitern ab 1955, mit dem Zuzug von Aussiedlern, insbesondere nach 1989, und von Flüchtlingen, insbesondere während der Bürgerkriege im Libanon, im früheren Jugoslawien, in Afghanistan und in anderen Ländern der Erde, haben sich jeweils Soziale Dienste entwickelt.

Außer in den speziellen Diensten für Migranten sind diese immer schon in den „Regeldiensten“ der Sozialen Hilfe-Infrastruktur präsent – meistens jedoch auf Grund von Zugangsbarrieren unterrepräsentiert. Ein drittes Element der Versorgung mit Dienstleistungen sind kommunale Aktivitäten, insbesondere Koordinationsstellen und Informations- und Beratungsangebote. Schließlich hat sich, oft nach alarmierenden Ereignissen wie ausländerfeindlichen Pogromen, eine migrationspolitische „Unterstützungsszene“ herausgebildet, zu der Initiativen und Projekte mit den unterschiedlichsten Schwerpunkten, Handlungsformen, Adressaten und Akteuren gehören –

von der Stadtteilinitiative für ein multikulturelles Fest bis hin zum Interkulturellen Rat Deutschlands.

In diesen vier Segmenten der sozialen Infrastruktur werden die Lebenswelten von Migranten ganz unterschiedlich gesehen. Die je besondere Selektivität der Sozialen Dienste, die feldspezifische Thematik, die Wahrnehmungs- und Handlungsmuster der Akteure und die Dynamiken der Interaktionsbeziehungen eröffnen verschiedene Zugänge zur Lebenswelt der Migranten. Im kommunalpolitischen Kontext werden Problemlagen thematisiert, das Stadtteilfest lässt Folklore lebendig werden, die „Szene" hat Zugang zu den exotisch interessanten Migranten, die Sozialen Dienste bearbeiten die alltäglichen Nöte.

Auch wenn sie eine spezifische Selektivität haben, sind die tatsächlichen Aufgaben der Migrationsdienste ein Abbild der Alltagsprobleme. Diese Alltagsprobleme werden in den Beratungsangeboten der Dienste angesprochen und dabei professionell gedeutet. Was also die Sozialarbeiterinnen als ihre Praxis dokumentieren, ist doppelt interpretiert, durch die Klienten und die Berater. Aber die Interpretationen können sich nicht beliebig von den sozialen Tatsachen der Lebenslage von Migranten entfernen. Insofern ist die Arbeitsstatistik, die der Deutsche Caritasverband seit 1993 jährlich über seine Migrationsdienste erstellen lässt, ein qualifizierter Zugang zur Wirklichkeit der Migrantenarbeit (vgl. Hamburger/Müller 1994 bis neuerdings Hamburger u. a. 2002 a, b, c; dazwischen wurden insgesamt 16 weitere Studien erstellt).

Die Beratungsarbeit in den Sozialdiensten für Ausländische Arbeitnehmer, für Flüchtlinge und für Aussiedler wird einzelfallbezogen dokumentiert und dann bundesweit ausgewertet. Aus dem umfangreichen Datenmaterial sollen im Folgenden einige Tendenzen herausgearbeitet werden, wobei die wichtigen Migrantengruppen unterschieden werden.

Ausländische Arbeitnehmer und ihre Familien

Die Sozialberatungsdienste der Wohlfahrtsverbände haben zu dieser Migrantengruppe seit vielen Jahren Zugang. Seit der Anwerbung der ersten Gastarbeiter haben die Verbände spezielle Dienste eingerichtet, in denen in der Regel Berater derselben Nationalität und mit eigener Migrationserfahrung für alle Fragen Beratung anbieten. In die Auswertung der Arbeitsstatistik des Caritasverbandes gingen in den letzten Jahren Daten von folgenden Ratsuchenden ein:

2001	2000	1999	1998	1997
39.195	41.290	44.535	50.802	58.489

Die Migrationsdienste werden von ganz heterogenen Gruppen aufgesucht. Auch wenn nach den neuen Grundsätzen für die Ausländerberatung seit dem 1.1.1999 die nationalitätenspezifische Angebotsstruktur gelockert wurde, werden die Beratungsdienste der Caritas weiterhin überwiegend von ihrer traditionellen Klientel (Italiener, Kroaten, Spanier, Portugiesen) aufgesucht. Von den Ratsuchenden sind 8 % in Deutschland geboren, die Hälfte aller Klienten lebt länger als 20 Jahre in Deutschland, fast 20 % leben weniger als vier Jahre und 20 % fünf bis zehn Jahre in Deutschland. Die hier erfassten Problemlagen spiegeln nicht repräsentativ die Lebenslage aller Migrantengenerationen, sie werden aber alle berücksichtigt.

Hervorragendes Merkmal der sozialen Lage ist Arbeitslosigkeit (Anteil der Arbeitslosen an den Ratsuchenden in Prozent):

2001	2000	1999	1998	1997	1996	1995
22,3	21,8	22,0	23,5	24,3	23,6	22,2

Der Anteil der berufstätigen Ratsuchenden ist von 1995 mit 42,9 % auf 35,7 % in 2001 zurückgegangen. Entsprechend hat sich die Struktur des Lebensunterhalts verändert (1993 – 2001 im Vergleich):

- Erwerbseinkommen hat abgenommen (41 – 37 %);
- Unterhalt durch andere Familienmitglieder (17,4 – 23,8 %) und
- Sozialhilfebezug (10 – 13,5 %) haben zugenommen.

Nimmt man andere Indikatoren (z. B. Frühverrentung) hinzu, dann verfestigt sich das Bild, dass die Soziale Arbeit es mit einer ökonomisch marginalisierten Lebenswelt von Migranten zu tun hat. Über die sozialen Sicherungssysteme ist die Welt der ratsuchenden Migranten an das ökonomische und soziale System angekoppelt, doch wird die private/familiale Einbindung wichtiger. Gesellschaftliche Integration wird durch subkulturelle Vergemeinschaftung ersetzt. Dies kann man als Entmodernisierung der Lebenswelt interpretieren.

Die 320.400 Beratungsanliegen, die im Jahr 2001 geäußert wurden, wurden den folgenden Kategorien geordnet:

- Fragen der Sozialen Sicherheit, Versicherung und Versorgung 32,6 %
- Individuelle Lebensprobleme 30,6 %
  (von Krankheit über Verschuldung bis hin zum Wohnen)
- Status- und Aufenthaltsfragen 15,4 %
- Bildung, Arbeit, Qualifikation 14,4 %

Diese Problemstruktur dokumentiert die Funktion der Sozialen Arbeit mit Migranten. Sie benötigen Beratung, um ihre sozialen Rechte, die sich aus dem Lohnerwerbsverhältnis ergeben, realisieren zu können, und sie sind als Ausländer einem speziellen Rechtsregime unterworfen. Dieses Bild wird noch deutlicher, wenn man die Ratsuchenden danach klassifiziert, welches Problem sie vorgetragen haben. (In der Auswertung der Arbeitsstatistik wird nämlich unterschieden zwischen Beratungsinhalt und dabei zum Ausdruck kommender Problemlage.) Von den 27 Kategorien sind die ersten 10:

1.	Personenstatusfragen:	28,6 %
2.	Wirtschaftliche Fragen/Verschuldung:	26,2 %
3.	Rentenversicherung:	25,7 %
4.	Sonstige soziale Sicherung:	25,7 %
5.	Erkrankungen und ihre Folgen:	22,9 %
6.	Arbeitsplatzprobleme:	20,6 %
7.	Wohnung/Unterbringung:	20,4 %
8.	Aufenthaltsrecht:	18,8 %
9.	Kranken-/Pflegeversicherung:	17,9 %
10.	BSHG-Ansprüche:	16,0 %

Die materielle Lage und der rechtliche Status, also die elementaren Grundlagen der Existenz, die einfachen Risiken der Lohnarbeiterexistenz, werden in der Beratung von Migranten verhandelt. Die ausländische Wohnbevölkerung ist im Jahr 1974 mit einer Erwerbsquote von 61,5 % systemisch integriert gewesen (Beauftragte der Bundesregierung 2002, S. 303). Im Jahr 2001 hat diese Quote den Prozentsatz von 49,1 % erreicht. Auch wenn dies mit einem Strukturwandel (Verhältnis der Generationen und Geschlechter) zusammenhängt, darf nicht übersehen werden, dass die Armut in Deutschland die „Nationalität gewechselt" hat. Die Soziale Arbeit hat es mit einer neuen Subkultur der Armut zu tun. Die weit verbreitete Rede von „Interkultureller Pädagogik" oder „Interkultureller Sozialarbeit" hat damit aber nichts zu tun.

Aussiedler

Die Arbeitsstatistik der Sozialen Dienste der Caritas für Aussiedler bezieht sich im Vergleich zu den Arbeitnehmern auf ungefähr die Hälfte von Ratsuchenden. Die sozioökonomische Lage der Ratsuchenden hat sich bei den Aussiedlern zwischen 1995 und 2001 zunächst leicht verbessert und bleibt dann langfristig konstant. Die Arbeitslosigkeit ist gesunken (42,6–34,9 %), wobei sie seit 1999 konstant ist. Der Sozialhilfebezug hat sich kaum verändert (34–33 %), nur der Bezug von AFG-Leistungen ist allmählich von 33 auf 23,5 % zurückgegangen. „Obwohl immer mehr Ratsuchende sich schon länger in Deutschland aufhalten und damit eher bereits in Arbeit sein könnten, hat sich der zunächst beobachtbare Trend einer sukzessiven Verbesserung der ökonomischen Lage der Ratsuchenden nicht durchhalten können." (Hamburger u. a. 2002 b, S. 29)

Analysiert man die Funktionsfelder der Beratungsinhalte, ergibt sich folgendes Bild:

- Arbeit und soziale Versorgung: 50,7 %
- Aussiedlerstatus-spezifische Fragen: 28,5 %
- Individuelle und psychosoziale Probleme: 23,5 %

Auch bei den Aussiedlern lässt sich die spezifische Verbindung von elementaren Reproduktionsproblemen und migrationsspezifischen Fragen feststellen, wenn man die von den Ratsuchenden angesprochenen Themen nach Häufigkeit sortiert:

1. Wohnung/Unterbringung	36,4%
2. Statusrechtliche Fragen	36,3%
3. BSHG	33,1%
4. Urkunden/Zeugnisse	26,6%
5. Weiterbildung/Sprachkurs	25,4%
6. Arbeitsplatz/Arbeitslosigkeit	25,3%

Im Unterschied zu den ausländischen Arbeitnehmern stehen neben der wirtschaftlichen Lage diejenigen Gesichtspunkte im Vordergrund, die die besonderen Umstände der Aussiedlung (Statusrecht, Urkunden, Familiennachzug) charakterisieren. Die Integration in die sozialrechtliche Infrastruktur bringt die Dimension der Systemintegration zum Ausdruck, die aber angesichts der hohen Arbeitslosigkeit und des Sozialhilfebezugs durch Prekarität gekennzeichnet ist. Die ethnopolitische Vorzugsbehandlung der Aussiedler sichert also Integration auf niedrigem Niveau.

Flüchtlinge

Aus der Beratungspraxis der Caritas für Flüchtlinge wurden 2001 ca. 17.000 Beratungsfälle ausgewertet (Hamburger u.a. 2002c). Die Ratsuchenden kommen zur Hälfte aus fünf „aktuellen" Fluchtländern (Irak, Jugoslawien, Türkei, Iran und Bosnien-Herzegowina), insgesamt aber aus mehr als 120 Staaten. Diese Flüchtlinge halten sich noch nicht lange in Deutschland auf, die Hälfte bis zu zwei Jahre. Die Flüchtlinge sind deutlich jünger als die anderen Migrantengruppen, häufiger ledig und die Männer sind überrepräsentiert (68,8%). Nur ein Drittel lebt in einer Privatwohnung, 60% leben von Einkommen nach dem Asylbewerberleistungsgesetz. Je 16% sind berufstätig oder beziehen Leistungen nach dem BSHG. 10% der Ratsuchenden haben einen verfestigten Aufenthaltsstatus (Anerkennung als Flüchtling, Kontingentflüchtlinge). Deshalb ist es nicht überraschend, dass die Flüchtlinge überwiegend von staatlicher Alimentierung abhängig sind: regelmäßigen Kontrollen unterworfen, ökonomisch und sozial marginalisiert.

Die 202.500 Beratungsgegenstände lassen sich folgendermaßen klassifizieren:

- Status- und aufenthaltsrechtliche Fragen: 30%
- Soziale und psychosoziale Problemlagen: 30%
- Soziale Versorgung: 16%
- Bildung, Arbeit, Qualifizierung: 13%

Die Systemintegration bezieht sich bei Flüchtlingen vorrangig auf den puren Rechtsstatus, die übrigen Systemdimensionen sind nachrangig. Bedeutsam ist dann, dass die psychosozialen Folgen des marginalisierten Status schnell erlebt und in der Beratung thematisiert werden. Das System der staatlichen Alimentierung lässt Versorgungsfragen in den Hintergrund treten.

Für Flüchtlinge ist die allgemeine Orientierungsfunktion der Beratung bedeutsam. Auch die mit der besonderen Form ihrer Migration zusammenhängenden Rechtsfragen stehen im Vordergrund. Doch auch bei ihnen sind die Fragen der materiellen Reproduktion nicht unwichtig, Fragen des BSHG stehen an vierter Stelle der angesprochenen Problemlagen. Und schließlich sind bei ihnen Probleme durch Erkrankungen und ihre Folgen ähnlich wichtig wie bei den Arbeitnehmern. Bei jenen sind es die alt gewordenen Gastarbeiter, die solche Fragen ansprechen, hier sind es die jungen Flüchtlinge, deren Marginalität frühzeitig gesundheitliche Anfälligkeit produziert.

Die Lebenswelt der Sozialen Frage

„Lebensweltorientierung" ist die vernünftige Alternative zu den programmatischen Bezeichnungen „Ausländerarbeit" und „Interkulturelle Sozialarbeit". Sie ist „ein theoretisches Konzept, also eine spezifische Sichtweise, eine Rekonstruktion unter spezifischen Fragen" (Thiersch/Grunewald/Köngeter 2002, S. 162). Sie stellt einen prinzipiellen Perspektivenwechsel dar, weil die Arbeit mit Migranten und ihren Familien und Nachkommen nicht mehr aus der Position der Einheimischen wahrgenommen wird.

Im Konzept der Ausländerarbeit werden die Migranten, genauer: ein Teil von ihnen, unter dem Gesichtspunkt der rechtlichen Nicht-Zugehörigkeit wahrgenommen. Diese Wahrnehmung ist insoweit begründet, als Probleme in der Lebenswelt der Migranten aus diesem Status resultieren. Die Schwerpunkte der Arbeit mit ausländischen Arbeitnehmern, Aussiedlern und Flüchtlingen verdeutlichen die Rationalität des Konzepts der Ausländerarbeit. Zugleich aber trübt die Konzentration auf den Rechtsstatus den Blick für die Wahrnehmung der materiellen Notlage und den teilweisen Ausschluss aus dem ökonomischen System. Die Inkorporation über den Arbeitsmarkt und die damit verbundene sozialrechtliche Inklusion hat erträgliche Lebensweisen in der Gesellschaft, wenn auch an ihrem Rand, ermöglicht. Soziale Arbeit stabilisiert die Lebenswelten am Rand der Gesellschaft und beschäftigt sich dann auch mit denen, die über ihren Rand hinausgeschoben werden. In dem Maße, in dem sie zunehmend mit dem Rechtsstatus der Illegalen, der Verwicklung in Schattenwirtschaft und kriminelle Ökonomie zu tun hat, wird der Status der Sozialen Arbeit selbst prekär. Die praktischen Fragen, mit denen sie konfrontiert ist, lassen ihr gar keine andere Alternative, als die Lebenswelt der Migranten unter dem Gesichtspunkt zu rekonstruieren, wie sich in ihnen die Soziale Frage des 21. Jahrhunderts konkretisiert. Die untere Etage der hegemonialen Gesellschaften wird von einem „transnationalen sozialen Raum" (Prieß) ausgefüllt. Dessen Struktur ergibt sich aus den Übergängen zwischen Inland und Ausland, legalem und illegalem Arbeitsmarkt, öffentlichem Handel und Schattenwirtschaft, bürgerlicher Solidarität und kriminellem Milieu. Es lohnt sich wieder, die Rekonstruktion der „Lage der arbeitenden Klasse in England" zu lesen.

Wenn man in Rechnung stellt, dass von drei Millionen beschäftigten Ausländern eine Million nicht-sozialversicherungspflichtig beschäftigt ist, eine möglicherweise ebenso große Zahl illegal *in* der offiziellen Ökonomie tätig ist und eine ähnlich große Zahl von ausländischen Frauen die Hauspflege aufrechterhält, erst dann wird die Lebenswelt der Adressaten der Sozialen Arbeit sichtbar. Der Ausländerstatus ist in diesem Sektor der gesellschaftlich organisierten Arbeit funktional unentbehrlich, weil er eine sozialpolitisch motivierte Bewegung verhindert. Nur gelegentlich wird aus den westeuropäischen Nachbarländern berichtet, dass es Ansätze solcher Bewegungen („*Sans papiers*") gibt. Soziale Arbeit hat es hier weniger mit einer kulturellen als mit einer politischen Anfrage an ihr Selbstverständnis zu tun.

Diese These leitet über zum Vergleich der Lebensweltorientierung mit dem Konzept der Interkulturellen Sozialarbeit. Auch sie resultiert aus der Wahrnehmungsperspektive der Einheimischen. Sie glauben nämlich an eine Konfrontation mit einer anderen Kultur und werden durch Selbstinstrumentalisierungen der „professionellen Migranten" bestärkt. Das Erstaunliche bei der Auswertung der Arbeitsstatistik der Migrationsdienste ist, dass diese prädestiniert wären zur Wahrnehmung der kulturell bedingten Konflikte. Denn in ihnen arbeiten zu einem hohen Anteil Fachkräfte mit eigener Migrationsgeschichte, vertraut mit dem kulturellen Hintergrund ihrer Klienten, teilweise nach dem Konzept der Interkulturellen Pädagogik systematisch auf die Wahrnehmung der kulturellen Differenz vorbereitet. Aber die Lebenswelten sprechen eine andere Sprache. Zwar sind in den „Fragen der allgemeinen Orientierung", die insbesondere in den Flüchtlingssozialdiensten auftauchen, gerade auch die mit Kulturdifferenzen zusammenhängenden Probleme zu klären. Aber ausgeprägter ist die Thematisierung von Diskriminierung, also der *Behandlung als* „Kulturfremder", dessen Gleichberechtigung nicht akzeptiert wird. Das Konzept der Interkulturellen Sozialarbeit verführt prinzipiell dazu, die Perspektive sozialer Ungleichheit durch die der kulturellen Differenz zu ersetzen. Lebensweltorientierung dagegen lässt diese Frage offen; ihre ethnomethodologische Einstellung – die gerade sensibel ist für kulturelle Gehalte – ermöglicht eine Offenheit, die schon fast naturalistisch zu nennen ist. Ihre Reflexivität umfasst aber ungleichheits- ebenso wie differenztheoretische Dimensionen. Dies erweist sich als produktiv gerade bei Fallstudien (vgl. Thiersch/Grunewald/Köngeter 2002, einleitend), bei denen man mit kulturalistischen Mustern den Fall selbst zudecken könnte.

Demgegenüber lässt sich die Lebenswelt der Migranten im „Denken von Widersprüchen" besser wahrnehmen. Auch wenn sie sich differenziert entwickelt haben, sind ihnen bestimmte Gegensätze immanent:

- Die Enge der absoluten und relativen Armut schränkt alle materiellen Wünsche ein und begrenzt die Partizipation an der Konsumgesellschaft. Für die erste Generation der Einwanderer ist aber der Vergleichsmaßstab der Herkunftsgesellschaft noch verfügbar, so dass „Erträglichkeiten" möglich sind. Die zweite Generation aber kann sich daran nicht mehr orientieren; für sie sind „Klamotten" das Symbol der Zugehörigkeit zur Welt der jungen Menschen, und sie tun alles, um diesen Schein der Zugehörigkeit zu realisieren. Modisch bewusstes Auftreten kaschiert die Angst, als rückständig etikettiert zu werden.

- Alltägliche Ereignisse können die schmale Basis bescheidener Lebensverhältnisse gefährden. Krankheit und Invalidität, Arbeitslosigkeit und Alter lassen schnell in den Bereich unterhalb des Existenzminimums absinken. Das Wissen um diese Möglichkeit zwingt zur Sparsamkeit und zum Verbleiben im engen Familien- und Verwandtschaftszusammenhang – auch dann, wenn er als dauerhaft belastend empfunden wird. Das Maß an Autonomie, das die umgebende Gesellschaft als real möglich vorspiegelt, lässt sich nicht realisieren. Und die Einbindung in den familialen Zusammenhang hat noch einen Preis: Die Verpflichtung zur Dankbarkeit kann schnell das Ersparte aufzehren; die Reisen in die „Heimat", um familialen Verpflichtungen nachzukommen, fordern materielle Opfer. Stirbt jemand und soll er in der „Heimat" beerdigt werden, bedeuten die Überführungskosten den materiellen Ruin. Die in der Migration zum Ausdruck kommende und durch sie gewonnene Autonomie zerrinnt. An ihre Stelle tritt die melancholische Erinnerung an eine idealisierte Kindheit.

- Migration bringt auch den Willen zur Modernisierung zum Ausdruck. Doch die Freiheits- und Autonomieversprechen moderner Gesellschaften werden aufgelöst in den Diskriminierungserfahrungen des Alltags. Auch da, wo man scheinbar arriviert lebt oder die Nachbarn sich mit einem arrangiert haben, ist nahezu täglich die Kränkung durch Rassismus und veröffentlichte Unverschämtheiten (wie zum Beispiel die christlich-soziale Unterscheidung von „Ausländern, die uns nutzen, und denen, die uns ausnutzen") zu verarbeiten. Die Teilhabe am öffentlichen Diskurs der Massenmedien konfrontiert unablässig mit den herabsetzenden Zuschreibungen – demgegenüber erscheint der Rückzug in eine mediale Subkultur noch wenig fortgeschritten. Rückzug schützt vor Kränkung, aber der Wunsch danach, integriert zu sein, bleibt.

- Das ist auch deshalb erforderlich, weil das „Migrationsprojekt" nicht scheitern soll. Auch wenn es die erste Generation nicht dauerhaft und erfolgreich abschließen kann, werden seine Aspirationen auf die Nachkommen übertragen. Sie stehen deshalb unter dem doppelten Erwartungsdruck, einerseits die gemeinschaftlichen Konformitätserwartungen und die Absicherungsinteressen der eigenen Eltern (Versorgung im Alter) zu erfüllen und andererseits im Leistungssystem der modernen Gesellschaft, also im Zweifelsfall ohne Rücksicht auf Bindungen, erfolgreich sein zu sollen. Die latente und vielfach manifeste Gefährdung des Migrationsprojekts dadurch, dass keiner der Erwartungen entsprochen werden kann, kann eine Dauerkrise darstellen.

Die strukturellen Antinomien marginalisierter Lebensformen analysieren zu können, stellt die Alternative zur Kulturalisierung und Ethnisierung dar. Diese Analysen unterscheiden sich von pathologisierenden Zuschreibungen dadurch, dass die sozioökonomischen Bedingungen der Lebenslagen unterschieden werden von den sinnstrukturierenden Bewältigungsstrategien. In diesen Strategien entwickeln Migranten, die zu den aktiven, die Modernisierung vorantreibenden Gruppen der Herkunftsgesellschaften gehören, eine erstaunliche Kreativität in Richtung kultureller Neubildungen und Transformationen. Sie beziehen sich im Kern auf die Auflockerung und Auflösung dichotomer Stereotypen, die aus der Entgegensetzung von nationalen Kulturen und binären Codierungen von Staatsangehörigkeit resultieren.

Im Migrationsprozess werden auch Energien und Kräfte freigesetzt und mobilisiert, die die gleichzeitige Vergemeinschaftung in ethnischen Milieus und die Vergesellschaftung in der modernen Gesellschaft ermöglichen. Ebenso werden individualisierte Biografien mit verbindlichen Zugehörigkeiten balanciert; gerade im Offenhalten von Ambivalenzen sind die Kulturen der Migranten modern. Dass diese Modernität nicht anerkannt wird, ist ein Faktor, der die ebenfalls beobachtbaren regressiven Subkulturen stärkt.

Neben der Forschungsproblematik (vgl. Hamburger 1999b) ist hier aber vor allem die professionelle Einstellung bedeutsam. In der „helfenden Beziehung" wird verlangt, den anderen nicht besser verstehen zu wollen, als er es selbst kann, also auch die Grenzen der stellvertretenden Deutung in der praktischen Interaktion selbst bewusst zu halten. Die „individuelle Kultur" der Migranten ist sensibel gegenüber kolonialen Zuschreibungen; deshalb ist in der Arbeit mit Migranten die in allen Handlungsfeldern der Sozialen Arbeit notwendige praktische Kompetenz zum offenen Verstehen von Lebenswelten bedeutsam, damit ein gelingenderer Alltag möglich wird. Respekt ist genug.

4.2 Anforderungen an Jugendhilfe

Im Verhältnis der Staaten untereinander spielt „Anerkennung" eine große Rolle. Die manchmal skurril erscheinenden Gepflogenheiten des ritualisierten Umgangs bei Staatsbesuchen beispielsweise haben durchaus den tieferen Sinn, jenseits von Unvereinbarkeiten und Differenzen in der politischen Verfasstheit, kulturellen Tradition und politisch-ökonomischen Relevanz eine Interaktion von Gleichen zu ermöglichen, die auf der gegenseitigen Anerkennung als autonome Staaten basiert.

Angesichts der durch Migration erweiterten Vielfalt, die das „Dilemma der Differenz" (Kiesel 1996) offenkundig macht, wird Anerkennung auch in der Pädagogik immer wichtiger. Diese Anerkennung soll sich beziehen

- auf die Autonomie der Individuen und die von ihnen eingegangenen Verpflichtungen gegenüber anderen Personen,
- auf die Gleichheit der Bürger und ihre demokratischen Rechte und
- die Gerechtigkeit als Voraussetzung für die Gleichheit der Chancen zur demokratischen Teilhabe.

Für die Jugendhilfe bedeutet dies heute – und an dieser Stelle soll nur eine allgemeine Aufgabenbestimmung vorgenommen werden, ohne dass auf die Vielfalt praktischer Handlungssituationen eingegangen wird –, sich mit Ausländerpolitik und -pädagogik auseinandersetzen zu müssen. Solange nämlich Kinder in Deutschland zu Ausländern gemacht werden, die nicht über zentrale Bürgerrechte verfügen, ist eine interkulturelle Erziehung im Sinne der obengenannten Anerkennungsgrundsätze kaum möglich, weil der Respekt vor Differenz nur unter der Voraussetzung der Gleichheit und Autonomie nicht in herablassendes Mitleid mit den „armen Ausländerkindern" umschlägt. Bedingung für die Möglichkeit von Bildung, die zu ermöglichen der Zweck aller pädagogischen Anstrengungen ist, ist Selbstbestimmung; Ausländern bleibt aber das Aufenthaltbestimmungsrecht vorenthalten. Eine solche Beschränkung des Selbstbestimmungsrechts kann ja vorübergehend gerade noch hingenommen werden, als Dauerzustand ist sie unerträglich. Die kritische Auseinandersetzung mit der interkulturellen Pädagogik, wie diese heute noch vorwiegend verstanden wird, muss sich in erster Linie darauf richten, dass Individuen lediglich als Träger einer bestimmten Kultur, als Merkmalsträger gewissermaßen definiert werden. Die Wahrnehmung von Verschiedenheit bezieht sich nämlich dabei nur auf die kulturelle Differenz, nicht auf die rechtliche Ungleichbehandlung.

Welche Schlussfolgerungen ergeben sich daraus für die Handlungskompetenzen in der Jugendhilfe?[1]

An dieser Stelle gilt es, die Diskussion um interkulturelle Kompetenz (Hinz-Rommel 1994), interkulturelle Pädagogik, insoweit es sie überhaupt geben soll, und interkulturelles Lernen aufzugreifen und angesichts von empirischen Befunden und praktischen Erfahrungen zu überprüfen, welche Bedeutung der „Interkulturalität" für die Bestimmung von beruflichen Qualifikationsmerkmalen bei der Sozialen Arbeit mit Migrantinnen und Migranten zukommt.

---

1 Die folgende Überlegung ist einem mit Astrid Becker gemeinsam erstellten Forschungsbericht entnommen. Vgl. Astrid Becker/Franz Hamburger/Peter Franz Lenninger (Hrsg.): Anforderungsprofile und Qualifikationsmerkmale in der Sozialen Arbeit der Caritas mit MigrantInnen. Freiburg 1998, S. 109 ff. Dort finden sich auch die empirischen Belege für die hier entwickelten Thesen.

Ohne Frage richtet sich ein relevanter Teil von Qualifikationsmerkmalen auf kulturspezifische Aspekte. Hier soll daher betont werden, dass kulturelle Kompetenz (Verstehen eines anderen im Zusammenhang seiner Deutungen und Interpretationen und reflektierte Bewusstheit der eigenen Deutungs- und Interpretationsschemata) eine generelle sozialarbeiterische Fähigkeit darstellt, derer wir uns nur deshalb oft nicht bewusst sind, weil wir uns umstandslos verständigen können bzw. es zu tun glauben. Doch schon in der Konfrontation mit beispielsweise jugendlichen Subkulturen erleben Sozialarbeiterinnen und Sozialarbeiter die Notwendigkeit von kultureller Kompetenz bewusst. Erst recht in der Interaktion mit Menschen anderer Sprache sollte sich kulturelle in interkulturelle Kompetenz transformieren, ohne ihre Struktur zu verändern. Es geht nämlich immer um Verständigung zwischen Individuen, die unterschiedlich sozialisiert sind und sich deshalb nicht automatisch gut verstehen. Beim Gespräch zwischen Angehörigen verschiedener Generationen und Geschlechter, sozialer Schichten und Berufe werden sowohl die Differenzen wie auch die Fähigkeiten, zu verstehen, konkret erfahrbar. In der Interaktion zwischen Personen aus verschiedenen Sprachen, Religionen und Kulturen ergibt sich lediglich eine Steigerung der Differenzen und der Verständigungsanforderungen.

Betrachtet man aber die kognitive Ebene von beruflichen Qualifikationsanforderungen, so zeigt sich ein relevanter und definierbarer Bereich an speziellen Kenntnissen, die sich zum Teil unter dem Begriff „migrationsspezifisches Wissen“ (z.B. über die jeweiligen Migrationsgründe, die Belastungen der Migration und die Fähigkeiten, die sich aus der Bewältigung dieser Belastungen ergeben, über die Struktur von Vorurteilen und ihre Wirkung oder die Wirkung von Stigmatisierung usw.) subsumieren lassen. Darüber hinaus gehören Kenntnisse über die aktuellen Theoriediskussionen zum Thema multikulturelle Gesellschaft, interkulturelles Lernen, interkulturelle Pädagogik zum erforderlichen spezifischen Wissenskanon von Sozialarbeitern, die mit Migranten und Migrantinnen arbeiten.

Wichtig und hilfreich für die Soziale Arbeit mit Migrant(inn)en scheinen auch interkulturelle Erfahrungen zu sein, wie z.B. die eigene Migrationsbiographie, längere Auslandsaufenthalte oder einschlägige familiäre Hintergründe. Interkulturelle Kompetenz kann vor diesem Hintergrund am ehesten als ein Zustand besonderer Sensibilisierung beschrieben werden oder als „Habitus der Offenheit“. Dieser *kann* durch eigene Migrationserfahrung gefördert werden; dies muss aber nicht der Fall sein. Deshalb ist die Behauptung, nur Mitarbeiter mit eigenem „Migrationshintergrund“ könnten angemessen mit Migranten(-kindern) arbeiten, unzutreffend. Selbstverständlich gibt es auch Mitarbeiter mit Migrationshintergrund, die ihre persönlichen Erfahrungen verabsolutieren und deshalb die Migranten aus demselben Herkunftsland nicht verstehen können. Das Nichtverstehen einer fremden Sprache ist ein objektives Verständigungshemmnis, alles andere kann in subjektiver Offenheit angegangen werden.

Bei sozialarbeiterischen Schlüsselkompetenzen wird die Unterscheidung zwischen spezifischen interkulturellen und anderen sozialen Kompetenzen problematisch. Zwar verlangt die Arbeit mit Migranten Einfühlungsvermögen und die Fähigkeit zur Selbstreflexion, ebenso ist Offenheit und Toleranz gefordert und damit ein hohes Maß an Fähigkeit zum Umgang mit Mehrdeutigkeiten (Ambiguitätstoleranz), doch sind dies Anforderungen, die in den Bereich sozialpädagogischer Basiskompetenzen gehören (Nieke 1981). Die besondere Qualifikation für die Soziale Arbeit mit Migrantinnen und Migranten besteht vor allem darin, das Allgemeine besonders gut zu können.

Auffällig wird bei dieser Aufzählung von Qualifikationsmerkmalen, dass die Basiskompetenzen sozialarbeiterischen Handelns besonderes Gewicht erhalten. Das heißt, gerade im Bereich der personalen Kompetenzen und Fähigkeiten stehen die allgemeinen Anforderungen im Vordergrund: Wahrnehmungskompetenz, kommunikative Kompetenz und Handlungskompetenz, die Fähigkeit zur Selbstreflexion und zur Revision der eigenen Haltungen.

Aus historischer Perspektive lässt sich hinzufügen, dass Soziale Arbeit sich schon immer mit dem Fremden und dem Anderen auseinanderzusetzen hatte, da ihre Klientel schon in den Anfängen der Sozialarbeit aus anderen sozialen Klassen, Schichten und Milieus stammte als die Akteure der Sozialarbeit. Im Sinne der gegenwärtig intendierten „Öffnung der Sozialen Dienste für Migrantinnen und Migranten“, und zwar sowohl als Klienten wie auch als Mitarbeiter und Mitarbeiterinnen, kann eine Orientierung auf den Kulturaspekt hin eine kontraproduktive Wirkung haben. Wenn beispielsweise gefordert wird, dass die Sozialen Dienste verstärkt Mitarbeiter und Mitarbeiterinnen „mit Migrationshintergrund“ einstellen sollen, kann dies zur Folge haben, dass die „Spezialisten für Migration“ weiterhin nicht aus der Zuständigkeit für *ihre* besondere Klientel entlassen werden. Das heißt, die Trennung zwischen den sozialen Diensten für die einheimische Bevölkerung und denen für die Migrantinnen und Migranten wird festgeschrieben, weil die Mitarbeiterinnen beziehungsweise Mitarbeiter der allgemeinen Dienste auf die Zuständigkeit der interkulturellen Spezialisten für Migrationsfragen verweisen können. Zudem birgt die Überlegung, den spezifischen kulturellen Hintergrund zum entscheidenden Qualifikationsmerkmal zu machen, die Gefahr, dass Sozialarbeiterinnen und Sozialarbeiter ausländischer Herkunft nach wie vor auf die Arbeitsplätze in den Migrationsdiensten verwiesen bleiben oder ihnen innerhalb der „Regeldienste“ die fachliche Anerkennung als gleichberechtigter und gleichbefähigter Mitarbeiter versagt wird.

Zusammenfassend lässt sich festhalten, dass die speziellen Qualifikationsanforderungen für Mitarbeiterinnen und Mitarbeiter in der Sozialen Arbeit mit Migrantinnen und Migranten vor allem auf der Wissensebene und der Erfahrungsebene liegen, während die personalen Kompetenzen als Basiskompetenzen bezeichnet werden können und klientelunabhängig sind: Für die kognitive Ebene lassen sich dabei relevante Wissensbestände definieren, für die Erfahrungsebene ist festzustellen, dass interkulturelle und internationale Erfahrungen für die Soziale Arbeit mit Migrantinnen und Migranten sensibilisierend wirken können; dagegen lassen sich auf der Ebene der sozialen Kompetenzen keine migrationsspezifischen Merkmale bestimmen – in diesem Feld geht es vielmehr darum, den allgemeinen Standards der Sozialen Arbeit kompetent und konsequent zu folgen und vor allem für eine breite und fundierte Methodenkompetenz zu sorgen.

Einrichtungen der Jugendhilfe haben in Bezug auf die Arbeit mit Migranten und Migrantinnen – über die beschriebenen Anforderungen an ihre Mitarbeiterinnen und Mitarbeiter hinaus – „nur" dem Anspruch zu folgen, der grundsätzlich an eine gute Jugendhilfe gestellt wird. Dazu gehört die Fähigkeit, auf Irritationen reflexiv und sensibel zu reagieren. Diese Reaktion soll die Handlungsroutinen nicht ersetzen (in manchen Konzepten einer reflexiven Professionalität scheint allerdings diese Vorstellung zu bestehen), sondern nur unterbrechen und ihre Weiterführung in veränderter Form ermöglichen. Eine solche eingeschobene Reflexion soll abschließend und exemplarisch vorgestellt werden.

In einem Schreiben zur Vorbereitung einer Jugendhilfeveranstaltung heißt es: „Noch bestehen erhebliche Zugangs- und Verständigungsbarrieren in der deutschen Kinder- und Jugendhilfe für Menschen anderer kultureller Prägung und es gibt zu wenig tragfähige Konzepte interkultureller Öffnung …"

Die mit diesem Satz ausgedrückte Intention ist deutlich und gut nachvollziehbar. Die Jugendhilfe soll sich ändern, um einer neuen Situation gerecht werden zu können. Bezogen auf die Jugendhilfe ist dieser Satz selbstkritisch, weil auf ihrer Seite Barrieren bestehen, die abgebaut werden sollen. Die erforderlichen Konzepte sollen interkulturell ausgerichtet sein, also nicht einseitig Anpassung verlangen, sondern das „Zwischen" den beiden Seiten „öffnen". Mit diesen Intentionen wird heute eine Programmatik formuliert, die mit breiter Zustimmung rechnen kann. Wo liegt das Problem? Es liegt in den Mustern, die in diesem Satz verwendet werden. Sie einer Reflexion zu unterziehen ist die Voraussetzung dafür, sie als bewusstseinsbeeinflussende Muster außer Kraft zu setzen. Dass die Kinder- und Jugendhilfe in Deutschland eine „deutsche" sei, ist üblicherweise eine fraglose Gewissheit, eine selbstverständliche Beschreibung eines Merkmals, das nur deskriptive Richtigkeit beansprucht, aber keinen besonderen normativen Geltungsanspruch hat. Erst in der Entgegensetzung zu etwas, was nicht deutsch ist, und mit dem Anspruch, etwas Besonderes zum Ausdruck bringen zu sollen, wandelt sich die deskriptive Identität zu einer abgrenzenden Identität. Im vorliegenden Kontext bedeutet aber – wahrscheinlich – das „Deutsche" nur so viel wie „Jugendhilfe in Deutschland" und ist deshalb deskriptiv angemessen. An dieser Überlegung wird deutlich, dass es nicht um Begriffe, sondern um ihre Verwendung in einem bestimmten Kontext geht.

Dies wird auch an dem zweiten verwendeten Muster deutlich. Wenn von Menschen mit „anderer „Prägung“ gesprochen wird, dann stellt sich die Frage, von wem sie sich unterscheiden, auf wen sich das „Anderssein“ bezieht. Erst jetzt wird eindeutig klar, dass hier angenommen wird, dass die Kinder- und Jugendhilfe eine „deutsche“ Prägung habe und es einen Personenkreis gibt, der sich davon unterscheidet durch eine „kulturelle Prägung“. Das Wort „deutsch“ wird also doch nicht rein deskriptiv verwendet, sondern bringt eine partiell bestehende Wesensverschiedenheit zum Ausdruck. Ob das tatsächlich so ist, wird nicht geprüft, sondern unterstellt. Es ist sogar eine starke Unterstellung, denn sonst wäre die Forderung nach Abbau von Barrieren und interkultureller Öffnung, also die expressiv formulierte Intention des Satzes nicht erforderlich.

Mit der Anwendung des Wortes „Prägung“ verhält es sich in ähnlicher Weise. Für mich selbst würde ich diese Bezeichnung üblicherweise nicht verwenden, es sei denn, ich will zum Ausdruck bringen, dass ich nicht anders handeln kann, als ich handeln muss oder musste, weil ich – „halt“ – „geprägt“ bin. „Prägung“ bringt zum Ausdruck, einem Einfluss ausgesetzt zu sein. Deshalb verwende ich dieses Wort für mich selbst nur dann, wenn ich mich entschuldigen will oder wenn ich sagen will, dass ich tatsächlich nicht frei bin in meinem Handeln. Hier wird gesagt, dass andere Menschen ihrer Kultur ausgesetzt sind und deshalb nicht anders handeln können, als ihnen diese Kultur vorschreibt. Die anderen sind also nicht frei, sie sind nicht Subjekte in dem Sinne wie ich selbst, der ich beanspruche, frei handeln zu können. Ich weiß, dass ich von meiner Kultur, was immer das sein möge, beeinflusst bin, aber dass sie meine Handlungsfreiheit aufheben würde, das ist mit meinem Selbstbild nicht vereinbar. Für den „anderen“ aber ist in diesem Sinne die Behauptung, er sei geprägt, eine Kränkung.

Die Intention des Satzes können möglicherweise alle gutheißen, die verwendeten Muster schaffen aber erst die Existenzberechtigung für die Intention und unterlaufen die Intentionen gleichzeitig an zentraler Stelle.

Dieser methodische Hinweis wird hier nicht zum Zweck einer akademischen Übung formuliert, sondern als Anregung für die Reflexion darüber, was wir tatsächlich konstruieren, wenn wir – in dieser Weise – über interkulturelle Öffnung sprechen. Ich behaupte, dass das gesamte Programm der „interkulturellen Öffnung“ viel einfacher zu realisieren ist, wenn wir uns der Implikationen unseres Denkens und Handelns bewusst sind, oder abstrakter: Je stärker wir die Irregularität der Ausgangssituation konstruieren, umso höher werden die abzubauenden Barrieren. Die alternative, an der Normalität entlang formulierte Situationsanalyse könnte lauten: Zur Jugendhilfe in Deutschland gehören prinzipiell und immer schon Menschen, die in (sehr) unterschiedlichen kulturellen Konstellationen leben. In diesem

Sinne spricht auch das Bundesjugendkuratorium in seiner Stellungnahme zu „Migration und ihre Folgen“ von Normalität.

4.3 Veränderungen der Jugendhilfe durch Migration

Im Februar 2005 hat der Mord an einer jungen deutschen Frau türkischer Herkunft zunächst Berlin und dann auch ganz Deutschland bewegt. Sie wurde von ihren eigenen Brüdern erschossen, die wahrscheinlich im Glauben handelten, die „Ehre“ der Familie retten zu müssen. Innerhalb von vier Monaten waren fünf Verbrechen dieser Art begangen worden, so dass die Öffentlichkeit besonders beunruhigt war. Bei der journalistischen Recherche zeigt sich, dass die junge Frau nach einer Zwangsheirat und der Trennung von ihrem Mann aus ihrer Herkunftsfamilie ausgestoßen worden war und durch eine Einrichtung der Jugendhilfe (Jugendaufbauwerk) jahrelang betreut wurde. Diese unterstützende Begleitung war Rückhalt für die persönliche Entwicklung, für Schulbesuch und Ausbildung. Die junge Frau hätte ihre Ausbildung im März 2005 abschließen können (vgl. Bullion 2005).

Der Fall ist nicht untypisch dafür, wie das Verhältnis von Migration und Jugendhilfe thematisiert wird. Ähnlich wie beim Thema „Schule und Gewalt“ werden spektakuläre Fälle medial intensiv rezipiert, durch das Medienecho werden sie erst zum spektakulären Fall und beeinflussen stark die öffentliche Wahrnehmung. Das Bild in der Öffentlichkeit, aber auch bei den beruflich Handelnden in Einrichtungen der Jugendhilfe, wird vom dramatischen Einzelfall, von sich zuspitzenden Konflikten, vom „Zusammenprall der Kulturen“ (Süddeutsche Zeitung 26./27.2.2005), von unlösbaren Problemen und vergeblichen Bemühungen bestimmt. Was im einzelnen Fall zutreffen kann, wird zum dominanten Muster, weil die alltäglichen Abläufe einschließlich ihrer gelingenden Hilfen aus dem Blick geraten. Und im berichteten Fall trug die Jugendhilfe tatsächlich auch bei, eine prekäre Lebenslage dauerhaft zu stabilisieren.

Doch wofür ist der Fall typisch? Für die Wirksamkeit einer Jugendhilfe, die MigrantInnen hilft, selbständig ihr Leben in die Hand zu nehmen? Das werden die wenigsten Medien so sehen. Für das Scheitern einer Integration, die auch durch sozialstaatliche Hilfesysteme nicht erreicht werden kann? Das werden die Mörder selbst und die Kulturkriegtheoretiker in der Öffentlichkeit so sehen. Für die tragische Eskalation von Konfliktlagen, die in Migrationsprozesse eingelagert sind und im Allgemeinen auch durch ernsthafte Interventionen konstruktiv bearbeitet werden können? Das werden WissenschaftlerInnen und PraktikerInnen so sehen, die die Mechanismen der Konflikteskalation kennen und den Fall von vielen anderen Fällen unterscheiden können.

Der Fall ist kein Einzelfall – er steht in einer Reihe von Verbrechen gegen Frauen. Der Skandalisierung darf keine Relativierung entgegengesetzt werden. Die Betrachtung kann sich von der begründeten Betroffenheit nur ablösen, wenn die Vielzahl der Fälle den Blick öffnet für ihre Verschiedenheit. Das bedeutet nicht, dass das furchtbare Schicksal einer Person den Daten der Statistik und der Vielzahl von Alltagserfahrungen untergeordnet wird. Im Gegenteil: Der Blick auf die generalisierbaren Entwicklungen und der Blick auf das Schicksal des Einzelnen gehören zusammen und begründen gleichermaßen das Paradigma einer theoretischen und praktischen Sozialpädagogik, die die Antinomie von Individualisierung und Prinzipienorientierung wahrnehmen und aushalten kann. Dabei ist auch die empirische Vergewisserung hilfreich (vgl. Schiffauer 2005).

In das Verstehen des einzelnen Falls gehen viele allgemeine Perspektiven und Kategorien ein. So werden an der Geschichte der ermordeten Hatun Sürücü die Konsequenzen unterdrückerischer Geschlechterverhältnisse ebenso deutlich wie des unbewältigten sozialen Wandelns und der Migration. Auch die Verwerfungen einer konfliktreichen „Integration" werden sichtbar, bis in die pauschalisierenden Reaktionen auf das Verbrechen hinein. Für die Jugendhilfe, die der jungen Frau über Jahre hinweg tatsächlich Hilfe gewähren konnte, stellt sich die Frage nach den Bedingungen gelingender Hilfe und zugleich die Frage nach den Grenzen ihrer Tätigkeit. Die türkischen Mitarbeiterinnen einer flexibel auf die Bedürfnisse ihrer Adressaten reagierenden Einrichtung haben lange Zeit die richtige Unterstützung geleistet und müssen sich angesichts der Gewalt doch die radikale Sinnfrage stellen.

Alle diese Fragen können hier – das wäre der Stil der verbreiteten Ferndiagnosen – nicht behandelt werden. Aber der einzelne Fall zeigt die existenziellen Verwicklungen, in die sich eine engagierte Jugendhilfe einlässt. Sie bewegt sich dabei als pädagogisches Handeln in einem Rahmen, der Gegenstand der folgenden Darstellung sein soll. Dabei wird zunächst die Einwanderung nach Deutschland skizziert, Sozialarbeit und Jugendhilfe haben auf diese Einwanderung in typisierbaren Formen reagiert (1) und sich dabei auf verschiedene Migrantengruppen bezogen (2). Die Zuwendung zu diesen Gruppen hat Strukturfragen aufgeworfen und konzeptionelle Überlegungen motiviert, die bis zur Gegenwart offen diskutiert werden (3). In den einzelnen Feldern der Jugendhilfe werden diese Fragen unterschiedlich konkretisiert und „kleingearbeitet" (4). Diese Praxiserfahrungen werden abschließend in einem allgemeinen Modell diskutiert (5), das zugleich so konzipiert werden soll, dass die Jugendhilfe „Zukunftsfähigkeit" entwickeln kann.

Migrationsphasen und Themenkonjunkturen

Die Reaktionen der Sozialen Arbeit und der Jugendhilfe (als Theorie und Praxis) sind bestimmt von den wechselnden Formen der Migration und den damit verbundenen Problemlagen (vgl. Hamburger 1999).

Die Gastarbeiter-Ära

Im Rückblick scheint die erste Phase der Zuwanderung und der Sozialen Arbeit die durchsichtigste zu sein. Mit der ersten Anwerbevereinbarung mit Italien im Jahr 1955 begann – noch vor den Römischen Verträgen zur Gründung der EWG 1957 und zu einem Zeitpunkt, als eine Million Personen in Deutschland arbeitslos gewesen ist – die Zuwanderung von insgesamt ca. 12 Millionen GastarbeiterInnen, angeworben für bestimmte Sektoren der Industrie und die Landwirtschaft. Grundlage für diese Anwerbeaktion war die sozialrechtliche Gleichstellung der „Fremdarbeiter" – dieser im Dritten Reich und bis heute in der Schweiz verwendete Begriff wurde vermieden. Die Zuwanderung verwandelte sich in der Krise 1967/68 in Abwanderung, um dann bis zum Anwerbestopp 1973 erneut positive Wanderungsbilanzen zu erreichen. Die Gastarbeiter besetzten die für deutsche Arbeiter „unzumutbaren" Arbeitsplätze, was sich sozialstrukturell als „Unterschichtung" der deutschen Gesellschaft auswirkte.

Die Wortbildung „Gastarbeiter" bringt den merkwürdigen Sachverhalt zum Ausdruck, dass jemand, dessen Qualifizierungskosten sein Heimatland getragen hatte, als Gast seine ökonomische Nützlichkeit unter Beweis stellt, aber fremd bleiben durfte, weil er nur vorübergehend gebraucht werden sollte. Fremdheit war vertraut, nicht grundsätzlich bedrohlich. Das politische Konzept für diese Phase wurde als Eingliederung definiert, als „partielle Akkulturation". Für die Eingliederung gab es keine Institution. Deshalb war die Vereinbarung mit den Wohlfahrtsverbänden außerordentlich hilfreich und zweckmäßig, durch eine eigens eingerichtete „Sozialberatung" sowohl die aus der Situation von „Arbeitern im fremden Land" unmittelbar sich ergebenden alltäglichen Lebensprobleme bewältigen zu helfen als auch die Realisierung aller sozialen Rechte im Gastland und nach der Rückkehr in das Heimatland sicherzustellen.

Von Anfang der „Gastarbeiterbetreuung" an hat sich ihr konzeptioneller Gegensatz – wenn man sehr idealtypisch argumentiert –, nämlich die Selbstorganisation, entwickelt. Beispielsweise sind die Selbstorganisationen von Anfang an mit den politischen Vorgängen im Heimat- und Gastland eng verbunden, spiegeln die vorherrschenden Fraktionierungen und Klassenlagen wider, haben Sport als wichtigen Gesellungsfaktor organisiert oder sind eng mit Religion (z.B. italienische und spanische katholische Pfarreien mit Kultur- und Sozialarbeit) verknüpft. Die Sozialberatung der Wohlfahrtsverbände bildete auch die zentrale Vermittlungsinstanz zu den Bewegungen und Institutionen außerhalb der Kolonie.

Die ausländische Wohnbevölkerung entsteht

Der Anwerbestopp von 1973 war für die Arbeitsmigration ein gravierender Einschnitt. Weil sich das Rotationsprinzip aus betrieblichen Gründen schnell als unzweckmäßig erwies und Rückwanderung nur im Falle von Arbeitslosigkeit erzwungen werden konnte, verstärkte sich die Familienzusammenführung in Deutschland, also der Zuzug von Frauen und Kindern.

War die ausländische Bevölkerung bis dahin insbesondere ein Kollektiv von Männern zwischen 20 und 50 Jahren, so verwandelte sie sich nun in eine normale Wohnbevölkerung von Familien mit einem etwas höheren Kinderanteil als die Einheimischen. War bis dahin eine sozialrechtliche Eingliederung und die Unterbringung in Wohnheimen ausreichend gewesen, so musste jetzt eine „normale" Bevölkerungsgruppe in den Wohnungsmarkt und in das Bildungssystem integriert werden.

Die Zielgruppe der Sozialen Arbeit, Jugendhilfe und Pädagogik waren in den 1970er Jahren nicht mehr die Arbeiter, sondern ihre Familien. Die Benachteiligung der Kinder im Hinblick auf ihre Chancen im deutschen Schulsystem sollte durch schulische und außerschulische Hilfen kompensiert werden, die pädagogische Arbeit orientierte sich an einer positiv verstandenen Integrations- als Teilhabeperspektive. Als Akteure traten in dieser Zeit vor allem „Initiativgruppen" auf den Plan, ideologisch und psychologisch von den Bürgerbewegungen der 1970er Jahre motiviert. Auch diese Initiativgruppen sind im späteren Verlauf der Sozialen Arbeit mit Migranten nicht verschwunden, haben sich im „Verband der Initiativgruppen in der Ausländerarbeit" organisiert und institutionalisiert, gehören als freie Trägerszene zur Migrantenarbeit und werden durch immer neue Initiativen (z.B. „Nach Solingen") fortgesetzt. (Zu den 1970er Jahren vgl. Akpinar/López-Blasco/Vink 1974.)

Die Herausbildung einer Konfliktlage

Die Beschlüsse der Bundesregierung von 1981 zur Ausländerpolitik waren die Reaktion auf sozialwissenschaftlich fundierte Forderungen, die Bundesrepublik Deutschland als Einwanderungsland zu begreifen und diese Einsicht in praktische Politik umzusetzen. Mit dieser politischen Blockade, die die Widersprüchlichkeit zur politischen Weisheit umdefinierte, wurde für zwei Jahrzehnte nicht nur der Einwanderungsprozess storniert, auch die soziale Differenzierung der ausländischen Wohnbevölkerung wurde verhindert. Die Gastarbeiter und ihre Nachkommen sollten sehr wohl am unteren Rand der Gesellschaft verbleiben, war dies doch eine Strategie zur Kalmierung von Anomiepotentialen bei den Einheimischen. Durch das Rückkehrförderungsgesetz von 1983/84, durch die Verschärfung des Asylverfahrensrechts und andere Maßnahmen wurde langsam an der Festung Deutschland gebaut, die Remigration ge- und gleichzeitig der Rückzug in die subkukltu-relle Segregation be-fördert. Von der Öffentlichkeit vielfach unbemerkt hatten jedoch auch viele Familien sich auf Verbleib und den langen Weg ihrer

Kinder durch die deutschen Bildungsinstitutionen eingestellt. Die Migranten waren in dieser Konfliktlage aber nicht einfach „Opfer", sie haben sich auch verstärkt selbst organisiert und in Kampagnen zum kommunalen Wahlrecht, für die Wahl von Ausländerbeiräten und für Einbürgerung artikuliert.

Die Soziale Arbeit hat sich im Verlauf der 1980er Jahre neuen Adressatengruppen zugewandt, verstärkt den Frauen, deren Selbstorganisation sie vor allem unterstützte, oder den ins öffentliche Bewusstsein rückenden kranken, unter Arbeits- und Diskriminierungsbedingungen leidenden oder arbeitslosen Migranten und schließlich den kriminalisierten Jugendlichen.

In dieser „Zielgruppenfindung" kommt praktisch die Doppelgesichtigkeit der Sozialen Arbeit, die sich helfend und unterstützend einer konkreten Notsituation annähert und gleichzeitig einer stigmatisierenden öffentlichen Problemdefinition zum Durchbruch verhilft, zum Ausdruck. Als praktische Perspektive lassen sich für die Soziale Arbeit keine einheitlichen Handlungsmuster mehr identifizieren.

Die Konfliktlage der achtziger Jahre hat auch konzeptionell die Soziale Arbeit bestimmt. Das Plädoyer für einen „Perspektivenwechsel" von Habel/Habel/Karsten (1985) wird eröffnet mit der Feststellung, dass die Ausländerpädagogik ihren Gegenstand „verfehlt", und die brillante Replik von Fritz Wittek (1985) wird als „kleine Tanzstunde für drei Kritiker der Ausländerpädagogik" inszeniert. Die einschlägige ISS-Tagung wurde programmatisch als „Ausländersozialarbeit in der Krise" (Stüwe 1985) betitelt.

Gewalt und/oder Multikulturalismus

Die deutsche Einheit hat zu Beginn des Jahrzehnts 1990 deutsch-nationale Identifikationen verstärkt und damit die Konfliktlage der 1980er Jahre verschärft, gleichzeitig hat das Verschwinden des „Eisernen Vorhangs" die alten Migrationspfade der Ost-West-Migration wiedereröffnet. Die Zuwanderung von Flüchtlingen, Bürgerkriegsflüchtlingen, Aussiedlern und „neuen Gastarbeitern" aus Mittel- und Osteuropa und die darauf bezogene Abwehrpolitik hat eine angespannte Situation geschaffen, in der die Gewalt der Straße gegen Fremde die politisch geforderte Abwehr auf ihre Weise realisierte. Diese Konfliktlage ließ aber nicht nur den Rassismus manifest werden, sondern verstärkte auch die Gegenposition, die sich vor allem mit der Forderung nach Einwanderungsgesetz und Einbürgerungspolitik sowie Akzeptanz des gesellschaftlichen Multikulturalismus artikulierte. Rassismus und Multikulturalismus können als entgegengesetzte Reaktionen auf den tatsächlichen Wandel zu einer Einwanderungsgesellschaft interpretiert werden. Soziale Arbeit und Pädagogik wurden als „interkulturell" programmiert.

Die Soziale Arbeit hat aber nicht nur ihre Adressaten interkulturell ausgeweitet, sondern sich auch neuen sozialen Notlagen, zumindest soweit sie als solche definiert wurden, zugewandt. Aus demografischen Gründen sind die alt gewordenen Migranten ins Blickfeld der Altenheimplanung geraten; die Armut der Migranten wird dagegen im Zusammenhang von struktureller Arbeitslosigkeit und Sozialhilfebelastung thematisiert. Der politische Abbau von Sozialstaatlichkeit wurde dann mit dem Asylbewerberleistungsgesetz um eine Differenzierungsstufe der Ausgliederung erweitert. Die interkulturelle Öffnung der Sozialen Dienste, genauer: der „Regelversorgung", steht auf der Tagesordnung und wird – wie immer unvollkommen dies sein mag – teilweise realisiert.

In die großen Entwicklungslinien hat sich die Jugendhilfe langsam und an manchen Stellen mit großer Bedeutung eingeklinkt. In den 1970er Jahren stand schon einmal – wie nach den PISA-Untersuchungen 2001 und 2004 – die vorschulische Erziehung und die damit verbundene Sprachförderung im Vordergrund der Aufmerksamkeit. Die bekannte Arbeit von A. Zehnbauer (1980) zieht eine Bilanz dieses Jahrzehnts. In dieser Zeit bilden sich auch die Initiativgruppen in der Ausländerarbeit heraus, die sich in der Regel als außerschulische Hilfen für Kinder und Jugendliche (Hausaufgabenhilfen) konstituieren; die Veröffentlichung der Arbeitsgemeinschaft der katholischen Studenten- und Hochschulgemeinden (AGG) in der Mitte der 1970er Jahre zählt 168 solcher Initiativgruppen in Westdeutschland und Berlin. Die „Materialien für die Arbeit mit ausländischen Kindern" setzen Schwerpunkte, die auch im Jahr 2005 die Diskussion über die Bildung der Migrantenkinder bestimmen: Vorschulische Erziehung, Sprachförderung, Elternarbeit.

In den 1980er Jahren kommt die Jugendarbeit als Handlungsfeld der Jugendhilfe ins Spiel (vgl. beispielsweise Albrecht 1983). Zunächst stand fast ausschließlich die offene Jugendarbeit, die Arbeit in Jugendzentren und Stadtvierteln im Vordergrund. Die Jugendverbandsarbeit spielte eine nachgeordnete Rolle, weil die Migrantenjugendlichen nur selten in den Verbänden präsent waren, auch wenn die Verbände qualifizierte Projekte *für* Migrantenjugendliche durchführten (vgl. Hamburger 1991). Auch die Jugendgerichtshilfe bekommt es zunehmend mit Migrantenjugendlichen zu tun.

Ab den 1990er Jahren schreitet die strukturelle Marginalisierung und teilweise Verelendung der ausländischen Wohnbevölkerung voran. Hohe Arbeitslosigkeit und teilweise Herauslösung aus den arbeitnehmertypischen Versicherungssystemen belasten die sozialen und sozialkulturellen Integrationskapazitäten der Familien und der Verwandtschaftssysteme, auch der Selbstorganisationen (vgl. Gaitanides 2003). Diese Selbstorganisationen entstehen als Reaktion auf dauerhafte Prekarität, die jetzt an die Stelle der hohen Integrations- und Bewältigungskapazität der typischen „Wanderungsfamilie" tritt, die sich aus der Begrenztheit ihrer Herkunftssituation aktiv herausgelöst hat. Doch auch die Flucht in die scheinbare Sicherheit versprechende Ordnung der nostalgisch erinnerten Tradition mit ihrer patriarchalischen Struktur scheitert und erhöht die Spannungen.

Dies erleiden insbesondere Kinder und Jugendliche eines – wenn auch kleineren – Teils der ausländischen und eingebürgerten Wohnbevölkerung. Die Marge von dauerhaft 20% Arbeitslosigkeit charakterisiert den Anteil genauer. Diese Familien benötigen nun stärker die Hilfen zur Erziehung, die Jugendlichen nehmen die Inobhutnahme der Jugendhilfe in Anspruch. Gleichzeitig wächst die Gruppe der bildungserfolgreichen Jugendlichen, die die hohen Aspirationen ihrer Eltern verwirklichen können.

Die Adressaten der Jugendhilfe

In Deutschland werden gegenwärtig drei Gruppen von Migranten besonders wahrgenommen: Arbeitsmigrantinnen und -migranten, Aussiedlerinnen und Aussiedler und Flüchtlinge. Flüchtlinge und Arbeitsmigranten sind der Gruppe „Ausländer“ zuzuordnen, Aussiedler werden nach ihrer Einwanderung eingebürgert. In neuerer Zeit ist die Zuwanderung aus Asien, Afrika und Osteuropa angestiegen; dabei haben sich auch die Formen der Zuwanderung (z. B. Heiratsmigration) erweitert.

Für die Jugendhilfe ist relevant, dass die ausländische Wohnbevölkerung jünger ist als die deutsche. Dieser Gesamteindruck ergibt sich aber besonders daraus, dass bei den älteren Menschen die Ausländer unterrepräsentiert sind. Bei den Ausländern ist die Altersgruppe der Kinder unter sechs Jahren mit 4,3% vertreten, in der deutschen Bevölkerung mit 5,5%. Die Sechs- bis unter 18-Jährigen haben bei den Ausländern einen Anteil von 14%, bei den Deutschen von 12,6%. Die Kinder und Jugendlichen insgesamt haben bei den beiden Bevölkerungsteilen einen fast gleichen Anteil von 18,2% bei den Deutschen und 18,4% bei den Ausländern. Im Hinblick auf demografische Zukunftsentwicklungen unterscheiden sich die beiden Teile der Bevölkerung also kaum. Bei den Neugeborenen ist seit Mitte der 1990er Jahre der „reine Ausländeranteil“ zurückgegangen, während der Anteil von Kindern mit einem deutschen Elternteil kontinuierlich gewachsen ist. Die Rede von den Kindern „mit Migrationshintergrund“ gewinnt auch dabei Sinn, nicht nur bei den Jugendlichen der „dritten Generation“ und bei den eingebürgerten Einwanderern. Das seit dem Jahr 2000 gültige Staatsangehörigkeitsrecht wirkt also in die angestrebte Richtung, dass sich der Ausländeranteil an der nachwachsenden Bevölkerung auf „natürliche“ Weise verringert (vgl. insgesamt Beauftragte der Bundesregierung für Migration, Flüchtlinge und Integration 2004 a).

Für die in sich recht heterogene Gruppe der ausländischen Kinder und Jugendlichen gibt es keine separierten Angebote der Jugendhilfe – außer für die Kinder aus Flüchtlingsfamilien und für unbegleitete minderjährige Flüchtlinge.

Für die Lage jugendlicher *Aussiedler* ist kennzeichnend, dass sie sich eher in ihrer Herkunftssprache unterhalten, dass sie Freundschaften mit Aussiedlern pflegen, über begrenzte ökonomische Ressourcen verfügen und ihre

Teilhabechancen eingeschränkt sind (Strobl 2003). Dagegen sind die subjektiv wahrgenommenen Teilhabechancen ebenso ausgeprägt wie bei den einheimischen Jugendlichen. Im Hinblick auf Selbstwertgefühl, psychosomatische Befindlichkeit und Anomiegefühle unterscheiden sich die drei Gruppen: deutsche, ausländische und Aussiedlerjugendliche fast gar nicht. Jugendliche Aussiedler fallen auch nicht durch höheren Alkoholkonsum, Devianz oder Delinquenz auf. Zwar gibt es Problemgruppen, bei denen Gewalttätigkeit, Opfererfahrung und Alkoholkonsum eine bestimmte Lebensform symbolisieren, aber diese Gruppe ist nicht stärker ausgeprägt als bei den einheimischen Deutschen. Von besonderer Bedeutung sind die subjektiv wahrgenommenen Teilhabechancen. „Demgegenüber haben kulturelle Besonderheiten eine vergleichsweise geringe Bedeutung für Problemverhalten und Befindlichkeitsstörungen." (Strobl 2003, S. 83)

Die empirische Forschung vermittelt offensichtlich ein ganz anderes Bild, als es in der Öffentlichkeit existiert. Auch die Bilder der professionellen Helfer werden als „persönliche Eindrücke" (Reiser 2003, 87) von den eigenen Erfahrungen bestimmt, unterliegen also einer „déformation professionnelle", die sich aus dem selektiven Zugang zur Jugendhilfe ergeben, d. h. die Jugendhilfe ist natürlich nur mit den Probleme hervorrufenden Jugendlichen konfrontiert. Doch auch in der Strafrechtspflege tauchen jugendliche Aussiedler häufiger auf als andere Gruppen und werden auch öffentlich skandalisiert. Dies bezieht sich häufig auf lokale Problemkumulationen, wo größere Kontingente von Aussiedlern in früheren Militärstandorten angesiedelt wurden und die Integration in den Arbeits- und Ausbildungsmarkt nicht funktioniert. Gerade dort wird die Jugendhilfe vom Kindergarten bis zur Jugendgerichtshilfe verstärkt gebraucht, gelegentlich auch ausgebaut und häufig in zeitlich befristeten Projekten als „soziale Feuerwehr" eingesetzt. Dennoch werden ihr relevante Chancen zur Verbesserung der Lage von Aussiedlerkindern und -jugendlichen zugeschrieben (Dietz/Holzapfel 1999, S. 46).

Die Leistungen der Jugendhilfe für junge Aussiedler haben in der Vergangenheit insbesondere die Jugendgemeinschaftswerke erbracht, die nach dem Kinder- und Jugendplan des Bundes mit diesen Diensten beauftragt waren. Durch Richtlinienänderung des Bundes zum 1.1.2001 wurde der Auftrag auf alle Jugendliche mit Migrationshintergrund ausgeweitet. Darüber hinaus sollen sie Koordinationsaufgaben („sozialräumliche Managementaufgaben" – wie es im aktuellen Jugendhilfejargon heißt) für diese Zielgruppe insgesamt übernehmen. Die Implementation dieser Funktion verläuft langsam (Vossler/Obermaier 2003).

Strukturfragen und konzeptionelle Entwicklungen

Die Migration ist mit einer spezifischen Nachfrage nach Leistungen der Sozialen Arbeit und der Jugendhilfe verbunden. Diese Nachfrage wird in den Organisationen des Hilfesystems bearbeitet und provoziert dort gelegentlich strukturelle Neubildungen und Innovationen. Die damit verbundenen konzeptionellen Fragen werden in Wissenschaft und Praxisreflexion diskutiert; die Antworten auf die Fragen entwickeln sich im Kontext von Politik, Praxis und Forschung; sie haben aber vor allem eine zeitliche Dimension, insofern jeweils „neue“ Konzepte in der Auseinandersetzung mit „alten“ entstehen.

Strukturfragen

Nach der Anwerbung von Gastarbeitern ab 1955 haben die Wohlfahrtsverbände eigenständige Beratungsstellen für die ausländischen Arbeiter eingerichtet. In der Jugendhilfe ist dieses Strukturprinzip der (relativ) separaten Organisation nicht zum Zuge gekommen. Auch wenn Stadtteileinrichtungen und Jugendtreffs seit den 1980er Jahren bis heute überwiegend oder ausschließlich von Migranten genutzt wurden, waren sie im Prinzip offen für alle Jugendlichen. Eine *faktische* Segregation ist ebenfalls eingetreten in den Projekten für Aussiedlerjugendliche und in der Flüchtlingsbetreuung. Projekte und vor allem Heime für minderjährige unbegleitete Flüchtlinge sind speziell für diese Zielgruppe eingerichtet worden. Im Laufe der Zeit haben sich weitere Handlungsfelder (Drogenarbeit, Straßensozialarbeit) faktisch entlang ethnischer Zugehörigkeitslinien ausdifferenziert. In der Sozialen Arbeit hat sich auf Grund der Spezialisierung eine Diskussion über „Integration in die Regeldienste“ ergeben; in der Jugendhilfe lag der Schwerpunkt der Diskussion in der Forderung nach „interkultureller Öffnung“, weil die Zugangsschwellen für Jugendliche mit Migrationshintergrund abgebaut werden sollen; in dieser Diskussion sind die Zugangsbarrieren sorgfältig analysiert worden und werden die Argumente für jeweils „einheimische“ Kompetenzen differenziert begründet (vgl. Gaitanides 1999).

An der Ausländerarbeit kann man eine zweite Strukturfrage untersuchen, die im Hinblick auf die institutionalisierte Jugendhilfe immer wieder in den Hintergrund tritt. Institutionen und Soziale Bewegungen haben die Ausländerarbeit aufgebaut und erbringen je notwendige Leistungen. Die Institutionen (zum Beispiel die Sozialdienste der Wohlfahrtsverbände, die Ausländerbeiräte) erfüllen dauerhaft bestimmte Funktionen und sichern ein verlässliches Angebot an Hilfen. Soziale Bewegungen (zum Beispiel die Initiativgruppen der 1970er Jahre, die Selbstorganisationen der 1960er Jahre, die Anti-Rassismus-Bewegung der 1990er Jahre) reagieren auf neu entstehende Bedarfe, provozieren zu Innovation, entwickeln neue Aktions- und Arbeitsformen.

Selbstorganisationen und Einrichtungen der Fremdhilfe sind gleichermaßen notwendig und können sich nicht wechselseitig ersetzen. Selbstorganisationen können politische Fragen aufgreifen und öffentlich diskutieren; sie können die individuellen Anerkennungsbedürfnisse im gemeinsamen selbstbestimmten Handeln befriedigen und stellen ein Selbstbewusstsein vermittelndes Strukturelement der demokratischen Zivilgesellschaft dar. Die soziale Infrastruktur dagegen sichert professionelle Unterstützung für die Situationen der situativen oder generellen Hilfsbedürftigkeit und ist notwendig, um soziale Rechte zu realisieren. Selbstorganisation soll und kann die Abhängigkeit vom betreuenden Staat und anderen Klientelverhältnissen vermeiden, institutionalisierte Hilfeangebote können die Verelendungsprozesse aufhalten oder vermeiden.

Eine dritte Strukturfrage ist die rechtliche Sicherung der Finanzierung. Die Ausländersozialarbeit wurde finanziell gesichert durch den Kompromiss bei der Entscheidung über die Gastarbeiteranwerbung. Eine zweite Grundlage, zum Beispiel auch für den muttersprachlichen Unterricht und weitere Hilfen, bildet der EWG-Gründungsvertrag mit seinen Bestimmungen für Wanderarbeitnehmer. Zu den Leistungen für Aussiedler gibt es eigene Rechtsgrundlagen. Die Leistungen der Jugendhilfe werden auf der Grundlage des SGB VIII gewährt, seit 1990 eindeutiger als vorher geklärt. Hinzu kommen das Haager Minderjährigenschutzabkommen und die Kinderrechtskonvention der Vereinten Nationen (vgl. insgesamt Teuber 2002).

Insbesondere für die Jugendsozialarbeit sind darüber hinaus Programme der Europäischen Union (Equal, Xenos usw.), des Bundes (Jump, BQN usw.), der Länder und der Gemeinden relevant geworden. Diese ermöglichen aber in der Regel nur Projektfinanzierungen und nicht den Aufbau einer dauerhaften Regelversorgung (allein dieser Begriff wird im Kontext der Ideologie des aktivierenden Staates systematisch diskreditiert). Zunehmend haben auch Stiftungen die Finanzierung von Projekten übernommen. Die Vielfalt der Projekte, der Regelleistungen und der Vernetzungen zwischen Initiativen und Institutionen ist unüberschaubar.

Die vierte Strukturfrage, nämlich die nach den personalen Kompetenzen, wird ebenfalls kontrovers diskutiert. In den Beratungsstellen für Gastarbeiter waren Migranten der jeweils selben Herkunft tätig. Ihre Migrationskompetenz galt als Grundlage für verstehende Sozialarbeit, Fort- und Weiterbildung sicherte ein gewisses Maß an Professionalität. Die Forderung nach „interkultureller Öffnung der Regelversorgung“, insbesondere der Jugendhilfe, war und ist verbunden mit der Forderung, MitarbeiterInnen mit Migrationshintergrund und „kultureller Nähe“ einzustellen.

Konzeptionelle Entwicklungen

In den 1980er Jahren waren „Ausländerpädagogik“ und „Ausländersozialarbeit“ eine durchaus angemessene Reaktion auf Migration. Solange der Status der neuen Adressaten der Sozialen Dienste vor allem durch die Position des „Gastarbeiters“ oder „Flüchtlings“ und seine ausländerrechtliche Fixierung bestimmt war, mussten die Handlungskonzepte auch genau auf diesen Umstand Bezug nehmen. Es war später leicht, die Defizitorientierung der Ausländerpädagogik zu kritisieren; aber es ist bis heute leichtfertig, den Status des Ausländers zu vernachlässigen, solange die Existenz eines Menschen zur Disposition der Verwaltung steht und/oder die ideologiepolitische Differenzierung von In- und Ausländern hoch relevant ist. Migranten müssen (und wollen, weil sie ihre eigenen Ziele erreichen wollen) vor, während und nach der Migration auf verdichtete und beschleunigte Weise lernen. Es kommt darauf an, ob sie dabei unterstützt oder blockiert werden (wobei gegenwärtig darauf hinzuweisen ist, dass die raffinierteste Form der Blockierung die Unterwerfung unter einen Lernzwang darstellt).

„Interkulturelle Öffnung“ ist seit den 1990er Jahren als wohlklingende Formel in die dienstleistungstheoretischen Sprachroutinen von Qualitätsentwicklungsprogrammen und -vereinbarungen eingegangen: „Die Angehörigen von Minderheitenkulturen in unserer Gesellschaft sind Kundinnen und Kunden sozialer Dienstleistungen. Wenn wir die Ziele verstärkter Kundenorientierung ernst nehmen, müssen Angehörige von Minderheiten bei Produktbeschreibungen ebenso Berücksichtigung finden wie sie Teil konkreter Zielvereinbarungen und entsprechender Controllingverfahren sein werden.“ (Handschuck/Schröer 2001, S. 23) Selbst bei der Beschreibung von konkreten Interaktionssituationen richtet sich das qualitätsmanagerielle Interesse nur auf die formal-prozessuale Korrektheit des Umgangs mit „fremdkulturellen“ Namen u. Ä. Die einfachere Lösung, dass helfende Interaktionen durch Freundlichkeit und persönliches Interesse am Wohlergehen des Anderen hinreichend gesichert in Gang kommen können, geht hinter einem Dickicht von abstrakten Kulturalisierungen häufig unter.

„Interkulturelle Kompetenz“ ist zu einem Mythos in Sozialarbeit und Jugendhilfe geworden. Während die Innovation (Hinz-Rommel 1994) noch den Charme des Neuen und in der kritischen Auseinandersetzung mit Differenz-Ignoranz sowie der organisationstheoretischen Entfaltung von Flexibilität eine gut begründete Grundlage hatte, ist in der Folgezeit die übliche „Verschlagwortung“ eingetreten. Zwischenzeitlich aber werden Differenzierungen erarbeitet, die auch auf praktischen Erfahrungen beruhen.

Einmal ist die Unterscheidung von interkulturellen und muttersprachlichen Kompetenzen bedeutsam: Der instrumentelle Wert einer unkomplizierten sprachlichen Verständigung, der Kontaktaufnahme und der *Zuschreibung* der Fähigkeit, den Ratsuchenden zu verstehen, ist unbestritten. Zum anderen hat sich die Differenzierung zwischen kulturellen Elementen und persönlichen Wahrnehmungen und Gefühlen als hilfreich erwiesen. Fatik Göc schildert ein Beispiel: „Einmal kam eine sehr religiös orientierte Familie, deren Tochter das Haus verlassen hatte. Die Familie war sehr in Aufruhr, als sie zur Beratung kam. Es war klar, dass bei einer solch verschlossenen Familie auch eine deutsche Fachkraft hinzugezogen werden musste, weil die Familie auch sehr viele Vorbehalte gegenüber der Umwelt hatte. Zu Anfang hatte der Vater meinen Kollegen überhaupt nicht ernst genommen. Als ich nach einiger Zeit ein sich entwickelndes Vertrauensverhältnis zwischen mir und dem Vater spürte, hatte ich ihn mit diesem Problem konfrontiert und ihn gefragt, warum er nicht mit meinem Kollegen spreche. Dieser würde das Problem sowieso nicht verstehen, weil er ein Deutscher sei, bekam ich zur Antwort. Ich sagte ihm, dass er diese Annahme einmal überprüfen sollte. [...] Als er dann doch mit meinem Kollegen ins Gespräch kam, war es für ihn beeindruckend zu erfahren, dass mein Kollege – selbst Vater – seine Sorgen sehr gut verstehen konnte. [...] Dieser Vater hatte eine enorme Angst vor der Fremdheit des Therapeuten. [...] Da meinem Kollegen der Umgang sehr gut gelungen war, gab es plötzlich eine Verständigung auf einer transkulturellen Ebene und der ganze Beratungsprozess änderte sich schlagartig." (Göc 2003, S. 93)

Im kulturellem Wissen des Rat suchenden Vaters gibt es sehr wohl das Modell der therapeutischen Beratung sowie das Wissen um hilfreichen Austausch bei gleicher Betroffenheit und es gibt das kulturell gerahmte Handlungsmuster, bei einem bestimmten Maß von situativer Vertrautheit persönliche Empfindungen zum Ausdruck zu bringen. Es gibt auch in beiden „Kulturen" das Modell des Therapeuten oder Hodschas, der nur in bestimmten Situationen seine professionelle Distanz punktuell überschreitet und persönliche Erfahrungen mitteilt. Die durch Migration entstandene Fremdheit und unzutreffende kulturalistische Zuschreibungen (beispielsweise die, dass in modernen Gesellschaften die Väter sich keine Sorgen, insbesondere um die Jungfräulichkeit ihrer Töchter machen würden) blockieren die Kommunikation. Kommt sie in Gang, dann werden rasch gemeinsame Überzeugungen sichtbar. Personale Interaktion, die nicht als Kommunikation von Kulturträgern missverstanden wird, kann umstandslos Problemlösungen in Gang setzen. Der verantwortliche Therapeut weiß um die wechselseitigen, als kulturell verstandenen Zuschreibungen und arrangiert eine Situation, in der persönliches Sich-Erkennen möglich wird. Damit ist das Problem noch nicht aus der Welt, aber man kann sich auf seine Lösung konzentrieren.

Bedeutsam ist an diesem Beispiel auch die Begründung für die Hinzuziehung des deutschen Kollegen. Der Rat suchende Vater soll nicht in seinem eingefahrenen Weltbild verharren, sondern ihm wird ein Lernprozess in der modernen Gesellschaft zugemutet. Die Ebene der personalen Verständigung setzt die kulturalistischen Zuschreibungen außer Kraft. Die Alternative zu der hier beobachtbaren Lernzumutung ist allzu oft ein professioneller Paternalismus, wenn nur Fachkräfte aus derselben Kultur die Hilfe anbieten sollen oder wollen.

Eine andere Differenzierung nimmt Wolf Rainer Leenen (2001) vor. Er unterscheidet eine horizontale Dimension der Ungleichheit von einer vertikalen Dimension. In der horizontalen Dimension geht es um Unterschiede der „Identität" und der kulturellen Selbstdefinition, man könnte diese Dimension auch als die der Differenz bezeichnen. In ihr verständigen sich Menschen „auf gleicher Augenhöhe" über ihre Verschiedenheiten und ihre Gemeinsamkeiten. Normativ kann auf dieser Dimension das „Recht auf Verschiedenheit“ lokalisiert werden, es geht um den Kampf gegen Diskriminierung.

In der vertikalen Dimension geht es um soziale Ungleichheit und um Unterschiede in der Versorgung mit gesellschaftlichen Gütern und Handlungschancen. In dieser Dimension geht der Konflikt um Teilhabe in der Struktur der Gesellschaft. Normativ wird auf dieser Dimension das Recht auf Gleichheit als Gerechtigkeitsprinzip verankert; hier geht es um die Abwehr von Benachteiligung. Dieses Modell der Analyse von gesellschaftlichen Konflikten, insbesondere nach Migration, ist analog aufgebaut zu der grundlagentheoretischen Unterscheidung von Hoffmann-Nowotny (1973) zwischen „Struktur“ und „Kultur“. Sozialarbeit und Jugendhilfe operieren in beiden Dimensionen gleichzeitig.

In beiden Dimensionen gibt es multiple Relationen, Zugehörigkeiten und Dynamiken. Eine Person hat in der „Struktur“ nicht einen einzigen festen Status, sondern je nach Bezugsgruppe, Dimension (Bildung, Einkommen usw.) und Lebensphase unterschiedliche (Teil-)Positionen. Sozialarbeit und Jugendhilfe als sozialstaatliche Interventionssysteme zielen auf die Stabilisierung und Verbesserung von solchen (relativen) Positionen ab.

Die Dimension der „Kultur“ erweist sich als noch vielfältiger und „flüssiger“, weil das Individuum an vielen Teilkulturen (Welten des Berufs, der Freizeit, der sozialen Subkulturen und Milieus, Medienwelten) gleichzeitig Anteil hat und weil auch die territorial abgegrenzten Kulturen schon immer durch Zirkulation vermischt wurden – erst recht unter den Bedingungen medialer Globalisierung. Interkulturelles Lernen wird dann als „selbstreflexives“ Lernen verstanden, das sich gegen die eigenen Gewohnheiten und Routinen des Wahrnehmens und Handelns richtet. „Die Brisanz des interkulturellen Lernens liegt darin, dass der kulturelle Apparat, der es uns erlaubt, unsere alltäglichen Erfahrungen zu verarbeiten, dabei partiell in Frage gestellt wird. Weil dabei der Kern unserer individuellen und sozialen Orientierungsmuster berührt wird, werden die typischen Bedrohungsthemen virulent: die Angst vor Orientierungsverlust, die Angst vor Identitätsverlust und die Angst vor Verlust der Gruppenunterstützung.“ (Leenen 2001, S. 16) Interkulturelles Lernen wird damit neu definiert als langsame, kontinuierliche Persönlichkeitsveränderung. Sie ist mit dem Zuwachs von Handlungskompetenz verbunden.

Ein weiterer Versuch, die Enge des interkulturellen Konzepts zu überwinden, ist der Ansatz einer „reflexiven Interkulturalität“ (vgl. Kapitel 3.3 in diesem Band).

Für die Jugendhilfe ergibt sich aus diesen Überlegungen die Konsequenz, dass auf der Ebene der Konzeption einer Einrichtung komplexe Handlungsmodelle entworfen werden und im Hinblick auf die Kompetenz der MitarbeiterInnen Vorsorge getroffen wird, damit situativ relevante Kulturelemente erkannt und bearbeitet werden können. Insofern die Adressaten der Jugendhilfe ihre Identität kulturell definieren und dies für die Bearbeitung ihrer Problematik relevant ist, soll auf dieses Bedürfnis angemessen eingegangen werden können. In einer neueren Arbeit zeigt T. Badawia, dass beispielsweise auf das Lebensgefühl von Jugendlichen, „zwischen zwei Kulturen zu stehen“, eingegangen werden soll – nicht weil dies so *ist*, sondern weil diese Spannungssituation den Ausgangspunkt bildet für einen bildenden Lernprozess (Badawia 2005; vgl. auch Badawia 2002). Das sozialpädagogische Handeln hat diesen Lernprozess zu fördern und zu begleiten. Es blockiert ihn, wenn die SozialpädagogInnen die Ausgangssituation verdinglichen, das Lebensgefühl ihrer Adressaten also als abgeschlossene Realität verkennen – vielleicht auch deshalb, weil sie sich selbst rigide in einem ethnozentrischen Weltbild verstrickt haben.

Neuere konzeptionelle Überlegungen gehen davon aus, dass die Lebenslagen von Kindern und Jugendlichen, deren Eltern oder die selbst migriert sind und das aus ganz verschiedenen Gründen, sich so weit ausdifferenziert haben, dass der Umstand der Migration selbst – in dieser Allgemeinheit – das Spezifische der Lebenslage ausmacht und deshalb „Migrationssensibilität“ das erforderliche neue Merkmal der Qualität von Jugendhilfe sei. „Das bedeutet konkret, ihre gesellschaftliche sowie individuelle Lebenssituation genau in den Blick zu nehmen und zu prüfen, wie der erzieherische Bedarf von Migrantinnen und Migranten aussieht, welche Unterstützung sie benötigen und wie die Leistungsangebote der Jugendhilfe darauf ausgerichtet werden können. Das Handeln innerhalb der Jugendhilfe ist dann als migrationssensibel zu bezeichnen, wenn diese Fragen konsequent aufgegriffen und einer angemessenen Lösung zugeführt werden“ (Teuber 2002, S. 77). Die hier geforderten Haltungen beziehen sich auf die Anerkennung der Subjektivität des Jugendlichen und auf die Reflexivität des eigenen Ethnozentrismus, in den in irgendeiner Weise alle Gesellschaftsmitglieder einsozialisiert sind.

Die konzeptionellen Überlegungen haben in den zurückliegenden Jahrzehnten dadurch, dass Positionen formuliert und dann kritisiert wurden, sowie durch die Konfrontation mit Theorie und Praxis eine stetige Umformulierung erfahren. Dies wird auch in Zukunft so sein. Die gegenwärtige Orientierung an der „weichen“ Begrifflichkeit vom Jugendlichen „mit Migrationshintergrund“ wird auch der Fortschreibung bedürfen. Denn die Formel „mit Migrationshintergrund“ ist eine nur scheinbar verständnisvolle Differenzierung; doch in wie vielen Fällen wirkt sie tatsächlich wie die Aufforderung zum detektivischen Nachspüren und zum Herausfinden der Kategorie, der man zuordnen kann. Auch wessen Eltern Migranten waren, wird noch dingfest gemacht und in die interkulturellpädagogisch vorfabrizierte Schublade gesteckt. Was den Pädagogen und Pädagoginnen zur Orientierung verhilft, desorientiert diejenigen, die nur ein normales Individuum sein wollen.

Die Alternative zur identifizierenden Entindividualisierung ist einfach formuliert und schwer zu realisieren: Auch das Kind „mit Migrationshintergrund“ ist nichts anderes als ein Individuum. Über seine Zugehörigkeiten, die ihm auferlegt sind, verfügt es selbst, insbesondere darüber, was sie ihm bedeuten. Solange dies nicht respektiert wird, ist keine Interaktion unter gleichberechtigten Personen, erst recht kein pädagogisches Verhältnis möglich.

Die Handlungsfelder der Jugendhilfe

Die Jugendhilfe war vergleichsweise spät von der Einwanderung betroffen. Erst der Strukturwandel in der ausländischen Wohnbevölkerung im Verlauf der 1970er Jahre hat sie zum Handeln veranlasst. Bemerkenswert ist, dass erst der 10. Kinder- und Jugendbericht 1998 (BMFSFJ 1998) die Entwicklung aufgearbeitet hat. Ein Vorteil dieser „Verspätung“ in der Jugendhilfepolitik kann darin gesehen werden, dass die wissenschaftliche und fachpolitische Diskussion durch die vorangehenden „Aufregungen“ hindurchgegangen war und Migration im „Kinderbericht“ 1998 als eine integrierte Dimension und nicht als „alarmierende Entdeckung“ behandelt wurde. Das gilt auch für den 11. Kinder- und Jugendbericht, der die Lage der Jugendlichen mit Migrationshintergrund stärker berücksichtigt (BMFSFJ o. J.)

Der *Kindergarten* und die Kindertagesstätte waren die ersten Institutionen, die von der Migration in größerem Umfang berührt wurden. In den 1970er Jahren hat diese Einrichtung die ausländischen Kinder – soweit es Plätze gab – aufgenommen. Die fachliche Diskussion und Entwicklungsarbeit war außerordentlich produktiv; mehrere Zeitschriften, Buchreihen und Materialserien haben sich mit dem Thema befasst. Dann wurde es stiller um den multikulturellen Kindergarten, bis in der Folge der PISA-Diskussion das Rad wieder neu erfunden wird. Es ist erstaunlich, wie jetzt der unzureichende Kindergartenbesuch wieder neu entdeckt wird, die politische „Debatte“ auf die Notwendigkeiten und Möglichkeiten der Sprachförderung verweist und neue Programme ausgearbeitet werden. Das Schicksal der nur konjunkturellen und nicht strukturellen bildungs- und sozialpolitischen Förderung teilen die Migrantenkinder mit der vorschulischen Betreuung und Bildung generell. Erst der 11. Kinder- und Jugendbericht hat (wieder) auf den Entwicklungsrückstand der Kindertageseinrichtungen im Hinblick auf Migrationsfolgen hingewiesen und die konzeptionellen Aufgaben (Entwicklung von Förderkonzepten der Zweisprachigkeit, Elternarbeit, Erhöhung der Besuchsquoten, Personalqualifikation, MitarbeiterInnen mit Migrationshintergrund) in Erinnerung gebracht. Allerdings muss auch darauf hingewiesen werden, dass die tatsächlichen Leistungen der Kindertageseinrichtungen und ihr Beitrag zu Förderung und Integration nicht untersucht sind.

Die *Jugendarbeit* ist das Handlungsfeld, das nach dem Kindergarten von der Migration berührt wurde. Ausländische Jugendliche besuchten die offenen Einrichtungen – und dabei ist es weitgehend bis heute geblieben. Die teilweise konfessionell versäulte Struktur der Jugendverbandsarbeit hat immer eine Zugangsschwelle dargestellt, die im Bereich des Sports nicht bestanden hat; die integrativen und förderlichen Effekte des Sports scheinen erheblich zu sein.

Die Repräsentanz der Migrantenjugendlichen in der offenen Jugendarbeit ist empirisch nicht untersucht (Scherr 2004); die vorliegenden Schätzungen (Landeszentrum für Zuwanderung NW 2001, S. 86) nehmen an, dass sie in organisierten Angeboten einen Anteil von 7% erreichen, in speziellen Angeboten die Hälfte der Teilnehmer ausmachen und in der Offenen Jugendarbeit 40 % der Besucher stellen. Diese Besucherstruktur differenziert sich aus: In den einzelnen Einrichtungen dominiert jeweils eine Gruppe (deutsche Jugendliche – oft nur Anhänger einer bestimmten jugendkulturellen Richtung, Migrantenjugendliche einer Nationalität oder junge Aussiedler) (vgl. Ester/Hamburger 1991). Das unmittelbare Einzugsgebiet, das Programm einer Einrichtung oder der Ausgang von „Besetzungskonflikten" sind für diese relative Segmentierung verantwortlich.

Die offene Jugendarbeit – das Jugendzentrum als der einzige Ort, wo Migrantenjugendliche sich berechtigterweise aufhalten dürfen (in einer Welt, die ihnen ansonsten nur eine vorläufige Berechtigung gewährt) – hat gerade die Chance, zu einem „dritten Raum" (Sauter 2000) zu werden, in dem die Ablösung von der Familie reflexiv möglich ist und in der nicht – wie in der von Sauter untersuchten Folkloregruppe – nur eine reflexive Re-Ethnisierung stattfindet. Gerade die offenen Räume, die real und symbolisch eine „Anwesenheitsberechtigung" zum Ausdruck bringen, können den Rahmen bilden für die Ablösung von den beiden traditionellen Kulturen der Ausschließlichkeit (Deutscher *oder* Türke zu sein), um eine neue Identität zu entwickeln. Insoweit hat die offene Jugendarbeit die wichtigsten Chancen der Jugendhilfe für Migrantenjugendliche zu eröffnen (vgl. auch Badawia 2002); sie ist dabei auch in erheblichem Umfang kreativ gewesen (Seiler 2004), leidet aber immer wieder unter der Befristung von Programmförderungen und den zeitgeistigen Vorgaben für Modellprojekte. Eine besondere pädagogische Produktivität hat die Jugendarbeit mit jungen Migrantinnen entwickelt, denen sie einen geschützten Raum zur selbstreflexiven Autonomisierung anbieten kann. Andererseits kommt es dabei auch darauf an, dass die betreuenden Pädagoginnen ihre „Defizitperspektive" und ihr „emanzipatorisches Modernisierungskonzept" kritisch reflektieren und relativieren können (Boos-Nünning/Otyakmaz 2000).

Die *Jugendsozialarbeit* gehört schon traditionell zu den Hilfen für migrierte Jugendliche. In den Zeiten nach den Kriegen des letzten Jahrhunderts beispielsweise hat sie sich um heimat- und wohnungslose Jugendliche gekümmert. Ein wesentliches Hilfeinstrument sind die Jugendwohnheime gewesen. Sie dienten dann später auch für die Unterbringung der Jugendlichen, die an ihrem Heimatort keine Berufsausbildung absolvieren konnten. An diese Tradition der Unterbringung für Bildungsprozesse und der sozialpädagogischen Begleitung haben die Jugendgemeinschaftswerke unmittelbar mit ihren Hilfen für junge Aussiedler angeknüpft.

Doch auch für ausländische Jugendliche ist die Jugendberufshilfe zu einem bedeutsamen Förderinstrument geworden. Angefangen von den Angeboten der Schulsozialarbeit im Schulsystem über die Organisation und Begleitung von Praktika, Brückenkursen und Hilfen beim Übergang in das Ausbildungs- und Beschäftigungssystem bis hin zu den ausbildungsbegleitenden Hilfen und der Bereitstellung überbetrieblicher Ausbildungseinrichtungen verfügt die Jugendsozialarbeit über ein breites Spektrum von Instrumenten und Methoden. Sie kommen allen benachteiligten Jugendlichen zugute (BMFSFJ 2002, S. 214). Die Jugendhilfe und die Förderangebote des Bildungssystems reagieren mit dem ausdifferenzierten Hilfeinstrumentarium auf Mängel, die sich besonders für Migrantenjugendliche nachteilig auswirken (Granato 2003):

- Fehlende differenzierte Förderkonzepte in der Schule und Mangel an Ausbildungsplätzen;
- Nachteile beim Wettbewerb um qualifizierte betriebliche Ausbildungsplätze;
- selektive Mechanismen beim Zugang zur Ausbildung und Missachtung bi-kultureller Kompetenzen;
- Informationsdefizite bei Jugendlichen und ihren Eltern.

Generell erreicht die Jugendsozialarbeit einen Großteil der Jugendlichen; ihre Motivierungs- und Qualifizierungsbemühungen finden Grenzen in den beschränkten Handlungskompetenzen der Jugendhilfe selbst, in resignativen Motivlagen der jungen Migranten und vor allem an ausländerabweisenden Barrieren des Ausbildungs- und Beschäftigungssystems.

Die Ausweitung des Adressatenkreises der Jugendgemeinschaftswerke wirkt sich aus. Während die Zahl der betreuten jungen Ausländer und Flüchtlinge wächst, geht die Zahl und die Quote der Aussiedlerjugendlichen zurück. Die Jugendgemeinschaftsdienste (der Zusammenschluss verschiedener Trägergruppen: evangelische, katholische, sozialistische, örtlich-regionale und „freie" Träger) verwandeln sich langsam in Jugendmigrationsdienste mit einem breiten Förderinstrumentarium, das jährlich ca. 100.000 Jugendlichen zugute kommt (Mies-van Engelshoven 2003).

In der *Straßensozialarbeit* verliert Jugendhilfe in der Regel ihre Form des Maßnahmenangebots und verwandelt sich – zunächst – in reine Beziehungsarbeit. „Falls sich stabile Beziehungen zu den Jugendlichen aufbauen lassen und sie das Bedürfnis nach einer Treffpunktmöglichkeit äußern, unterstützen die Mitarbeiterinnen und Mitarbeiter sie darin, diesen Wunsch zu realisieren. Dabei kann das Engagement der [...] Mitarbeiter von der Mithilfe bei der Raumsuche bis zur Übernahme der Trägerschaft gehen" (Eßmann 2003, S. 109). In der Straßensozialarbeit können weder bestimmte Konzepte noch eng definierte „Ansätze" handlungsleitend werden. Die große Relevanz der professionellen Kompetenz ergibt sich aus der entstrukturierten Handlungssituation und der höchst individualisierten Form der Lebenswelt der Adressaten. Die Konzepte werden zu Prinzipien verdichtet, die situativ höchst variabel zu interpretieren sind. Die konzeptionelle Offenheit wird durch Erfahrung, Reflexivität oder lebensweltliche Nähe kompensiert. Beim Berliner OUTREACH-Projekt arbeiten beispielsweise Mitarbeiter, „die selbst aus dem Kiez stammen und meist noch über einen eigenen Kontakt sowohl zu den Jugendlichen als auch zur eigenen ethnischen Community verfügen. Sie wirken als positive Rollenmodelle auf die Jugendlichen, die mit immer größeren Ausgrenzungsrisiken behaftet sind. Man könnte diese Mitarbeiterinnen und Mitarbeiter ‚Para-Professional-Pathfinders' nennen" (ebd., S. 111). Die geteilte Lebenswelt tritt an die Stelle der professionellen Distanz mit allen Risiken der Überidentifikation – aber mit guten Gründen. Denn wenn die Erfahrungen und Wahrnehmungen des Ausschlusses von gesellschaftlicher Teilhabe übermächtig werden, dann stellt professionelle Distanz als Beziehungsmodus nur eine Verdoppelung der erlebten Beziehungslosigkeit dar. Es muss erst eine lebensweltliche Gemeinsamkeit aufgebaut werden, die stabilisierende Funktionen entwickeln kann. In Musik, Graffity oder Breaken entstehen „gemeinsame neue kulturelle Identitäten, in denen alte kulturelle Orientierungen, die sich aus der Kultur der Herkunftsländer gebildet haben, nicht mehr den zentralen Stellenwert besitzen" (ebd., S. 112).

Straßensozialarbeit wird zu einem sozialpädagogischen Ort für Jugendliche, die auf der Straße leben, weil sie „freigesetzt" sind. Inkludiert werden können sie in eine Subkultur als „Parallelgesellschaft", in der sie zusammen mit Streetworkern eine neue Kultur entwickeln. Nur wer die Augen vor den Konflikten und Frustrationen, vor Gewalt und Macht in solchen Arrangements verschließt, nimmt eine Exotisierung vor. Aber immerhin entstehen an diesen Rändern der Gesellschaft Innovationen, wie sie auch die „Turkish Power Boys" entwickelt haben (vgl. Tertilt 1996; Hamburger 2004 a).

In den *Hilfen zur Erziehung* sind Kinder und Jugendliche mit Migrationshintergrund in der Vergangenheit generell unterrepräsentiert gewesen (Späth 1999). Auch die Art und Weise der Inanspruchnahme lässt sich typisieren: „Hilfeverläufe von Mädchen und Jungen aus Migrationsfamilien unterscheiden sich im Vergleich zu denen ihrer deutschen AltersgenossInnen vor allem aufgrund ihrer überwiegend kurzen Dauer, ihrem häufigen Zustandekommen in Krisensituationen und weniger nachweisbaren ‚Erfolgen' der sozialpädagogischen Bemühungen" (Finkel 2000, S. 96). Insbesondere Mädchen und junge Frauen sind in den Hilfen zur Erziehung unterrepräsentiert (Boos-Nünning/Otyakmaz 2000, S. 94 ff.). Ausländische Jugendliche sind insgesamt in der Erziehungsberatung unterrepräsentiert; lediglich bei der

Intensiven Sozialpädagogischen Einzelbetreuung sind sie stärker vertreten als die deutschen. Die Daten lassen sich auch so interpretieren, dass die schärferen Formen der Sozialen Kontrolle (Soziale Gruppenarbeit-Trainingskurse, Betreuungshilfe, ISE) bei ausländischen Jugendlichen häufiger eingesetzt werden als bei deutschen. Insgesamt zeigen sich im Zeitvergleich mit 1994 nur geringe Verschiebungen; die Unterschiede zwischen den Bundesländern sind dagegen hoch – allerdings bei beiden Gruppen.

In den referierten Daten sind die *Kinder aus Flüchtlingsfamilien*, sofern sie Hilfen zur Erziehung erhalten, eingeschlossen. Auch die übrigen Leistungen der Jugendhilfe stehen ihnen offen, sofern sie rechtmäßig oder geduldet ihren Aufenthalt in Deutschland haben. Unbegleiteten minderjährigen Flüchtlingen, deren Asylantrag abgelehnt wird, droht die Ausweisung nach eingetretener Volljährigkeit. Für Kinder, die mit ihren Eltern in Deutschland leben, gelten die Aufenthaltsrechte ihrer Eltern (Huber 1999). Minderjährige unbegleitete Flüchtlinge werden nach der Einreise in Obhut genommen. „Exakte Daten darüber, wie viele von ihnen in Vollzeitpflege oder Heimerziehung gelangen, sind nicht verfügbar. Nach Schätzungen werden 5.000 bis 10.000 minderjährige unbegleitete Flüchtlinge in unterschiedlichen Wohnformen, in Pflegefamilien und von Vormündern betreut" (BMFSFJ 2002, S. 215).

Die Lebenslage der Kinder und Jugendlichen aus Flüchtlingsfamilien ist, solange eine Anerkennung als Flüchtling nicht ausgesprochen ist, was nur eine kleine Minderheit erreicht, grundsätzlich prekär (Dietz/Holzapfel 1999). Die Familien müssen die Bedingungen der Flucht und des nur geduldeten Aufenthalts verarbeiten, traumatische Verfolgungserfahrungen und Ereignisse von Bürgerkriegen lasten auf ihnen. Im Zugang zur deutschen Gesellschaft und ihrer Infrastruktur gibt es vielfältige Barrieren; bei der Unterbringung in Gemeinschaftsunterkünften wirkt sich die soziale Segregation zusätzlich stigmatisierend aus. Das Verfolgungsschicksal und die allgemeine Flüchtlingsfeindlichkeit, die sich daraus ergibt, dass Flüchtlinge unter den Generalverdacht der Erschleichung von Sozialleistungen gestellt werden, haben aber auch Unterstützungsressourcen mobilisiert. Neben der Sozialbetreuung durch die Wohlfahrtsverbände, die von den Kommunen finanziert wird, engagieren sich Initiativgruppen für Flüchtlinge und ihre Kinder. Diese Unterstützung ist besonders wertvoll, weil sie freiwillig erbracht wird (z. B. als Hausaufgabenhilfe).

Für Jugendliche mit einem gesicherten Aufenthaltsstatus hat das formale Bildungssystem zwischen Schule und Ausbildung eine vielfältige Infrastruktur der Jugendsozialarbeit aufgebaut. Für Jugendliche ohne gesicherten Aufenthaltsstatus bleiben fast alle diese Möglichkeiten verschlossen. Das Arbeitsverbot ist auch ein Ausbildungsverbot. Dann bleiben auch die vielfältigen Lernanstrengungen im informellen und non-formalen Bereich ohne den entscheidenden Erfolg – den Übergang in eine geregelte Ausbildung. Auch die differenzierten Netzwerke der Selbstorganisierten, der Flüchtlingshilfe, der organisierten Jugendhilfe und der interkulturellen Initiativen können organisierte Bildungs- und Ausbildungsprozesse nicht herstellen, wenngleich sie einen hohen Stellenwert für die soziale Integration der jungen Flüchtlinge haben (Neumann u. a. 2003).

Die Bildungskarrieren der jungen Flüchtlinge sind heterogen. Die größte Gruppe verbleibt in Maßnahmenkarrieren, auch „Jobkarrieren“ sind verbreitet, schließlich lassen sich auch Ausbildungs- und Arbeitslosigkeitskarrieren identifizieren. Der Wert der nonformalen Angebote bleibt in diesem Zusammenhang auch aus der Sicht der Jugendlichen recht begrenzt und steigt nur an, wenn diese Angebote den Zugang zu formellen Bildungs- und Ausbildungsmöglichkeiten eröffnen.

An der Lage der Flüchtlingsjugendlichen ohne gesicherten Aufenthaltsstatus lässt sich am besten zeigen, wie die ausländerrechtlichen Determinanten einen Raum der totalen Kontrolle schaffen, in dem keine selbstbestimmten Bildungsprozesse möglich sind. Dies lässt sich als objektives Verhältnis analysieren, wird aber auch in der Wahrnehmung der Jugendlichen als vollständige Fremdbestimmung deutlich. Alles, was sie gegen die Fremdbestimmung tun, kann gegen sie verwendet werden, kann in vielen Fällen kriminalisiert werden. Ob sie sich apathisch oder rebellisch verhalten, sie folgen der Logik, die ihnen durch die Kontrolle gesetzt ist. Das haben sie gemeinsam mit den Insassen einer Anstalt.

Mit der Verabschiedung des Kinder- und Jugendhilfegesetzes 1990 ist die Jugendhilfe in Deutschland kommunalisiert worden. Insbesondere mit der Verpflichtung zur *Jugendhilfeplanung* rückt die kommunale Sozialpolitik in die Position des zentralen Akteurs. In einer repräsentativen Trendanalyse von Integrationskonzepten der hundert größten Städte zeigen sich allerdings große Unterschiede in der Entwicklung kommunaler Integrationsprogramme, so dass von einer gleichwertigen Realisierung dieser Verantwortung nicht die Rede sein kann (Filsinger 1998).

Dies bezieht sich auf die Ausarbeitung von Gesamtkonzepten, auf die Ausrichtung der Maßnahmenprogramme, auf das Ausmaß an Jugendhilfeplanung und die Partizipation der Betroffenen. Generell wird der Einwanderungsprozess zur Kenntnis genommen und die Gestaltungsaufgabe ist bewusst. Eine kommunale Integrationspolitik ist dagegen nur selten erkennbar. Die Integrationsarbeit ist durch die folgenden Aspekte gekennzeichnet:

- Integrationshilfen werden überwiegend als spezielle Fördermaßnahmen (projektförmig, Modellprojekte) verstanden;
- der Kindergartenbesuch wird als bedeutsam anerkannt und die Städte unterstützen die Konzept- und Personalentwicklung;
- um die Schulen herum werden in den Stadtteilen mit hohem Ausländeranteil Unterstützungskapazitäten aufgebaut (Schülerclubs, Ganztagsschule, Schulsozialarbeit, Hausaufgabenhilfen);

- für den Übergang von der Schule in Ausbildung und Arbeit hat sich ein komplexes System von Übergangshilfen herausgebildet, das sich nicht nur an Migrantenjugendliche richtet; seine Koordination ist zu einer neuen Aufgabe geworden;
- die offene Jugendarbeit ist ein wichtiges Arbeitsfeld, gelegentlich in Stadtteilzentren mit anderen Angeboten verknüpft.

In den großen Städten sind Stabs- und Fachstellen für die Integrationsarbeit eingerichtet worden, die mit der Jugendhilfe mehr oder weniger intensiv zusammenarbeiten. Die Ausweitung der Funktion der Jugendaufbauwerke (vgl. Vossler/Obermaier 2003) und die Absicht, ihnen koordinierende Aufgaben zuzuweisen, wird den Prozess der Abstimmung in kommunalen Gesamtkonzepten beschleunigen oder zu einem Zuwachs an Unübersichtlichkeit führen.

Konzept – Kompetenz – Situation

Die sozialpädagogische Arbeit kann auch im Bereich der Migrationsfolgen in einem Bezugssystem diskutiert werden, das für das sozialpädagogische Handeln generell gilt (vgl. Hamburger 2003, S. 174 ff.).

Das Handeln in der Jugendhilfe benötigt *Konzepte*, die in der Regel für eine bestimmte Einrichtung entwickelt werden (vgl. Deinet/Sturzenhecker 1997). Die „interkulturelle Öffnung“, wie sie Hinz-Rommel (1994) entwickelt hat, wird den Kriterien an Konzeptentwicklung insofern gerecht, als Ziele, Methoden, Verfahren und Voraussetzungen gedanklich geordnet und aufeinander bezogen werden. Reflexionen und Bestimmungen über die Funktion einer Einrichtung (z.B. einer Beratungsstelle), explizite Zielformulierungen, ein ausgearbeitetes Leitbild, ein geordneter Zusammenhang von Vorgehensweisen, Kommunikations- und Entscheidungsstrukturen, wissenschaftlich gesichertes Wissen über die Lebenslage der Adressaten sollen in einen sinnvollen Zusammenhang gebracht werden. Ein Beispiel ist das „Modell Sozialer Arbeit mit Migranten“ (vgl. Becker/Hamburger 1998).

Die in diesem Konzept beschriebenen Aufgaben Sozialer Arbeit lassen sich Handlungsebenen mit unterschiedlichen Reichweiten der Intervention zuordnen. Das Modell hat zwei Funktionsebenen mit großer und daher entsprechend diffuser Reichweite. Dies betrifft die Problemdefinitionsfunktion und Politikfunktion als breite und weit in verschiedene Bereiche von Politik und Gesellschaft hineinreichende Aufgaben. Als Funktionsbereiche mittlerer Reichweite sind die Konzeptionsfunktion und die Multiplikatorfunktion angelegt, die auf das Gemeinwesen, das Umfeld Sozialer Arbeit und die Institution gerichtet sind. Den engsten Aktionsradius haben die beiden Strukturierungsfunktionen, von denen sich eine auf die Adressaten und die zweite auf die inneren Ressourcen, d.h. die Einrichtung und die Organisation der Sozialen Arbeit bezieht. Hier ist die Reichweite gering, dafür sind die Gestaltungs- und Interventionsmöglichkeiten auf dieser Ebene am größten.

Das Anforderungsprofil lässt sich als Prozessmodell verstehen, bei dem die Verzahnung von Sozialer Arbeit mit gesellschaftlichen Bedingungszusammenhängen deutlich wird.

Die Diskussion über Konzepte begleitet die Jugendhilfe kontinuierlich. In ihr überschneiden sich Theorie und Praxis, Wissen über allgemeine Grundsätze und Prinzipien mit zeitgeistigen Überlegungen, anthropologische/ gesellschaftstheoretische Annahmen mit Themenkonjunkturen. Wer ein neues oder eigenes Konzept vorlegen will, hebt die Unterschiede zu anderen hervor; in der distanzierten Betrachtung werden dann eher die Gemeinsamkeiten und Kontinuitäten deutlich. So sind produktive Neu-Akzentuierungen vorgenommen worden durch die Konzentration auf eine Bildungs- und Sozialarbeit, die sich gegen Diskriminierung wendet (Hormel/Scherr 2004). Eine andere, aber ähnliche Perspektive fokussiert auf Mehrfachzugehörigkeiten unter Bedingungen der Prekarität und Marginalisierung (Mecheril 2003 und 2004); ein strukturierendes pädagogisches Konzept stellt inzwischen die Menschenrechtspädagogik dar (Lenhart 2003). Die in Theorie und Praxis der Jugendarbeit entwickelten Vorstellungen und Erfahrungen werden als Konzepte interkulturellen Lernens rekonstruiert und zusammengefasst (Thimmel 2001).

Insgesamt lassen sich bei diesen konzeptionellen Differenzierungen die Übereinstimmungen und Gemeinsamkeiten stärker hervorheben als die Unterschiede – ganz im Sinne eines „Kernbestands“ der sozialpädagogischen Tradition.

Der Begriff der *Kompetenz* wird inzwischen fast nur noch umgangssprachlich verwendet und meint dabei „Fähigkeit“, in der Regel zum Handeln. Die spezifischen theoretischen Bedeutungen des Begriffs, zum Beispiel bei der sprachwissenschaftlichen Unterscheidung von Kompetenz und Performanz, sind in den Hintergrund getreten. Im Hinblick auf berufliches Handeln wird mit Kompetenz die Fähigkeit bezeichnet, auf die Erwartungen an eine Berufsposition (angemessen) eingehen zu können. Mit der Entstehung des interkulturellen Paradigmas als Modell, wie Migrationsfolgen bearbeitet werden können, ist die Erweiterung der allgemeinen beruflichen Kompetenz auf das Handeln in interkulturellen Kommunikationen vorgenommen worden. Seit Anfang der 1990er Jahre beherrscht der Begriff der „interkulturellen Kompetenz“ jede praktische Diskussion; ebenso dominant ist in der Theorie die Kritik an diesem Konzept.

In der Auseinandersetzung mit solchen Kritiken wurde das Konzept der Interkulturalität erweitert und die Betrachtung richtete sich auch auf Machtasymmetrien, Kollektiverfahrungen und Fremdbilder (Auernheimer 2005). Der Begriff der interkulturellen Kompetenz wird damit aber so weit ausgedehnt, dass er das gesamte Bedeutungsspektrum der sozialen (sozialpädagogischen) Kompetenz oder der „Grundqualifikationen des Rollenhandelns“ (Krappmann 1973) umfasst. Die Folge kann sein, dass die Differenzierung im wissenschaftlichen Text und die Alltagsverwendungen ganz auseinanderfallen. In der wissenschaftlichen Diskussion scheint der Begriff rehabilitiert, im Alltag ermöglicht er immer mehr Kulturalisierungen. Deshalb fällt die Bilanz des Diskurses über die interkulturelle Kompetenz (Auernheimer 2002) nicht positiv aus.

Professionelles Handeln orientiert sich recht konsistent an der *Situation*, in der die Adressaten der Jugendhilfe leben. Dies bedeutet, bewusst eigene Lebensmodelle zurückzustellen und z.B. die relative Unfreiheit einer Lebenssituation hinzunehmen, solange sie erträglich erscheint, verbessert werden kann und die Alternative einer radikalen Veränderung (beispielsweise Trennung von der Familie) keine bessere und sichere Situation bereitstellen kann. Zwischen dem „Rückfall in archaische Strukturen" und der „Belästigung" durch emanzipatorische Maßstäbe in der Mädchenarbeit beispielsweise lässt sich die Ambivalenz der Jugendhilfe nicht wegdefinieren und ist die Bearbeitung von Ungewissheit eine Daueraufgabe (Glouftsi 2004, S. 24). Auch wenn in manchen Projekten eine geteilte Lebenswelt entsteht und Parteilichkeit stark entwickelt werden kann, ist die Situation der „Klienten" grundsätzlich eine gegenüber den SozialpädagogInnen eigenständige Lebenswelt mit eigener Dynamik und Logik. Diese anzuerkennen und nicht das sozialpädagogische Konzept und die je persönlichen Präferenzen gegen die „Klienten" durchsetzen zu wollen, obwohl die Situation geändert werden soll – diese Antinomie bleibt auch bei der Bearbeitung von Migrationsfolgen erhalten.

Die Situation der „Klienten" verstehen zu wollen heißt in erster Linie, sie mit Hilfe sozialwissenschaftlicher Kategorien zu analysieren. Die Position der Migranten in der Gesellschaftsstruktur, ihre ökonomische Funktion, ihre Degradierung zum Bürger zweiter Klasse – oft auch noch nach der Einbürgerung, die Vorenthaltung von Gleichberechtigung und Anerkennung – diese Bedingungen müssen, dem Verstehen vorausgehend, beachtet werden. Auch die Transformation des Individuums, der Familie, der Bezugsgruppe usw. im Migrationsprozess ist zu analysieren. Kurz: Es geht um lebensweltorientierte Jugendhilfe (vgl. Hamburger 2004 b).

Konzept, Kompetenz und Situationsangemessenheit sollen sich zu einer gelingenden Hilfe verbinden. Die empirische Forschung ist nicht so weit, dass die faktischen Interaktionen beobachtet wurden. Die wechselseitige Wahrnehmung der Interaktionspartner, der Kinder und Jugendlichen auf der einen, der PädagogInnen auf der anderen Seite, wurde jedoch ansatzweise erforscht. Die Ergebnisse werfen ein kritisches Licht auf die Praxis der Jugendhilfe. Typisch ist der „Widerspruch zwischen einer kulturorientierten Situations- und Problemanalyse und den kulturignorierenden Interventionsmethoden" (Boos-Nünning/Okyamaz 2000, S. 103). Das Selbstbild der PädagogInnen, die sich in der Polarität zur Traditonsverhaftetheit ihrer „Klienten" als modern begreifen, stabilisiert diesen Widerspruch (vgl. auch Finkel 2000 und Zitzmann 2002).

Von Jugendlichen, die schon länger im Heim leben, wird die überraschende Aussage berichtet, dass die Frage nach der Bedeutung eines kulturellen Hintergrundes von den PädagogInnen „noch nie“ gestellt wurde, also auch die individualisiert interkulturelle Zuwendung fehlt (Edholm-Wenz 2005). In der Studie von C. Melter wird darauf hingewiesen, dass auch im Falle intensiver und befriedigender Beratungsbeziehungen Rassismuserfahrungen von den Jugendlichen nicht zur Sprache gebracht werden, weil sie Abwehrhaltungen erleben oder befürchten. Andererseits werden diese Rassismuserfahrungen auch instrumentalisiert zur Selbstdarstellung als Opfer, was auf Seiten der PädagogInnen erneut Abwehr hervorrufen kann, weil sie die Selbstinstrumentalisierung als Form der Subjektivität nicht akzeptieren können (vgl. Melter 2005; vgl. auch Terkessidis 2004).

Die Wahrnehmung in wechselseitig festgefahrenen Mustern, die Kumulation von Missverständnissen und die *wechselseitige* Blockierung der Aufklärung von Stereotypen scheint die Praxis der Jugendhilfe immer noch erheblich zu belasten. Wenn allerdings im Konzept einer Einrichtung die Unterstützung einer breiten, reflexiven kommunikativen Kompetenz vorgesehen und realisiert wird, sind angemessene Reaktionen auf bestimmte Individuen in unüberschaubaren Situationen möglich. In diesen Konstellationen realisiert die Praxis die Ansprüche der Jugendhilfe. Mit sozialtechnologischen Vorstellungen ist dies allerdings nicht zu leisten. Wenn MitarbeiterInnen mit Migrationshintergrund instrumentell eingestellt werden, das heißt, um Kulturkonflikte zu bearbeiten, dann restringiert dies nicht nur deren professionelle Kompetenz auf eine einzige Dimension, sie verkörpern auch konkret-sinnlich die Institutionalisierung der kulturellen Differenz. Was sollen sie tun, wenn es keine Kulturkonflikte mehr gibt? Die „interkulturelle Öffnung“ kann die Folge haben, dass kulturalismuskritische Muster im Leitbild der Einrichtung stehen und stereotypisierend und kulturalisierend agiert wird (Zitzmann 2002, S. 149). Die sich daraus ergebenden Konflikte im Team einer Einrichtung scheinen die zentralen Bearbeitungsaufgaben *nach* der „interkulturellen Öffnung“ zu sein (Gaitanides 2005). Möglicherweise sind die Konflikte der „geöffneten“ Einrichtungen aber nur lösbar, wenn eine starke Entkategorisierung vorgenommen wird und die Qualität einer guten Jugendhilfe aus dem Nutzen für ihre „Kunden“ abgeleitet wird. Dann sind Zugangsschwellen zu kritisieren und abzubauen, eines neuen programmatischen Überbaus bedarf es nicht.

5. Erneut auf der Tagesordnung: Ein Perspektivenwechsel

Die konzeptionellen Überlegungen zur Pädagogik und Sozialen Arbeit haben sich mit der Veränderung der Migration, der gesellschaftlich dominanten Wahrnehmungsmuster und der Reflexionen in Theorie und Praxis kontinuierlich weiterentwickelt. Von der Ausländerpädagogik – einer erst im Rückblick konstruierten Konzeption, wie Arnd-Michael Nohl (2006) verdeutlicht hat – über die Interkulturelle Pädagogik und die Migrationspädagogik bis hin zur Antirassistischen Pädagogik hat es einen mehrfachen Perspektivenwechsel gegeben. Wenn also von einem Perspektivenwechsel die Rede ist, wird ein vielfach strapaziertes Muster angesprochen (vgl. Habel/Habel/Karsten 1985). Verwegen ist zudem der Anspruch, einen Wandel programmatisch vertreten zu wollen, der eine weitgehende Reichweite haben soll.

Mit dem Begriffswandel von den „Migranten" hin zu Personen „mit Migrationshintergrund" – noch deutlicher, wenn von „Migrationsgeschichte" gesprochen wird – kommt der Umstand zum Ausdruck, dass die eingewanderte Bevölkerung äußerst heterogen geworden ist und selbst diese Bezeichnungen ihren Sinn verlieren – es sei denn, es gibt ein Interesse, den damit erfassten Menschen dauerhaft ihre Nicht-Zugehörigkeit vor Augen zu führen. Um diesen Prozess abzuschließen, wird noch einmal (vgl. Hamburger/Seus/Wolter 1981) für eine konsequente Ent-Kategorisierung plädiert.

5.1 Wiederholungen

Die Umstände des ersten Anwerbevertrags 1955 zwischen der Bundesrepublik Deutschland und der Republik Italien werden allzu oft vernebelt. 1955 war das Jahr, in dem die NATO und der Warschauer Pakt gegründet und die Bundeswehr eingeführt wurde, die Konsolidierung des Ost- und West-Blocks vollzogen und damit die Normalität des Kalten Krieges und der Systemkonkurrenz geschaffen wurde. Die Rückkehr der letzten deutschen Kriegsgefangenen aus Russland hat gleichzeitig die Nachkriegszeit abgeschlossen. Trotz eines kontinuierlichen Zustroms von Arbeitskräften aus der „sowjetisch besetzten Zone" und trotz einer Arbeitslosenquote von 5,6% mit einer Million Arbeitsloser in Westdeutschland mussten „auf die Schnelle" Arbeitskräfte herbeigeschafft werden.

Entgegen den späteren Verschiebungen in der Wahrnehmung der Anwerbebedingungen wurden Arbeitskräfte zu einem erheblichen Teil für die

Landwirtschaft gesucht. Karl-Heinz Meier-Braun hat die Situation gut beschrieben: „Freiwillig war damals offensichtlich kaum ein Arbeitsloser bereit, zu den kargen Lohnbedingungen in der Landwirtschaft zu arbeiten. Ungeregelte Arbeitszeiten, Arbeit bei Wind und Wetter und oft an Sonn- und Feiertagen schreckten die meisten ab. Obwohl die Bauernverbände immer wieder auf ihre Probleme aufmerksam machten und ein staatliches Anwerbeabkommen forderten, blieben die Behörden bei ihrer Ablehnung. Karl Lutterbeck vom Bauernverband Württemberg-Baden machte sich deshalb auf eigene Faust nach Oberitalien auf, um die ersten Landarbeiter zu holen. Erst bei der dritten Fahrt, bei der man den italienischen Vizekonsul aus Freiburg mitnahm, gelang es, die Sache perfekt zu machen."[1]

Die Konstellation der Anwerbung von willigen Arbeitskräften, deren Arbeitsvermögen in anderen Ländern hergestellt wurde und deren Arbeitsbereitschaft auf der Grundlage von Reproduktionsbedingungen des Herkunftslandes möglich ist, wiederholt sich regelmäßig. Im Jahr 2007 erreicht die Auseinandersetzung zwischen partikularen Interessen (Bauernverbänden), die Arbeitskräfte reibungslos vernutzen wollen, und der politischen Steuerung, die durch Beschäftigung von in Deutschland lebenden Arbeitslosen (gleich welcher Nationalität) eine Minderung des sozialpolitischen Drucks erreichen will, einen Höhepunkt. So berichtet die Allgemeine Zeitung Mainz vom 12.4.2007: „‚Man bekommt keine deutschen Erntehelfer auf die Felder', weiß Rolf Meinhardt, Vorsitzender des Arbeitskreises Spargel Südhessen, aus eigener Erfahrung. Er ist auf der Suche nach deutschen Helfern bis nach Eberswalde in Brandenburg gefahren. ‚Dort herrscht eine Arbeitslosigkeit von 25 Prozent – aber es ist niemand bereit, auf die Felder zu gehen. ' Der Job des Spargelstechers beginne um sechs Uhr früh, der Stundenlohn betrage 5,50 Euro. ‚Wir konkurrieren mit Hartz IV', sagt Meinhardt."[2]

5.2 Kontinuitäten

Die Anwerbung von „Gastarbeitern" oder „Saisonarbeitern" ist kein isoliertes Ereignis. Die komplikationslose Besorgung von willigen und billigen Arbeitskräften, deren Produktion und Reproduktion das jeweilige Unternehmen nicht belastet, ist das Prinzip der deutschen Migrationspolitik schlechthin. Während „richtige" Einwanderungsländer auch Unternehmer

1 Karl-Heinz Meier-Braun: 40 Jahre „Gastarbeiter" und Ausländerpolitik in Deutschland. In: Treffpunkt 3/1995. Vgl. auch der sehr gut informierende Überblick: Karl-Heinz Meier-Braun: Deutschland, Einwanderungsland. Frankfurt am Main 2002.

2 „Wir sind doch nicht die Wohlfahrt" – Diese Überschrift des Berichts (als Zitat von einem Bauernverbandsvertreter) signalisiert die Trennung der Sphären der Ökonomie und der Sozialpolitik und die Abkopplung der Ökonomie, was konstitutiv für Anwerbeprozeduren ist: die Logik des Einzelkapitals setzt sich durch.

und Akademiker anheuern, dominiert in Deutschland bisher die Besorgung von Arbeitskräften für das untere Arbeitsmarktsegment.

Die Kosten für die „Produktion“ der Arbeitskräfte trägt das jeweilige Herkunftsland (Familienarbeit und Bildungspolitik) und für die Reproduktion (Leben im Alter, Versorgung bei Arbeitslosigkeit oder längerer Krankheit) tritt ebenfalls das Herkunftsland ein. Für die Gastarbeiter aber war die Integration in das System der Sozialversicherung ein wesentlicher Fortschritt, weil sie die von ihnen selbst mit ihren Beiträgen bezahlten Leistungen der sozialen Sicherung auch in Anspruch nehmen können.

Die sozialrechtliche Integration wurde im Lauf der Zeit jedoch abgebaut. Die verschiedenen „Anwerbestopp-Ausnahmeverordnungen“ haben differenzierte Regelungen ermöglicht; vor allem neuartige Abkommen mit den mitteleuropäischen Ländern („Gastarbeitnehmer“) und die zunehmende Nutzung der „Minijobs“ für die Ausländerbeschäftigung haben dazu geführt, dass inzwischen von ca. drei Millionen beschäftigten Ausländern eine Million nicht mehr sozialversicherungspflichtig beschäftigt ist.

Die Steuerung des Arbeitsmarktes erfolgt über die Allgemeine und Besondere Arbeitserlaubnis. In Deutschland wurden beispielsweise 1991 926.000 Arbeitserlaubnisse ausgestellt, 1992 stieg diese Zahl um 46% auf 1.354.000, 1993 lag sie bei 1.284.000 und 1994 ging sie auf 1.170.000 zurück. In den Boom-Jahren nach der deutschen Vereinigung konnte der kurzfristige Arbeitskräftebedarf mit den in Deutschland anwesenden Ausländern, mit der EU-Binnenmigration und mit der „Familienzusammenführung“ kurzfristig gedeckt werden. Wenn man zusätzlich die Zuwanderung von Aussiedlern und Flüchtlingen sowie die innerdeutsche Mobilität berücksichtigt, wird deutlich, welches beachtliche Volumen die Expansion des Arbeitsmarktes angenommen hatte.

Die „Anwerbung“ und Zuwanderung von Saisonarbeitskräften ist von den Arbeitgebern durchgesetzt worden, um Arbeitskräftebedarfe möglichst flexibel und kurzfristig regulieren zu können. Gleichzeitig ist die Regulierung der Arbeitskräftemobilität ein Instrument des Krisenmanagements, um an Bruchlinien des Wohlstands und der Arbeitslöhne die illegale Migration eingrenzen zu können. Denn die tatsächliche Möglichkeit und Aussicht, legal oder illegal Arbeit zu finden, ist der zentrale Motor für Migration in Europa. Wenn die Grenzen für Kapital, Waren, Dienstleistungen und Menschen, die „raus“gehen, offen gehalten werden sollen, dann können sie prinzipiell nicht für Zuwanderung abgeschlossen werden. Diesen Umstand unterschlägt die Agitation gegen Migration, ebenso den Umstand, dass Zuwanderung ökonomisch in erheblichem Umfang erwünscht ist.

Eine Kontinuität stellt auch die Reduktion der ausländischen Arbeitskräfte dar. In allen Krisenphasen seit 1955 wurde ihre Beschäftigung reduziert, zunächst 1967/68, dann nach 1973 und schließlich Mitte der 1980er Jahre. Die Zahl der beschäftigten Ausländer wird in Rheinland-Pfalz beispielsweise in 15 Jahren zunächst um 20.000 verringert und dann um 30.000 wieder erhöht. Natürlich werden die Wechselfälle des Arbeitsmarktes nicht von den Ausländern allein getragen – aber ohne sie könnten die schnell schwankenden Bedarfe der Wirtschaft nicht friktionslos befriedigt werden. Ausländer sind offensichtlich eine „ideale“ Gruppe, um die kontinuierlichen Beschäftigungskrisen zu regulieren.

5.3 Soziale Ungleichheit vor kultureller Differenz

Die deutsche Gesellschaft hat in den letzten drei Jahrzehnten langsam die Einwanderung entdeckt und Schritt für Schritt zur Kenntnis genommen. Die Migranten werden dabei als kulturell verschieden wahrgenommen. Ihre „Selbst-Ethnisierung“ vervollständigt diese Wahrnehmung zur Komplementarität. Bei der Verfestigung dieses Modells der wechselseitigen Definition gehen die Übereinstimmungen ebenso verloren wie die Differenzen in den beiden Gruppierungen. Für die deutsche Gesellschaft entsteht erst allmählich die Fremdheit der Migranten; alles „Andere“ wird der anderen Kultur zugeschrieben. Auch wenn der „Migrationshintergrund“ blasser wird, spielt er bei „Problemerklärungen“ eine größere Rolle.

Damit wiederholt sich ein in der Migrationsgeschichte oft beobachtetes Schema. Soziales wird in den Kategorien der kulturellen Differenz beschrieben. In Wirklichkeit verliert der „Migrationshintergrund“ aber an Erklärungskraft. Er verschwindet nach den Analysen des Mikrozensus 2005 hinter den Bedingungen sozio-ökonomischer Ungleichheit. Im Kinder-Panel des Deutschen Jugendinstituts (DJI) zeigt sich, dass die sozialen Milieus die differenten Sozialisationsumwelten der Kinder hinreichend erklären. Auch das DJI-Familiensurvey weist auf, dass der Migrationshintergrund hinter die soziale Ungleichheit zurücktritt.

Aus den Jugendstudien des DJI geht hervor, dass bei Konflikten unter Jugendlichen ethnisierende Selbst- und Fremddeutungen wirksam sind und als Instrument der Selbstbehauptung eingesetzt werden; gleichzeitig werden viele gemeinsame (jugendkulturelle) Lebenslagen und Deutungsmuster aufgezeigt.

Die Hervorhebung der kulturellen Differenz hat weniger eine analytische Qualität, sie ist vielmehr eine *formierende Definition*. Die Spaltung der Gesellschaft in zwei Kollektive mit und ohne Migrationshintergrund leistet einen erheblichen Beitrag zur Beibehaltung von Gegensätzen, die dann häufig als „Parallelgesellschaft“ beklagt wurden – dabei den Migranten die Schuld für die Entwicklung zuschreibend.

Armut und Arbeitslosigkeit sind bei Migranten doppelt und stärker ausgeprägt im Vergleich zu Nicht-Migranten. Dies hängt nicht mit ihrer Kultur, sondern mit dem ausländerrechtlichen, sozio-ökonomischen und qualifikatorischen Status zusammen und damit, dass beim Zugang zum Beschäftigungssystem selektive Filter wirken. Die deutsche Einwanderungspolitik hat – im Unterschied beispielsweise zur kanadischen – Wert auf die Zuwanderung von Arbeitern (erst Gastarbeiter, später Saisonarbeiter) gelegt; die Bildungsbenachteiligung ihrer Kinder kann deshalb nicht überraschen.

Wahrscheinlich wird es in Zukunft noch stärker zu „Umkehrungsphänomenen" kommen, wenn Migrantenfamilien auf Grund der Häufung protektiver Faktoren (Migration als das Projekt von aktiven, veränderungswilligen Familien, Zugang zu sozialem Kapital in einem lebendigeren Verwandtschaftssystem, Zusammenhalt gegen eine feindlich wahrgenommene Umwelt) Deprivation besser verarbeiten als beispielsweise die vergleichsweise kleineren, isolierten und im sozialen Absinken (bei Bezug von Arbeitslosengeld IV beispielsweise) deprimierten einheimischen Familien in ähnlicher Lage. Immer wieder nur auf die Probleme des Migrationshintergrundes hinzuweisen und öffentliche Ausgaben zu deren Beseitigung zu verlangen, kann dann leicht nur Ethnozentrismus und Rassismus stärken, wenn die sozial absteigenden Familien *und* Gruppen sich als politisch vernachlässigt wahrnehmen. Die Benachteiligung im Hinblick auf Lebenschancen und Teilhabemöglichkeiten ist für Einheimische und Zugewanderte gleichermaßen ein zu verringerndes Übel. Deshalb ist eine Jugendhilfe auszubauen, die *alle* benachteiligten Familien und Personen fördert.

5.4 Generalisiertes Stereotyp

Sowohl die Zuschreibung von „Schuld" im Zusammenhang der „nationalen Kränkung" durch die PISA-Ergebnisse als auch die immer wiederholte Forderung der Notwendigkeit, Migrantenkinder müssten intensiver gefördert werden, haben die Herausbildung eines stabilen Stereotyps gefördert. Migrantenkinder gelten generell als „Problem". Die diffuse Verwendung dieses Begriffs ermöglicht vielfältige negative Assoziationen, ohne dass man sich festlegen muss, was im Einzelnen gemeint ist. In ähnlicher Weise gelten Migranten bzw. Ausländer generell als Soziales Problem. Wenn man zum Ausdruck bringen will, dass ein Stadtteil „problematisch" ist, dann verweist man auf den hohen Migrantenanteil. Eine weitere Begründung ist nicht erforderlich, um einschlägige Assoziationen hervorzurufen. Wenn eine Schule einen hohen Migrantenanteil hat, reicht das aus, sie als „Problemschule" zu charakterisieren, und für einen Teil der Elternschaft reicht dies aus, um Kinder an andere Schulen zum Schulbesuch anzumelden.

Das nicht mehr begründungspflichtige negative Stereotyp ist das Hauptproblem für alles, was mit „Integration" versucht wird. Es ist auch fast allen Kommunikationen zwischen Migranten und Nicht-Migranten unterlegt, und deshalb endet Vieles mit dem Gegenteil dessen, was intendiert ist. Die Migranten spüren das ihnen angeheftete Stereotyp, insbesondere, wenn ihnen „Förderung" angeboten wird, und wehren es ab. Ihr Kommunikationspartner ist erstaunt über die Abwehr, dann verärgert, denn er hat die besten

Absichten verfolgt. Während die offen-aggressive, rassistische Kommunikationsform direkt erkannt und verurteilt werden kann, ist die latent-diskriminierende weiter verbreitet und schwerer zu bearbeiten.

Am wichtigsten ist eine deutliche „Ent-Kategorisierung", indem „Probleme" und „Missstände" nicht mehr mit Personenmerkmalen („Ausländer zu sein"), sondern mit Prozessen und Strukturen erklärt werden.

Dass solche Analysen nicht nur „rücksichtsvoll", sondern auch analytisch richtiger sind, wird am „Sprachproblem" deutlich. In der Mittelschichtinstitution Schule sind alle benachteiligt, die in ihrer Familie nicht die verlangte Sprachfertigkeit erworben haben; ob dies am Soziolekt, am Dialekt oder an der Zweisprachigkeit liegt, ist zunächst nicht bedeutsam, gewinnt aber Bedeutung bei der Sprachförderung. Diese muss nämlich individualisiert sein, und zwar in der Weise, dass die Geförderten die Förderung zwanglos (im eigenen Interesse) akzeptieren können.

Die allgemeine Verbreitung des negativen Stereotyps hat vor allem für die schulische Bildung Folgen. Die Bedeutung des *„stereotype threat"* ist umfangreich erforscht[3] und seine Wirkung kann uneingeschränkt bei der Beschulung von Kindern mit Migrationshintergrund angenommen werden. Eine negative Erwartung der Lehrpersonen fördert bei den Schülern Angst und schwächt das Vertrauen in die eigenen Fähigkeiten, die kognitiven Energien werden auf die Bewältigung der Angst konzentriert, Anforderungen werden vermieden und schließlich wird die Relevanz schulischer Leistungen „kleingeredet". Langfristig verringert sich die Bildungsmotivation.

Niedrige Leistungserwartungen von Lehrpersonen wirken als „sich selbst erfüllende Prophezeiungen" und sind mit geringerer Unterstützung und mit der Auswahl von weniger anspruchsvollen Lehrmaterialien verbunden. Schüler registrieren genau die Zweifel an den eigenen Fähigkeiten, entwickeln eine negative Haltung gegenüber Lehrpersonen und ein unerwünschter „Zirkel" ist in Gang gesetzt.

Ein dritter Mechanismus, der in die gleiche Richtung wirkt, ist die leistungsorientierte Differenzierung im Bildungssystem. Die frühe Selektion im drei- bzw. vier- und fünfgliedrigen Schulsystem leistet dazu einen besonderen Beitrag.

Integrierte und integrative Schulen mit hohen Anforderungen an alle Schüler und einem differenziert gestalteten Unterstützungsrepertoire, die Anforderungen zu erreichen, können dagegen alle ihre Schüler am besten fördern.

---

3 Eine umfassende Übersicht über die Forschung liegt jetzt vor mit:
Janet Ward Schofield: Migrationshintergrund, Minderheitenzugehörigkeit und Bildungserfolg. Forschungsergebnisse der pädagogischen, Entwicklungs- und Sozialpsychologie. Arbeitsstelle Interkulturelle Konflikte und gesellschaftliche Integration (AKI). Wissenschaftszentrum Berlin für Sozialforschung (WZB) (Forschungsbilanz 5). Oktober 2006.

Deshalb kommt es neben einer strukturellen Schulreform auch darauf an, Ent-Kategorisierungen zu betreiben und pädagogisch anspruchsvolle Konzepte zu fördern. Dazu gehört – im Hinblick auf Kinder mit Migrationshintergrund – auch eine akzeptierende Haltung, die auf dem Prinzip der Gleichberechtigung in jeder Hinsicht beruht.

5.5 Verzicht auf Unterwerfungsrituale

Ein Buch über die Gastarbeiter der frühen Jahre hatte den Titel „Bürger zweiter Klasse" (Haris Katsoulis). In jedem Land wird zwischen Menschenrechten und Bürgerrechten unterschieden, die Differenz zwischen Staatsbürgern und Ausländern ist ein Strukturmerkmal. Im Einwanderungsprozess wird dies vielfältig offenbar und macht eine Konflikthaftigkeit aus, weil die Ungleichbehandlung der Eingewanderten von diesen als ungerechtfertigt betrachtet wird, von einem Teil der Staatsbürger aber hervorgehoben wird. Nationalismus und Rassismus wollen an der prinzipiellen Ungleichbehandlung festhalten. Wenn man dagegen den Einwanderungsprozess akzeptiert, dann haben die Eingewanderten allmählich und spätestens mit der Einbürgerung die gleichen Rechte und Pflichten. Ihre Anwesenheit gilt als selbstverständlich, ihre Herkunft darf für die Wahrnehmung und Behandlung durch Andere, insbesondere den Staat, keine Bedeutung mehr haben. Diese an sich und insbesondere angesichts des Gleichbehandlungsgesetzes und des Diskriminierungsverbots in der Verfassung trivialen Überlegungen haben immer noch eine große faktische Bedeutung.

Vor allem wenn es um Forderungen von Menschen mit Migrationshintergrund geht, kommt es zu Konflikten, weil die vom Einzelnen oder von Gruppen vertretenen Ansprüche nicht respektiert werden.

Ein Beispiel ist heute der Bau von Moscheen. Solange sie in Hinterhöfen versteckt waren, wurden sie geduldet. Sollen sie in gleicher Weise wie die Kirchen beispielsweise platziert werden, dann wird dies oft mit vielen Schikanen verhindert oder zu verhindern versucht. Doch es kann keine „Religion zweiter Klasse" geben, die Verfassung ist dazu eindeutig. In Bezug auf islamischen Religionsunterricht sind deshalb schon vielfache Entwicklungen eingeleitet worden, ihn im öffentlichen Schulwesen wie den Unterricht anderer Religionen auch einzurichten. An den Schwierigkeiten „von beiden Seiten", dies uneingeschränkt zu erreichen, werden die für Integrationsprozesse typischen Konflikte sichtbar.

Wenn diese Konflikte fair ausgetragen werden, dann wird dies dem Bestand einer pluralistischen demokratischen Gesellschaft auf Dauer am meisten nützen. Unterwerfungsrituale, die beispielsweise auch darin bestehen, dass der eine von dem anderen glaubt verlangen zu dürfen, wann er sich von was zu distanzieren hat (z. B. die moslemischen Organisationen in Deutschland von terroristischen Anschlägen), fördern dagegen die Eskalation von Konflikten, von Rückzug statt aktiver Integration und die Frustrierung gerade derjenigen, die *in* der Gesellschaft handeln. Wenn sich die moslemischen Organisationen äußern, dann verstärken die öffentlichen Distanzierungsforderungen beispielsweise die Assoziationskette von Islam/Islamismus/Terror gerade auch dann, wenn sich islamische Organisationen beispielsweise deutlich von einem Gewaltakt distanzieren. Denn nicht die Distanzierung ist das öffentliche Kommunikat, sondern die thematische Verknüpfung. Das wird noch schlimmer, wenn die Organisationen mit einer Distanzierung nicht schnell genug sind und die Aufforderung zur Distanzierung schon ergangen ist. Dann kann ihnen immer zusätzlich unterstellt werden, sie hätten dies nur getan, weil ihnen nichts Anderes übrig geblieben sei.

Für die Jugendhilfe wirken sich diese Vorgänge an der Stelle aus, wo die Stereotypen bei Jugendlichen gefördert werden und dies das Zusammenleben der Jugendlichen beeinträchtigt. Demgegenüber sollen muslimische Jugendorganisationen und -gruppen in den Jugendringen willkommen sein und aufgenommen werden, ebenso wie die Träger der Jugendhilfe einen weiteren Pluralisierungsprozess akzeptieren sollen. Die Spielregeln, die für alle gelten, sollen bei der Strukturierung der Jugendhilfe zum Zuge kommen. Gerade junge Muslime sind in Deutschland eine Gruppe, die ihre Orientierung an der Religion mit dem Leben in einer modernen Gesellschaft verknüpfen will. Welche Erfahrungen sie in einer organisierten Gesellschaft machen – wirkt sich auf die weitere Orientierung an „Modernität“ aus.

Die mit der Islamophobie erkennbare Versuchung zum Kulturkampf stellt gegenwärtig eine erhebliche Gefahr dar. Dabei sind die nationalistischen und reaktionären Positionen auf allen Seiten vertreten. Dem Rassismus auf der einen Seite steht ein reaktionärer Patriarchalismus auf der anderen Seite gegenüber. Beide werden teilweise gewalttätig, mit Morden im Namen der „Ehre“ oder des „Volkes“. Politisches Handeln und die pädagogische Praxis müssen deshalb schärfer daran gemessen werden, ob sie die Bedingungen dieser Verbrechen verringern und die Folgen im Interesse der Menschen lindern helfen.

5.6 Zweisprachigkeit

Im Europäischen Weißbuch von 1995 zur „kognitiven Gesellschaft“ wird die Mehrsprachigkeit der Bürger Europas als eines der wichtigsten Bildungsziele bezeichnet. Damit ist vorrangig das Lernen einer Fremdsprache gemeint, aber auch die Pflege einer gegebenen Mehrsprachigkeit. Während die Anstrengungen zum Erwerb von Fremdsprachen erhöht werden, wird die „natürliche“ Zweisprachigkeit der Kinder mit Migrationshintergrund vernachlässigt. Dieses Paradox kann als eine gewisse „Pathologie“ im Integrationsprozess bezeichnet werden.

Zur förderlichen Lernumwelt gehört dagegen die Anerkennung der Muttersprache und Förderung der Zweisprachigkeit in allen pädagogischen Einrichtungen. Für jeden Menschen hat die Muttersprache einen besonderen Klang und eine spezifische Bedeutung; sie hängt eng mit seinem Selbstverständnis und seinem Selbstwertgefühl zusammen. Deshalb ist es eine tiefe Kränkung, wenn das Sprechen der Muttersprache verboten oder missbilligt wird. Aus der Geschichte der Migration sind die unwürdigen Folgen solcher Verbote gut bekannt.

Neben den sprachwissenschaftlichen Argumenten für die Förderung der Muttersprache soll hier auf die psychologischen Umstände hingewiesen werden. Erst mit der Anerkennung der Muttersprache eines Kindes wird der Respekt konkret erfahrbar, den es spüren muss, um sich relativ angstfrei auch auf die zweite Sprache und insofern auf ein Sich-Aussetzen gegenüber dem Einfluss der „zweiten Kultur“ einlassen zu können. Kinder (und Eltern), die sich akzeptiert fühlen, können sich auf die Anpassung gegenüber der zweiten Sprache einlassen. Der Kern der pädagogischen Aufgaben unter Bedingungen der Migration besteht genau darin, dass das, was die Migranten mitbringen, nicht verachtet, sondern respektiert wird, damit sie tatsächlich auch ganz in die Gesellschaft im Einwanderungsland eintreten können. Dieses Prinzip bezieht sich vor allem auf die Sprache.

5.7 Abschließende Bemerkungen

Die Folgen von Migrationsprozessen sind in der Regel mit Konflikten verbunden. Es zeichnen sich gegenwärtig Verschärfungen dieser Konflikte ab, denen entgegenzutreten ist. Dies kann insbesondere durch ein ernsthaftes Bemühen um Gespräche „auf gleicher Augenhöhe“ gelingen. Dabei geht es nicht um deklarative Aussagen, sondern um wahrhaftigen Respekt. Dieser Respekt schließt die Auseinandersetzung mit problematischen Erscheinungen auf allen beteiligten Seiten ein. Die Kriterien für eine solche Auseinandersetzung sollen dabei der für alle verbindlichen Verfassung entnommen werden. Auseinandersetzung ist auch deshalb geboten, weil Respekt das Ernstnehmen des Gegenübers voraussetzt. Die Auseinandersetzung führt freilich nur dann nicht zum destruktiven Streit, wenn Anerkennung und Partizipation tatsächlich die handlungsrelevanten Voraussetzungen bilden. So kann Anerkennung mit der Zumutung von Veränderungen an alle Beteiligten verbunden sein.

Literatur

Akpinar, Ü./López-Blasco, A./Vink, J. (1974): Pädagogische Arbeit mit ausländischen Kindern und Jugendlichen. Bestandsaufnahme und Praxishilfen. München

Albrecht, U. (1983): Internationale Jugendarbeit im Stadtteil. Weinheim/München

Apitzsch, U. (1996): Biographien und berufliche Orientierung von Migrantinnen. In: Kersten, R./Kiesel, D./Sargut, S. (Hrsg.): Ausbilden statt Ausgrenzen. Jugendliche ausländischer Herkunft in Schule, Ausbildung und Beruf. Frankfurt am Main, S. 133-147

Arbeitsgemeinschaft der Katholischen Studenten- und Hochschulgemeinden (Projektgruppe Ausländische Arbeiter)(Hrsg.)(o. J.)[ca. 1974]: Materialien für die Arbeit mit ausländischen Kindern. o. O. [Bonn]

Auernheimer, G. (1996): „Interkulturelle Erziehung". Eine Replik auf die Thesen von F.-O. Radtke. In: Zeitschrift für Pädagogik. 42. Jg., S. 425-430

Auernheimer, G. (2005): Interkulturelle Kommunikation und Kompetenz. In: Migration und Soziale Arbeit 27. Heft 1, S. 15-22

Auernheimer, G. (Hrsg.)(2002): Interkulturelle Kompetenz und pädagogische Professionalität. Opladen

Badawia, T. (2002): „Der Dritte Stuhl". Eine Grounded Theory-Studie zum kreativen Umgang bildungserfolgreicher Immigrantenjugendlicher mit kultureller Differenz. Frankfurt am Main/London

Badawia, T. (2005): „Am Anfang ist man auf jeden Fall zwischen zwei Kulturen" – Interkulturelle Bildung durch Identitätstransformation. In: Badawia, T./Hamburger, F./Hummrich, M. (Hrsg): Migration und Bildung. Wiesbaden, S. 205-220

Badawia, T./Hamburger, F./Hummrich, M. (Hrsg.)(2005): Migration und Bildung. Wiesbaden

Bade, K. J. (2007): Leviten lesen: Migration und Integration in Deutschland. (IMIS-Beiträge, Heft 31) Osnabrück

Bade, K. J. u. a. (1994): Das Manifest der 60. Deutschland und die Einwanderung. München

Barabas, G./Gieseck, A./Heilemann, U./von Loeffelholz, H. D. (1992): Gesamtwirtschaftliche Effekte der Zuwanderung 1988 bis 1991. In: RWI-Mitteilungen 43, S. 133-154

Barth, F. (1969): Ethnic Groups and boundaries: the social organization of culture difference. London

Barwig, K./Hinz-Rommel, W. (Hrsg.) (1995): Interkulturelle Öffnung sozialer Dienste. Freiburg

Barz, H. (2001): Wertewandel und Religion im Spiegel der Jugendforschung. In: deutsche jugend 49. Nr. 7-8, S. 307-313

Bauman, Z. (1992): Moderne und Ambivalenz. Das Ende der Eindeutigkeit. Hamburg

Bausinger, H. (1987): Kulturelle Identität – Schlagwort und Wirklichkeit. In: Barwig, K. (Hrsg.): Migration und Menschenwürde. Fakten, Analysen und ethische Kriterien. Mainz

Beauftragte der Bundesregierung für Ausländerfragen (Hrsg.)(1997): Migration und Integration in Zahlen. Ein Handbuch. Bonn

Beauftragte der Bundesregierung für Migration, Flüchtlinge und Integration (2005): Sechster Bericht über die Lage der Ausländerinnen und Ausländer in Deutschland. Bundestagsdrucksache 15/5826 vom 22. 6. 2005

Beauftragte der Bundesregierung für Migration, Flüchtlinge und Integration (2004 a): Daten – Fakten – Trends. Strukturdaten der ausländischen Bevölkerung. Stand 2004. Berlin

Beauftragte der Bundesregierung für Migration, Flüchtlinge und Integration (2004 b): Daten – Fakten – Trends. Migrationsgeschehen. Stand 2004. Berlin

Beauftragte der Bundesregierung für Migration, Flüchtlinge und Integration (2007): Bericht über die Lage der Ausländerinnen und Ausländer in Deutschland. o. O. URL: http://www.bundesregierung.de/Content/DE/Publikation/IB/Anlagen/auslaenderbericht-7,property=publicationFile.pdf [20.10.2008]

Beck, U. (1996): Das Zeitalter der Nebenfolgen und die Politisierung der Moderne. In: Beck, U./Giddens, A./Lash, S.: Reflexive Modernisierung. Eine Kontroverse. Frankfurt am Main, S. 19-112

Becker, A./Hamburger, F. (1998): Anforderungsprofile und Qualifikationsmerkmale in der Sozialen Arbeit der Caritas mit MigrantInnen. Hrsg. von Lenninger, P. F., Freiburg i. Br.

Bonin, H. (2006): Der Finanzierungsbeitrag der Ausländer zu den deutschen Staatsfinanzen: Eine Bilanz für 2004 (Discussion paper nr. 2444 des Forschungsinstituts zur Zukunft der Arbeit). Bonn

Boos-Nünning, U. (1995): Wie Mädchen türkischer Herkunft zu Außenseiterinnen gemacht werden. In: Seifert, W. (Hrsg.): Wie Migranten leben. Lebensbedingungen und soziale Lage der ausländischen Bevölkerung in der Bundesrepublik (Wissenschaftszentrum Berlin für Sozialforschung, FS III 95-401). Berlin, S. 54-60

Boos-Nünning, U./Karakaşoğlu, Y. (2005): Viele Welten leben. Zur Lebenssituation von Mädchen und jungen Frauen mit Migrationshintergrund. Münster

Boos-Nünning, U./Otyakmaz, B. Ö. unter Mitarbeit von Karakaşoğlu-Aydin, Y. (2000): Multikultiviert oder doppelt benachteiligt? Die Lebenslagen von Mädchen und jungen Frauen aus Arbeitsmigrationsfamilien in Nordrhein-Westfalen. Expertise zum 7. Kinder- und Jugendbericht der Landesregierung Nordrhein-Westfalen. Düsseldorf

Bourdieu, P. (1982): Die feinen Unterschiede. Frankfurt a. Main

Bourdieu, P. (2001): Das politische Feld. Zur Kritik der politischen Vernunft. Konstanz

Brettfeld, K./Wetzels, P. (2007): Muslime in Deutschland. Hamburg

Brunkhorst, H. (1997): Solidarität unter Fremden. Frankfurt am Main.

Bündel, H./Hurrelmann, K. (1995): Akkulturation und Minoritäten. Die psychosoziale Situation ausländischer Jugendlicher in Deutschland unter dem Gesichtspunkt des Belastungs-Bewältigungs-Paradigmas. In: Trommsdorf, G. (Hrsg.): Kindheit und Jugend in verschiedenen Kulturen. Entwicklung und Sozialisation in kulturvergleichender Sicht. Weinheim/München, S. 293-313

Bullion, C.v. (2005): In den Fängen einer türkischen Familie. In: Süddeutsche Zeitung vom 26./27. 2. 2005

Bundesministerium des Inneren (Hrsg.)(2007): Migrationsbericht des Bundesamtes für Migration und Flüchtlinge im Auftrag der Bundesregierung. Migrationsbericht 2006. Berlin. URL:http://www.bmi.bund.de/Internet/Content/Common/

Anlagen/Broschueren/2008/Migrationsbericht__2006,templateId=raw, property=publicationFile.pdf/Migrationsbericht_2006.pdf [20.10.2008]
Bundesministerium des Innern (Hrsg.)(2003): Islamismus (Texte zur Inneren Sicherheit). Berlin
Bundesministerium für Familie, Senioren, Frauen und Jugend (Hrsg.) (2000): Familien ausländischer Herkunft in Deutschland. Leistungen, Belastungen, Herausforderungen. Sechster Familienbericht (Bundestagsdrucksache 14/4357 vom 20.10.2000)
Bundesministerium für Familie, Senioren, Frauen und Jugend (Hrsg.)(1998): Zehnter Kinder- und Jugendbericht. Bericht über die Lebenssituation von Kindern und die Leistungen der Kinderhilfe in Deutschland. Bonn
Bundesministerium für Familie, Senioren, Frauen und Jugend (Hrsg.)(o.J. [2002]): Elfter Kinder- und Jugendbericht. Bericht über die Lebenssituation junger Menschen und die Leistungen der Kinder- und Jugendhilfe in Deutschland. o. O. [Berlin]
Bundesregierung: Lebenslagen in Deutschland. Der 3. Armuts- und Reichtumsbericht der Bundesregierung (http://www.bmas.de/coremedia/generator/26742/property-pdf/dritter_armuts_und_reichtumsbericht.pdf, Zugriff am 1. 10. 2008)
Colin, L./Müller, B. (1998): Zur Pädagogik interkultureller Begegnungen. In: Dibic, P./Wulf, C. (Hrsg.): Vom Verstehen des Nichtverstehens. Ethnosoziologie interkultureller Begegnungen. Frankfurt am Main/New York, S. 9-22
Czock, H. (1988): Eignen sich die Kategorien „Kultur" und „Identität" zur Beschreibung der Migrationssituation? In: Informationsdienst zur Ausländerarbeit. Heft 1, S. 76-80
Dannenbeck, C./Lösch, H. (1997): Fremdelnde Diskurse. „Ethnische Anmache" in multikulturellen Lebenswelten von Jugendlichen. In: Zeitschrift für Migration und Soziale Arbeit. Heft 3-4, S. 24-31
Dannenbeck, C./Lösch, H. (2000): Zugehörigkeiten als Verhandlungsgegenstand – ein Beitrag zur Entmythologisierung von Ethnizität. In: Nauck, B./Gogolin, I. (Hrsg.): Migration, gesellschaftliche Differenzierung und Bildung, Opladen
Därmann, I. (2002): Fremderfahrung und Repräsentation. Einleitung. In: Därmann, I./Jamme, C. (Hrsg.): Fremderfahrung und Repräsentation. Weilerswist, S. 7-46
Deinet, U./Sturzenhecker, B. (Hrsg.)(1997): Konzepte entwickeln. Weinheim/München
Demorgon, J. (2006): Von der Wahrnehmung kultureller Differenzen zur Dynamik interkultureller Erfindungen. In: Nicklas, H./Müller, B./Kordes, H. (Hrsg.): Interkulturell denken und handeln. Frankfurt am Main/New York, S. 267-272
Deutsche Shell (Hrsg.)(2000): Jugend 2000. Zwei Bände. Opladen
Deutsches PISA-Konsortium (Hrsg.) (2001): PISA 2000. Basiskompetenzen von Schülerinnen und Schülern im internationalen Vergleich. Opladen
Dickopp, K.-H. (1984): Aspekte einer theoretischen Begründung von interkultureller Erziehung. In: Reich, H./Wittek, F. (Hrsg.): Migration – Bildungspolitik – Pädagogik. Essen/Landau, S. 57- 66
Die Beauftragte der Bundesregierung für Ausländerfragen (2002): Bericht über die Lage der Ausländer in der Bundesrepublik Deutschland. Berlin/Bonn
Dietz, B./Holzapfel, R. (1999): Kinder aus Familien mit Migrationshintergrund (Materialien zum 10. Kinder- und Jugendbericht Band 2). München/Opladen
Dietzel-Papakyriakou, M. (1993): Ältere ausländische Menschen in der Bundesrepublik Deutschland. In: Deutsches Zentrum für Altersfragen e. V (Hrsg.): Exper-

tisen zum ersten Altenbericht der Bundesregierung – III Aspekte der Lebensbedingungen ausgewählter Bevölkerungsgruppen. Berlin, S. 1-154

Dölemeyer, B. (2005): Sonderrechte reformierter Flüchtlingsgemeinden und ihre Behauptung über Jahrhunderte. In: Lehmann, H. (Hrsg.): Migration und Religion im Zeitalter der Globalisierung. Göttingen, S. 14-30

Ebaugh, H. R./Chafetz, J. S. (Hrsg.)(2000): Religion and the New Immigrants. Continuities and Adaptations in Immigrant Congregations. Walnut Creek u. a.

Edelstein, W. (1984): Entwicklung, kulturelle Zwänge und die Problamtik des Fortschritts. In: Schöfthaler, T./Goldschmidt, D. (Hrsg.): Soziale Struktur und Vernunft. Jean Piagets Modell entwickelten Denkens in der Diskussion kulturvergleichender Forschung. Frankfurt a. Main, S. 403-439

Edholm-Wenz, S. (2005): Biografien, die ins Heim führen. Eine Fallrekonstruktion. In: Badawia, T./Hamburger, F./Hummrich, M. (Hrsg.): Migration und Bildung. Wiesbaden

Enzensberger, H. M. (1993): Aussichten auf den Bürgerkrieg. Frankfurt a. Main

Erikson, E. H. (1971): Kindheit und Gesellschaft. 4. Auflage. Stuttgart

Esser, H. (1980): Aspekte der Wanderungssoziologie. Darmstadt/Neuwied

Esser, H. (1988): Ethnische Differenzierung und moderne Gesellschaft. In: Zeitschrift für Soziologie. 17. Jg., S. 235-248

Esser, H. (2004): Welche Alternativen zur ‚Assimilation' gibt es eigentlich? In: Bade, K. J./Bommes, M. (Hrsg.): Migration – Integration – Bildung. Grundfragen und Problembereiche (= IMIS-Beiträge 23/2004). Osnabrück, S. 41-59

Esser, H./Friedrichs, J. (Hrsg.)(1990): Generation und Identität. Theoretische und empirische Beiträge zur Migrationssoziologie. Opladen

Eßmann, W. (2003): OUTREACH – eine Verzahnung von mobilen und stationären Ansätzen der Jugendarbeit. In: Verein für Kommunalwissenschaften e.V. (Hrsg.): DAS ANDERE. Perspektiven der Jugendhilfe zum Umgang mit kultureller Vielfalt (= Aktuelle Beiträge zur Kinder- und Jugendhilfe 35). Berlin, S. 105-112

Ester, S./Hamburger, F. (1991): Ausländische Jugendliche. Bestandsaufnahme der Jugendarbeit in Rheinland-Pfalz. Mainz

Faulstich-Wieland, H./Horstkemper, M. (1995): „Trennt uns bitte, bitte nicht!" Koedukation aus Mädchen- und Jungensicht. Opladen

Filsinger, D. (unter Mitarbeit von Lück-Filsinger, M.)(1998): Kommunale Gesamtkonzepte zur Integration ausländischer Kinder und Jugendlicher (Expertise für das Deutsche Jugendinstitut). München

Finkel, M. (2000): „… entweder man wird eingebaut in das System …" Sozialpädagogische Fachkräfte über ihre Arbeit mit jungen MigrantInnen in Erziehungshilfen. In: Zeitschrift für Migration und Soziale Arbeit, Heft 3-4, S. 96-99

Fix, B./Fix, E. (2005): Kirche und Wohlfahrtsstaat. Soziale Arbeit kirchlicher Wohlfahrtsorganisationen im westeuropäischen Vergleich. Freiburg im Breisgau

Furtner-Kallmünzer, M. (1987): Brüche in der Biographie von ausländischen Kindern und Jugendlichen der zweiten Generation. In: Deutsches Jugendinstitut (Hrsg.): Ausländerarbeit und Integrationsforschung – Bilanz und Perspektiven. München, S. 495-506

Gaitanides, S. (1999): Zugangsbarrieren von MigrantInnen zu den sozialen und psychosozialen Diensten und Strategien interkultureller Öffnung. In: Zeitschrift für Migration und Soziale Arbeit, Heft 3-4, S. 41-45

Gaitanides, S. (2003): Interkulturelle Kompetenz als Anforderungsprofil in der Jugend- und Sozialarbeit. In: Zeitschrift für Migration und Sozialarbeit. Heft 1, S. 44-50

Gaitanides, S. (2005): Facetten des Distanz-Nähe-Problems in der interkulturellen Sozialarbeit. In: Migration und Soziale Arbeit 27. Heft 1, S. 23-31

Glazer, N./Moynihan, P.D. (Hrsg.)(1975): Ethnicity. Theory and Experience. Cambridge/Massachusetts

Glouftsi, O. (2004): „Özlem ...? Die darf doch eh nie raus!" Mädchenarbeit im multikulturellen Kontext. In: Sozialmagazin 29. Jg. Heft 5, S. 20-24

Göc, F. (2003): Methodische Aspekte für die Hilfen zur Erziehung in der kinder- und jugendpsychiatrischen Beratungsstelle Berlin-Kreuzberg. In: Verein für Kommunalwissenschaften e.V. (Hrsg.): DAS ANDERE. Perspektiven der Jugendhilfe zum Umgang mit kultureller Vielfalt (= Aktuelle Beiträge zur Kinder- und Jugendhilfe 35). Berlin, S. 88-94

Goffman, E. (2001): Stigma. Über Techniken der Bewältigung beschädigter Identität. 15. Auflage. Frankfurt am Main

Gogolin, I. (1994): Der monolinguale Habitus der multilingualen Schule. Münster/New York

Gogolin, I. u. a. (2003): Förderung von Kindern und Jugendlichen mit Migrationshintergrund. Materialien zur Bildungsplanung und zur Forschungsförderung. Heft 107. Bonn

Gogolin, I./Krüger-Potratz, M./Meyer, M. A. (1998): Nachwörtliche Bemerkungen zu Pluralität und Bildung. In: dies. (Hrsg.): Pluralität und Bildung. Opladen, S. 251-276

Gogolin, I./Nauck, B. (Hrsg.)(1997): Folgen der Arbeitsmigration für Bildung und Erziehung. Dokumentation der Fachtagung vom 20. bis 22. März 1997 in Bonn. Hamburg/Chemnitz (als Manuskript veröffentlicht).

Granato, M. (2003): Barrieren der Ausgrenzung durchbrechen – die Situation der beruflichen Qualifikation und Integration jugendlicher Migranten. In: Inpact-Projektgruppe (Hrsg.): Potenziale stärken – Junge Migrantinnen und Migranten in Ausbildung und Beruf. Mainz, S. 23-36

Graumann, C.-F. (1982): Zur Einführung in diesen Band. In: Graumann, C.-F. (Hrsg.): Kurt-Lewin-Werkausgabe. Band 4: Feldtheorie. Bern/Stuttgart, S. 11-37

Guzzoni, U. (1981): Identität oder nicht. Zur kritischen Theorie der Ontologie. Freiburg im Breisgau

Habel, E./Habel, W./Karsten, M.-E. (1985): Ausländerpädagogik-Sprachdidaktik, Berufsvorbereitung. Für einen Perspektivenwechsel pädagogischer Konzeptionen. In: Informationsdienst zur Ausländerarbeit. Nr. 2, S. 42-66

Habermas, J. (1974): Können komplexe Gesellschaften eine vernünftige Identität ausbilden? In: Habermas, J./Henrich, D.: Zwei Reden. Frankfurt

Hahn, A. (1995): Identität und Biographie. In: Wohlrab-Sahr, M. (Hrsg.): Biographie und Religion. Zwischen Ritual und Selbstsuche. Frankfurt am Main/New York, S. 122-152

Hahn, A. (1997): „Partizipative" Identitäten. In: Münkler, H. (Hrsg. unter Mitarbeit von B. Ladwig): Furcht und Faszination: Facetten der Fremdheit. Berlin, S. 115-158

Hahn, M. (1996): Beyond Color-blind Liberalism and Afrocentric Essentialism: Toward a New Concept of Race as a Social Relation. In: Fassler, M./Will,

J./Zimmermann, M. (Hrsg.): Gegen die Restauration der Geopolitik. Zum Verhältnis von Ethnie, Nation und Globalität. Gießen, S. 64-101
Halm, D./Sauer, M. (2006): Parallelgesellschaft und ethnische Schichtung. In: Aus Politik und Zeitgeschichte Nr. 1-2, S. 18-24
Hamburger, F. (1990): Der Kulturkonflikt und seine pädagogische Kompensation. In: Dittrich, E. J./Radtke, F.-O. (Hrsg.): Ethnizität. Wissenschaft und Minderheiten. Opladen, S. 311-325
Hamburger, F. (1991): Ausländische Jugendliche in Jugendverbänden. In: Böhnisch, L./Gängler, H./Rauschenbach, T. (Hrsg.): Handbuch Jugendverbände. Weinheim/München, S. 447-453
Hamburger, F. (1994): Pädagogik der Einwanderungsgesellschaft. Frankfurt a. Main
Hamburger, F. (1997 a): Identität und „interkulturelle Erziehung". In: Gogolin, I./ Krüger-Potratz, M./Meyer, M. A. (Hrsg.): Pluralität und Bildung. Leverkusen-Opladen
Hamburger, F. (1997 b): Kulturelle Produktivität durch komparative Kompetenz. Mainz (Institut für Sozialpädagogische Forschung e.V.)
Hamburger, F. (1998): Interkulturelle Erziehung in einem Land mit unzivilisierter Ausländerpolitik? In: Kind, Jugend, Gesellschaft. Heft 3, S. 67-71
Hamburger, F. (1999a): Von der Gastarbeiterbetreuung zur Reflexiven Interkulturalität. In: Zeitschrift für Migration und Soziale Arbeit. Heft 3-4, S. 33-38
Hamburger, F. (1999b): Zur Tragfähigkeit der Kategorien „Ethnizität" und „Kultur" im erziehungswissenschaftlichen Diskurs. In: Zeitschrift für Erziehungswissenschaft. Nr. 2, S. 167-178
Hamburger, F. (2002 a): Migration und Jugendhilfe. In: Sozialpädagogisches Institut im SOS-Kinderdorf e.V. (Hrsg.): Migrantenkinder in der Jugendhilfe. München, S. 6-46
Hamburger, F. (2002 b): Gefährdung durch gute Absichten. In: Kind, Jugend, Gesellschaft. Zeitschrift für Jugendschutz 47, Heft. 3, S. 79-80
Hamburger, F. (2003): Einführung in die Sozialpädagogik. Stuttgart
Hamburger, F. (2004 a): Kulturelle Produktivität durch komparative Kompetenz. In: Schirp, J./Thiel, I. (Red.): Abenteuer – Ein Weg zur Jugend? Entwicklungsanforderungen und Zukunftsperspektiven der Erlebnispädagogik. Butzbach-Griedel, S. 391-406
Hamburger, F. (2004 b): Lebensweltorientierte Sozialarbeit mit Migranten. In: Grunwald, K./Thiersch, H. (Hrsg.): Praxis Lebensweltorientierter Sozialer Arbeit. Weinheim/München 2004, S. 265-280
Hamburger, F. (2006): Jugendhilfe im Wandel. Mainz
Hamburger, F./Idel, T.-S./Jouteux, St./Koepf, Th./Kuntze, G./Müller, H. (2002a): Auswertung Arbeitsstatistik Ausländersozialdienste 2001. Freiburg i. Br.
Hamburger, F./Idel, T.-S./Jouteux, St./Koepf, Th./Kuntze, G./Müller, H. (2002b): Arbeitsstatistik Sozialdienste für Aussiedler, Auswertung 2001. Freiburg i. Br.
Hamburger, F./Idel, T.-S./Jouteux, St./Koepf, Th./Kuntze, G./Müller, H. (2002c): Auswertung Arbeitsstatistik Flüchtlingssozialdienste 2001. Freiburg i. Br.
Hamburger, F./Idel, T.-S./Kuntze, G./Müller, H. (1995): (Caritas-)Ausländersozialdienst. Arbeitsstatistik 1994. Freiburg im Breisgau (Beiheft der Zeitschrift für Caritasarbeit und Caritaswissenschaft Caritas) (fortlaufend jährlich bis 2002)
Hamburger, F./Koepf, T./Müller, H./Nell, W. (1997): Migration. Geschichte, Formen, Perspektiven. Schwalbach/Taunus

Hamburger, F./Müller, H. (1994): Auswertung der Arbeitsstatistik zur Einzelhilfe des Sozialdienstes für ausländische Mitbürger des Caritasverbandes (= Beihefte der Zeitschrift Caritas, November 1994. Heft 3). Freiburg
Hamburger, F./Seus, L./Wolter, O. (1981): Über die Unmöglichkeit, Politik durch Pädagogik zu ersetzen. In: Unterrichtswissenschaft. Heft 2, S. 158-167
Handschuck, S./Schröer, H. (2001): Interkulturalität als Qualitätsstandard. In: Landeszentrum für Zuwanderung NRW (Hrsg.): Praxisforum Interkulturelle Öffnung der Jugendhilfe. Solingen, S. 23-36
Hanefeld, U. (1984): Das Sozio-ökonomische Panel. Frankfurt a. Main/New York
Hanesch, W. u. a. (1994): Armut in Deutschland. Reinbek bei Hamburg
Hanesch, W. u. a. (2000): Armut und Ungleichheit in Deutschland. Reinbek bei Hamburg
Hatcher, R. (1994): The Racialisation of Conflict in Children's Cultures – Paper zum Symposium „Gewalt bei Kindern und Jugendlichen“, 22. – 24. 9. 1994 in Bielefeld
Hauser, R. u. a. (2007): Integrierte Analyse der Einkommens- und Vermögensverteilung. Abschlussbericht zur Studie im Auftrag des Bundesministeriums für Arbeit und Soziales. Bonn (http://wwwbmas.de/coremedia/generator/27420/forschungsprojekt__AJ69.html, Zugriff am 1. 10. 2008)
Hauser, R. (2007): Probleme des deutschen Beitrags zu EU-SILC aus der Sicht der Wissenschaft. Working Paper Nr. 3/2007 des Rats für Sozial- und Wirtschaftsdaten (http://www.ratswd.de/download/workingpaper 2007/03_07pdf., Zugriff am 1. 10. 2008)
Hauser, R./Hübinger, W. (1993): Arme unter uns, Teil 1 und 2, herausgegeben vom Deutschen Caritasverband, Freiburg
Hauser, R./Kinstler, H.-J. (1994): Zuwanderer unter den Caritas-Klienten. In: Caritas. Zeitschrift für Caritasarbeit und Caritaswissenschaft 95, Heft I, S. 4 -20
Hebenstreit, S. (1986): Frauenräume und weibliche Identität. Berlin
Hegel, G. W. F. (1952): Phänomenologie des Geistes. 6. Auflage. Hrsg. von Hoffmeister, J., Hamburg
Helsper, W. u. a. (1991): Jugendliche Außenseiter. Zur Rekonstruktion gescheiterter Bildungs- und Ausbildungsverläufe. Opladen
Henscheid, E. (2001): Alle 756 Kulturen. Frankfurt am Main
Herwartz-Emden, L. (1995): Interkulturelle Erziehung und Vergleichsorientierung. In: Bildung und Erziehung 48, S. 331-350
Hinz-Rommel, W. (1994): Interkulturelle Kompetenz. Ein neues Anforderungsprofil für die Soziale Arbeit. Münster/New York
Hoffmann-Nowotny, H.-J. (1973): Soziologie des Fremdarbeiterproblems. Eine theoretische und empirische Studie am Beispiel der Schweiz. Stuttgart
Hoffmann-Nowotny, H.-J. (1992): Chancen und Risiken multikultureller Einwanderungsgesellschaften. In: Schweizerischer Wissenschaftsrat (Hrsg.): Forschungspolitische Früherkennung Nr. 119. Bern
Hofstede, G./Hofstede, G.J. (2006): Lokales Denken, globales Handeln. Interkulturelle Zusammenarbeit und globales Management. 3. Auflage. München
Honneth, A. (1992): Kampf um Anerkennung. Zur moralischen Grammatik sozialer Konflikte. Frankfurt am Main
Hormel, U./Scherr, A. (2004): Bildung für die Einwanderungsgesellschaft. Wiesbaden
Hörster, R. (1998): Kasuistik/Fallverstehen (unveröff. Manuskript)

Huber, B. (1999): Gesetzliche Grundlagen. In: WOGE e.V./Institut für Soziale Arbeit e.V., S. 223-246

Huntington, S. P. (1997): Kampf der Kulturen. Die Neugestaltung der Weltpolitik im 21. Jahrhundert. 4. Auflage. München/Wien

Hurst, M. (1973): Integration und Entfremdung. Ich- und Identitätsentwicklung des Gastarbeiterkindes. In: betrifft: erziehung. Heft 6, S. 35-38

Inkeles, A. (1984): Was heißt „individuelle Modernität"? In: Schöfthaler, T./ Goldschmidt, D. (Hrsg.): Soziale Struktur und Vernunft. Jean Piagets Modell entwickelten Denkens in der Diskussion kulturvergleichender Forschung. Frankfurt a. Main, S. 351-378

Jerusalem, M. (1992): Akkulturationsstreß und psychosoziale Befindlichkeit jugendlicher Ausländer. In: Report Psychologie (Februar), S. 16-25

Kaufmann, F.-X. (1986): Religion und Modernität. In: Soziale Welt, Sonderband 4. Göttingen, S. 283-307

Kellermann, P. (1973): Schule, kollektive Identität und ethnische Spannungen. Ein Beitrag zur Soziologie der Schule. In: Kölner Zeitschrift für Soziologie und Sozialpsychologie 25, S. 576-593.

Kiesel, D. (1996): Das Dilemma der Differenz. Zur Kritik des Kulturalismus in der Interkulturellen Pädagogik. Frankfurt am Main

Kiesel, D./Wolf-Almanasreh, R. (Hrsg.)(1991): Die multikulturelle Versuchung. Ethnische Minderheiten in der deutschen Gesellschaft. Frankfurt am Main

Kinstler, H.-J. (1994): Zur sozialen Lage von Migranten. In: Informationsdienst zur Ausländerarbeit 3-4, S. 30-35

Knapp, A. (2002): Interkulturelle Kompetenz: eine sprachwissenschaftliche Perspektive. In: Auernheimer, G. (Hrsg.): Interkulturelle Kompetenz und pädagogische Professionalität. Opladen, S. 63-78

Köhl, A. E. (1995): Identität und Gewalt. Reaktionen ausländischer Jugendlicher auf die Bedrohung durch Fremdenfeindlichkeit. Unveröff. Diplomarbeit Pädagogik, Mainz

Kohl, K.-H. (2002): Dialogische Anthropologie – eine Illusion? In: Därmann, I./ Jamme, C. (Hrsg.): Fremderfahrung und Repräsentation. Weilerswist, S. 209-225

Konrad-Adenauer-Stiftung (Hrsg.)(2001): Türken in Deutschland. Einstellungen zu Staat und Gesellschaft (Arbeitspapier Nr. 53/2001). Sankt Augustin

Krappmann, L. (1969): Soziologische Dimensionen der Identität. Stuttgart

Krause, P. (1992): Einkommensarmut in der Bundesrepublik Deutschland. In: Aus Politik und Zeitgeschichte. Beilage zur Wochenzeitung Das Parlament B 49/92 vom 27. 11. 1992, S. 3-17

Kreckel, R. (1989): Ethnische Differenzierung und „moderne" Gesellschaft. In: Zeitschrift für Soziologie. 18. Jg., S. 162-167

Kristeva, J. (1990): Fremde sind wir uns selbst. Frankfurt am Main

Landeszentrum für Zuwanderung NRW (Hrsg.)(2001): Praxisforum Interkulturelle Öffnung der Jugendhilfe. Solingen

Leenen, W. R. (2001): Grundbegriffe einer interkulturellen Jugendhilfe. In: Landeszentrum für Zuwanderung NRW (Hrsg.): Praxisforum Interkulturelle Öffnung der Jugendhilfe. Solingen, S. 12-22

Leibfried, St./Voges, W. (Hrsg.) (1992): Armut im modernen Wohlfahrtsstaat. Opladen

Leibold, J./Kühnel, S./Heitmeyer, W. (2006): Abschottung von Muslimen durch generalisierte Islamkritik? In: Aus Politik und Zeitgeschichte Nr. 1-2, S. 3-10
Lenhart, V. (1999): Aktuelle Aufgaben einer kritischen internationalen Erziehungswissenschaft. In: Sünker, H./Krüger, H.-H. (Hrsg.): Kritische Erziehungswissenschaft am Neubeginn? Frankfurt am Main, S. 210-230
Lenhart, V. (2003): Pädagogik der Menschenrechte. Opladen
Lentz, C. (1988): Zwischen „Zivilisation" und „eigener Kultur": Neue Funktionen ethnischer Identität bei indianischen Arbeitsmigranten in Ecuador. In: Zeitschrift für Soziologie 17, S. 34-46
Lepenies, W. (1995): Von der Geschichte zur Politik der Mentalitäten. In: Historische Zeitschrift 261, S. 673-694
Levitt, P. (2003): „You Know, Abraham Was Really the Frist Immigrant": Religion and Transnational Migration. In: International Migration Review 37, S. 847-873
Luckmann, T./ Berger, P. (1980): Soziale Mobilität und persönliche Identität. In: Luckmann, T.: Lebenswelt und Gesellschaft. Paderborn/München/Wien/Zürich, S. 142-160
Luhmann, N. (1987): Die gesellschaftliche Differenzierung und das Individuum. In: Olk, T./Otto, H.-U. (Hrsg.): Soziale Dienste im Wandel. Helfen im Sozialstaat. Neuwied/Darmstadt, S. 121-137
Luhmann, N. (1994): Inklusion und Exklusion. In: Berding, H. (Hrsg.): Nationales Bewußtsein und kollektive Identität. Studien zur Entwicklung des kollektiven Bewußtseins in der Neuzeit. Frankfurt a. Main, S. 15-45
Marx, K. (1953): Manifest der kommunistischen Partei. In: Landshut, S. (Hrsg.): Karl Marx. Die Frühschriften. Stuttgart, S. 525-560
Mead, G. H. (1969): Die objektive Realität von Perspektiven. In: ders.: Philosophie der Sozialität. Frankfurt am Main, S. 213-228
Mecheril, P. (2003): Prekäre Verhältnisse. Über natio-ethno-kulturelle (Mehrfach-) Zugehörigkeit. Münster
Mecheril, P. (2004): Einführung in die Migrationspädagogik. Weinheim/Basel
Mecheril, P. (2005): Pädagogik der Anerkennung. Eine programmatische Kritik. In: Hamburger, F./Badawia, T./Hummrich, M. (Hrsg.): Migration und Bildung. Über das Verhältnis von Anerkennung und Zumutung in der Einwanderungsgesellschaft. Wiesbaden, S. 311-328
Meier-Braun, K.-H. (2002): Deutschland, Einwanderungsland. Frankfurt am Main
Melter, C. (2005): „Wenn Du mich gefragt hättest, hätte ich es Dir erzählt." Über die (fehlende) Thematisierung von Rassismuserfahrungen und Zugehörigkeitsfragen in der ambulanten Jugendhilfe. In: Badawia, T./Hamburger, F./Hummrich, M. (Hrsg.): Migration und Bildung. Wiesbaden
Merten, R. (1997): Autonomie der Sozialen Arbeit. Zur Funktionsbestimmung als Disziplin und Profession. Weinheim/München
Mies-van Engelshoven, B. (2003): 41. Sozialanalyse der Bundesarbeitsgemeinschaft Jugendsozialarbeit zur Situation junger AussiedlerInnen für den Zeitraum vom 1. 1. 2002 bis 31. 12. 2002. In: BAG JAW Bundesarbeitsgemeinschaft Jugendsozialarbeit (Hrsg.): Beratungs- und Betreuungsarbeit für Jugendliche mit Migrationshintergrund. Bonn, S. 5-20
Ministerium für Arbeit, Soziales, Familie und Gesundheit Rheinland-Pfalz (Hrsg.) (1993): „Armut in Rheinland-Pfalz" I. Armutsbericht. Mainz

Mollenhauer, K. (1996): Kinder- und Jugendhilfe. Theorie der Sozialpädagogik – ein thematisch-kritischer Grundriß. In: Zeitschrift für Pädagogik. 42. Jg., S. 870-886
Mühlfeld, C. u. a. (1987): Lebenszusammenhang und -planung der zweiten Generation türkischer Arbeitsmigranten. Bamberg
Müller, B. (2003): Kritische Ereignisse, Ungewissheit und kreative Distanz. In: Helsper, W./Hörster, R./Kade, J. (Hrsg.): Ungewissheit. Pädagogische Felder im Modernisierungsprozess. Weilerswist, S. 162-183
Müller, B. (2006): Experimentelle Pädagogik interkultureller Begegnungen. In: Nicklas, H./Müller, B./Kordes, H. (Hrsg.): Interkulturell denken und handeln. Frankfurt am Main/New York, S. 407-416
Münkler, H./Ladwig, B. (1997): Dimensionen der Fremdheit. In: Münkler, H. (Hrsg.): Furcht und Faszination: Facetten der Fremdheit. Berlin, S.11-44
Nassehi, A. (1990): Zum Funktionswandel von Ethnizität im Prozeß gesellschaftlicher Modernisierung. In: Soziale Welt. 41. Jg., S. 261-282
Nedelmann, B. (1997): Gewaltsoziologie am Scheideweg. Die Auseinandersetzungen in der gegenwärtigen und Wege der zukünftigen Gewaltforschung. In: Trotha, T. v. (Hrsg.): Gewalt. Sonderheft 37 der Zeitschrift für Soziologie und Sozialpsychologie. Opladen/Wiesbaden, S. 59-85
Neumann, U./Niedrig, H./Schroeder, J./Seukwa, H. L. (Hrsg.) (2003): Lernen am Rande der Gesellschaft. Bildungsinstitutionen im Spiegel von Flüchtlingsbiografien. Münster
Nieke, W. (1981): Das Konzept der professionellen Handlungskompetenz als Versuch der Bestimmung von Studienzielen. In: Keil, S. u. a. (Hrsg.): Studienreform und Handlungskompetenz im außerschulischen Erziehungs- und Sozialwesen. Darmstadt, S. 15- 44
Nohl, A.-M. (2004): Bildung und Islam. Pragmatistische Reflexionen und empirische Rekonstruktionen zur Lebensgeschichte eines jungen Mannes. In: Wulf, C./ Macha, H./Liebau, E. (Hrsg.): Formen des Religiösen. Pädagogisch-anthropologische Annäherungen. Weinheim
Nohl, A.-M. (2006): Konzepte interkultureller Pädagogik. Bad Heilbrunn
Nölke, E. (1994): Lebensgeschichte und Marginalisierung. Opladen
Nölke, E. (1996): Strukturelle Paradoxien im Handlungsfeld der Maßnahmen öffentlicher Ersatzerziehung. In: Combe, A./Helsper, W. (Hrsg.): Pädagogische Professionalität. Frankfurt a. Main, S. 649-677
Oevermann, U. (1991): Genetischer Strukturalismus und das sozialwissenschaftliche Problem der Erklärung der Entstehung des Neuen. In: Müller-Doohm, St. (Hrsg.): Jenseits der Utopie. Frankfurt am Main, S. 267-336
Olbrich, E. (1984): Jugendalter – Zeit der Krise oder der produktiven Anpassung? In: Olbrich, E./Todt, E. (Hrsg.): Probleme des Jugendalters. Neuere Sichtweisen. Berlin u. a., S. 1-47
Olbrich, E./Todt, E. (Hrsg.)(1984): Probleme des Jugendalters. Neuere Sichtweisen. Berlin u. a.
Preisendörfer, B. (2008): Das Bildungsprivileg. Frankfurt a. Main
Prengel, A. (1995): Pädagogik der Vielfalt. 2. Auflage. Opladen
Pries, L. (1996): Transnationale Soziale Räume. Theoretisch-empirische Skizze am Beispiel der Arbeitswanderung Mexico-USA. In: Zeitschrift für Soziologie 25, S. 456-472 (a)

Radtke, F.-O. (1992): Multikulturalismus und Erziehung. Ein erziehungswissenschaftlicher Versuch über die Behauptung: „Wir leben in einer multikulturellen Gesellschaft". In: Brähler, R./Dudek, P. (Hrsg.): Fremde – Heimat, Frankfurt am Main, S. 185-208

Radtke, F.-O. (1995): Interkulturelle Erziehung. Über die Gefahren eines pädagogisch halbierten Rassismus. In: Zeitschrift für Pädagogik. 41. Jg., S. 853-864

Reich, H. H. (1994): Interkulturelle Pädagogik – eine Zwischenbilanz. In: Allemann-Ghionda, C. (Hrsg.): Multikultur und Bildung in Europa. Bern u. a., S. 55-81

Reiser, A. (2003): Kommentar zum Fachreferat „Die Mitgenommenen" – Wertorientierungen jugendlicher Aussiedler und deren Konsequenzen. In: Verein für Kommunalwissenschaften e.V. (Hrsg.): DAS ANDERE. Perspektiven der Jugendhilfe zum Umgang mit kultureller Vielfalt (= Aktuelle Beiträge zur Kinder- und Jugendhilfe 35). Berlin, S. 84-87

Rommelsbacher, B. (1995): Dominanzkultur. Texte zu Fremdheit und Macht. Berlin

Ruhloff, J. (1986): Ausländersozialisation oder kulturüberschreitende Bildung? In: Borelli, M. (Hrsg.): Interkulturelle Pädagogik. Baltmannsweiler, S. 186-200

Ruhloff, J. (Hrsg.) (1982): Aufwachsen im fremden Land. Probleme und Perspektiven in der „Ausländerpädagogik". Frankfurt a. Main/Bern

Salz, G. (1991): Armut durch Reichtum. Freiburg

Sauter, S. (2000): Wir sind „Frankfurter Türken". Adoleszente Ablösungsprozesse in der deutschen Einwanderungsgesellschaft. Frankfurt am Main

Schepker, R./Eberding, A. (1996): Der Mädchenmythos im Spiegel der pädagogischen Diskussion. Ein empirisch fundierter Diskussionsbeitrag zu Stereotypen über Mädchen türkischer Herkunft. In: Zeitschrift für Pädagogik 42, S. 111-126

Schepker, R./Eberding, A./Tober, M. (1997): Familiäre Bewältigungsstrategien und institutionelle Zugänge bei Erziehungsschwierigkeiten am Beispiel migrierter Familien aus der Türkei. In: Gogolin, I./Nauck, B. (Hrsg.): Dokumentation der FABER-Konferenz 20.-22.3.1997 in Bonn (als Manuskript veröffentlicht), Hamburg/Chemnitz

Scherr, A. (2004): Im JUZ alles paletti? Wie offen ist die außerschulische Jugendarbeit? In: Inpact Projektgruppe (Hrsg.): Bildung macht reich. Mainz, S. 31-34

Schiffauer, W. (1984): Religionen und Identität. Eine Fallstudie zum Problem der Reislamisierung bei Arbeitsmigranten. In: Schweizerische Zeitschrift für Soziologie 10. Nr. 2, S. 485-516

Schiffauer, W. (2005): Schlachtfeld Frau. „Die „Ehrenmorde" haben wenig mit dem Islam zu tun – und viel mit Selbstausgrenzung. In: Süddeutsche Zeitung vom 25.2.2005

Schramkowski, B. (2007): Integration unter Vorbehalt. Perspektiven junger Erwachsener mit Migrationshintergrund. Frankfurt a. Main/London

Schultze, G. (1991): Berufliche Mobilität und Eingliederung türkischer Migranten. Vergleich der ersten und zweiten Generation. In: Glatzer, W. (Hrsg.): 25. Deutscher Soziologentag 1990. Die Modernisierung moderner Gesellschaften. Opladen, S. 494-499

Schwarzer, R./Arzoz, J. (1980): Die psychosoziale Verfassung von Ausländerkindern in integrierten und in nationalen Schulen. In: Zeitschrift für Pädagogik. Nr. 26, S. 877-893

Schwarzer, R./Lange, B./Jerusalem, M. (1981): Selbstkonzept und Ängstlichkeit bei deutschen und ausländischen Grundschülern. In: Unterrichtswissenschaft 9, S. 112-119

Schwemmer, O. (1992): Kulturelle Identität und moralische Verpflichtung. In: Information Philosophie. Heft 3, S. 5-21

Schwendter, R. (1978): Theorie der Subkultur. 2. Auflage. Frankfurt

Schwind, H.-D. (1995): Die gefährliche Verharmlosung der „Ausländerkriminalität". In: Beilage zur Wochenzeitung Das Parlament, B 43, S. 32-36

Seiler, M. (2004): Bildung in der Einwanderungsgesellschaft. Jugendarbeit auf der Suche nach innovativer Kompetenz zur interkulturellen Bildungsarbeit. In: Sturzenhecker, B./Lindner, W. (Hrsg.): Bildung in der Kinder- und Jugendarbeit. Weinheim/München, S. 199-213

Sen, A. (2007): Die Identitätsfalle. Warum es keinen Krieg der Kulturen gibt. München. Original: Identity and Violence. The Illusion of Destiny (2006). New York/ London

Simmel, G. (1995): Exkurs über den Fremden. In: ders.: Soziologie. Untersuchungen über Formen der Vergesellschaftung. Frankfurt, S. 764-771

Solga, H. (2005): Ohne Abschluss in die Bildungsgesellschaft. Die Erwerbschancen gering qualifizierter Personen aus ökonomischer und soziologischer Perspektive. Opladen

Späth, K. (1999): Inanspruchnahme von Erziehungshilfen durch Ausländer. In: Zeitschrift für Migration und Soziale Arbeit. Heft 2, S. 16-22

Stagl, J. (1992): Eine Widerlegung des kulturellen Relativismus. In: Matthes, I. (Hrsg.): Zwischen den Kulturen? Die Sozialwissenschaften vor dem Problem des Kulturvergleichs (= Soziale Welt, Sonderband 8). Göttingen, S. 145-166

Steiner-Khamsi, G. (1992): Multikulturelle Bildungspolitik in der Postmoderne. Opladen

Steiner-Khamsi, G. (1996): Universalismus vor Partikularismus? Gleichheit vor Differenz? In: Wicker, H.-R. u. a. (Hrsg.): Das Fremde in der Gesellschaft: Migration, Ethnizität und Staat, S. 353-372

Stenke, D. (1994): Gleichheiten und Differenzen: Zur Konstruktion von (Fremdheit durch) Rasse und Geschlecht. In: Institut für Sozialpädagogische Forschung Mainz e.V. (Hrsg.): Differenz und Differenzen: Zur Auseinandersetzung mit dem Eigenen und dem Fremden im Kontext von Macht und Rassismus bei Frauen. Bielefeld, S. 114-134

Stichweh, R. (1997): Der Fremde – Zur Soziologie der Indifferenz. In: Münkler, H. (Hrsg.): Furcht und Faszination: Facetten der Fremdheit. Berlin, S. 45-64

Strobl, R. (2003): „Die Mitgenommenen" – Wertorientierungen jugendlicher Aussiedler und deren Konsequenzen. In: Verein für Kommunalwissenschaften e. V. (Hrsg.): DAS ANDERE. Perspektiven der Jugendhilfe zum Umgang mit kultureller Vielfalt (= Aktuelle Beiträge zur Kinder- und Jugendhilfe 35). Berlin, S. 61-83

Stüwe, G. (1985): Ausländersozialarbeit in der Krise. In: Informationsdienst zur Ausländerarbeit 3, S. 47-48

Terkessidis, M. (2004): Die Banalität des Rassismus. Bielefeld

Terkessidis, M. (1995): Kulturkampf, Volk, Nation, der Westen und die Neue Rechte. Köln

Tertilt, H. (1996): Turkish Power Boys. Ethnographie einer Jugendbande. Frankfurt am Main

Teuber, K. (2002): Migrationssensibles Handeln in der Kinder- und Jugendhilfe. In: Sozialpädagogisches Institut im SOS-Kinderdorf e. V. (Hrsg.): Migrantenkinder in der Jugendhilfe. München, S. 75-134

Thiersch, H./Grunewald, K./Köngeter, St. (2002): Lebensweltorientierte Soziale Arbeit. In: Thole, W. (Hrsg.): Grundriss Soziale Arbeit. Opladen, S. 161-178

Thimmel, A. (2001): Pädagogik der internationalen Jugendarbeit. Geschichte, Praxis und Konzepte Interkulturellen Lernens. Schwalbach/Taunus

Titze, H. (1975): Erziehung, Selektion und Berechtigung. In: Die Deutsche Schule 67, S. 378-392

Vogel, D. (1996): Illegale Zuwanderung und soziales Sicherungssystem – eine Analyse ökonomischer und sozialpolitischer Aspekte. ZeS-Arbeitspapier Nr. 2. Bremen

Vossler, A./Obermaier, A. (2003): Netze knüpfen – Integration fördern. Evaluationsstudie zum Bundesmodellprogramm „Interkulturelles Netzwerk der Jugendsozialarbeit im Sozialraum". München

Wahl, K./Tramitz, C./Blumtritt, J. (2001): Fremdenfeindlichkeit. Eine interdisziplinäre Untersuchung. Opladen

Waldenfels, B. (2002): Paradoxien ethnographischer Fremddarstellung. In: Därmann, I./Jamme, C., S. 151-182

Walter, P. (2001): Schule in der kulturellen Vielfalt. Beobachtungen und Wahrnehmungen interkulturellen Unterrichts. Opladen

Weber, M. ([5]1976): Wirtschaft und Gesellschaft, Tübingen

Welsch, W. (1992): Transkulturalität. Lebensformen nach der Auflösung der Kulturen. In: Information Philosophie. Heft 2, S. 5-20

Wessel, K.-F./Naumann, F. (1993): Unterwegs zu neuen Ufern – Migration als conditio humana. In: Wessel, K.-F./Naumann, F./Lehmann, M. (Hrsg.): Migration. Bielefeld, S. 8-13

Wessel, K.-F./Naumann, F./Lehmann, M. (Hrsg.)(1993): Migration. Bielefeld

Wicker, H.-R. (1996): Von der komplexen Kultur zur kulturellen Komplexität. In: ders. u. a. (Hrsg.): Das Fremde in der Gesellschaft: Migration, Ethnizität und Staat. Zürich, S. 373-392

Wießmeier, B. (1993): „Das „Fremde" als Lebensidee. Eine empirische Untersuchung bikultureller Ehen in Berlin. Münster/Hamburg

Wittek, F. (1985): Kleine Tanzstunde für drei Kritiker der Ausländerpädagogik. In: Informationsdienst zur Ausländerarbeit 3, S. 36-47

Woge e.V./Institut für Soziale Arbeit e.V. (Hrsg.) (1999): Handbuch der Sozialen Arbeit mit Kinderflüchtlingen. Münster

Zehnbauer, A. (1980): Ausländerkinder in Kindergarten und Kindertagesstätte. Weinheim/München

Zelger, M. (1994): Religionssoziologie. In: Dunde, S. R. (Hrsg.): Wörterbuch der Religionssoziologie. Gütersloh, S. 268-278

Zitzmann, T. (2002): Alltagstheorien von Mitarbeiterinnen in der Jugendhilfe und in Migrationsdiensten. In: Auernheimer, G. (Hrsg.): Interkulturelle Kompetenz und pädagogische Professionalität. Opladen, S. 128-152

Zuleeg, M. (1985): Politik der Armut und Ausländer. In: Leibfried, St./Tennstedt, F. (Hrsg.): Politik der Armut und die Spaltung des Sozialstaats. Frankfurt am Main, S. 295-308

Drucknachweise

1. Migration, Migranten und die Integration. Auszug aus: Migration und Jugendhilfe. In: Migrantenkinder in der Jugendhilfe (= Autorenband 6 der SPI-Schriftenreihe), München 2002, S. 6-46. Mit freundlicher Genehmigung des Sozialpädagogischen Instituts im SOS-Kinderdorf e.V.
2. Migration und Armut. In: Informationsdienst zur Ausländerarbeit, Heft 3-4/1994, S. 36-42, und: Migrantenarmut stellt die Sozialarbeit vor neue Aufgaben. In: Caritas 97. Jg. 1996, Heft 3, S. 131-138
3. Gewalt gegen Fremde. Auszug aus: Migration, Ausländerpolitik und Gewalt. In: Landeszentrale für politische Bildung Rheinland-Pfalz (Hrsg.): Bildung schafft Toleranz – Perspektiven für Demokratie. Mainz 1999, S. 75-84
4. Differenzierung der Migration. In: Zeitschrift für Migration und Soziale Arbeit 30. Jg. 2008, Heft 2, S. 92-100
5. Migration und Religion. In: Zeitschrift für Migration und Soziale Arbeit 28. Jg. 2006, Heft 2, S. 88-97, und Auszug aus: Im Namen der Aufklärung? Über den öffentlichen Umgang mit dem Islam in Deutschland. In: neue praxis 38. Jg. 2008, Heft 1, S. 96-99
6. „Identität" und interkulturelle Erziehung. In: Gogolin, Ingrid/Krüger-Potratz, Marianne/Meyer, Meinert A. (Hrsg.): Pluralität und Bildung. Opladen 1998, S. 127-149. Mit freundlicher Genehmigung des VS Verlag für Sozialwissenschaften.
7. Der Kampf um Bildung und Erfolg. Gekürzte Fassung aus: Hamburger, Franz/ Badawia, Tarek/Hummrich, Merle (Hrsg.): Migration und Bildung. Wiesbaden 2005, S. 7-22. Mit freundlicher Genehmigung des VS Verlag für Sozialwissenschaften.
8. Kulturelle Produktivität durch komparative Kompetenz: ism-impulse Nr. 1, Mainz 1997 (herausgegeben vom Institut für Sozialpädagogische Forschung Mainz e.V.)
9. Modernisierung, Migration und Ethnisierung. In: Gemende, Marion/Schröer, Wolfgang/Sting, Stephan (Hrsg.): Zwischen den Kulturen. Pädagogische und sozialpädagogische Zugänge zur Interkulturalität. Weinheim/München 1999, S. 37-53 (gekürzte Fassung)
10. Zur Tragfähigkeit der Kategorien „Ethnizität" und „Kultur" im erziehungswissenschaftlichen Diskurs. In: Zeitschrift für Erziehungswissenschaft 2. Jg. 1999, Heft 2, S. 167-178
11. Reflexive Interkulturalität. In: Hamburger, Franz/Kolbe, Fritz-Ulrich/Tippelt, Rudolf (Hrsg.): Pädagogische Praxis und erziehungswissenschaftliche Theorie zwischen Lokalität und Globalität. Festschrift für Volker Lenhart zum 60. Geburtstag. Frankfurt am Main u. a. 2000, S. 191-200

12. Kritik des Interkulturalismus. Referat bei der TISSA-Sommerakademie am 31.7.2007 an der Universität Messina

13. Lebensweltorientierte Soziale Arbeit mit Migranten. In: Grunwald, Klaus/ Thiersch, Hans (Hrsg.): Praxis Lebensweltorientierter Sozialer Arbeit. Weinheim/München ²2008, S. 265-280 (gekürzte Fassung)

14. Anforderungen an Jugendhilfe (wie 1.)

15. Veränderungen der Jugendhilfe durch Migration. Der ursprüngliche Gesamttext wurde geteilt und an zwei Stellen publiziert: Veränderungen der Jugendhilfe durch Migration. In: Archiv für Wissenschaft und Praxis der Sozialen Arbeit 36. Jg. 2005, Heft 2, S. 88-109. Konzept oder Konfusion? Anmerkungen zur Kulturalisierung der Sozialpädagogik. In: neue praxis Sonderheft 8: Soziale Arbeit in der Migrationsgesellschaft, hrsg. v. Hans-Uwe Otto und Mark Schrödter. Lahnstein 2006, S. 178-192 (gekürzte Fassung)

16. Für einen Perspektivenwechsel in der Migrationsarbeit. In: baff e.V. (Hrsg.): 10 Jahre Brücken gebaut. (Festschrift zum 10-jährigen Bestehen des Vereins „Bildung Ausbildung Förderung Frauenprojekte") Ludwigshafen/Rhein 2007, S. 24-37 (ergänzte Fassung) (teilweise: Entwurf für eine Stellungnahme des Bundesjugendkuratoriums 2007).